资深HR
手把手教你做
薪酬管理
Compensation
Management

郑 芳◎著

天津出版传媒集团

天津科学技术出版社

图书在版编目（CIP）数据

资深HR手把手教你做薪酬管理 / 郑芳著. -- 天津：
天津科学技术出版社，2017.3
ISBN 978-7-5576-2370-8

Ⅰ．①资… Ⅱ．①郑… Ⅲ．①企业管理－工资管理
Ⅳ．①F272.923

中国版本图书馆CIP数据核字(2017)第037962号

责任编辑：方　艳

天津出版传媒集团

　天津科学技术出版社出版

出版人：蔡　颢
天津市西康路35号　　　邮编：300051
电话（022）23332695（编辑部）
网址：www.tjkjcbs.com.cn
新华书店经销
北京天宇万达印刷有限公司印刷

开本 670×950　　1/16　　印张18　　字数 226 000
2017年3月第1版第1次印刷
定价：55.00元

前言

所谓薪酬管理，就是对薪酬进行管理分配，是企业人力资源管理中的一个重要组成部分。简单来说，薪酬管理，就是在整个人力资源管理系统的基础上，对员工的薪酬水平、薪酬构成，以及整个企业的薪酬政策、薪酬战略、薪酬结构进行设计、确定、调整，最终达到合理分配的动态过程。

薪酬管理对员工和企业都是十分重要的，是企业对员工所提供的劳动、创造的价值进行评估，确定他们应该得到的报酬以及对报酬的给予形式进行制定、调整、确定的过程。在这个过程中，企业必须制定出合理的薪酬体系、薪酬结构，从而使薪酬水平、薪酬形式可以满足企业和员工的双向要求。

薪酬管理在企业人力资源管理中的作用之所以如此重要，是因为所要达到的目标是吸引和保留企业所需要的人才。同时，薪酬能够激励企业内部员工积极工作，使员工自觉地学习，增长知识，提高自身能力，从而提高企业整体的效率和业绩。员工的需求得到满足，企业的目标得以达成，在控制运营成本中发挥资金效用，这是对人才进行的投资得到了应有的收益。

要想实现上述目标，在对薪酬管理进行设计的过程中必须要迎合市场上的分配原则和市场整体的运营规律，使薪酬管理成为公平性、竞争性、激励性、经济性、合法性、有效性、平衡性并存的管理体系。

因此，在当今社会，企业对薪酬管理的关注程度越来越高。

本书从薪酬与薪酬管理的基本概述开始，首先介绍了薪酬的概念、薪酬的基本构成以及其在企业和员工之间所起到的重要的作用；其次介绍了薪酬管理的基本概念、主要内容、主要原则、变化因素以及薪酬管理发展的新趋势。前两章能够帮助读者对薪酬管理有一个初步的了解，这也是进行薪酬管理实际操作的理论基础。

本书的第三章，对薪酬制度与管理制度等进行了系统的解读，目的是使读者能够对薪酬管理的制度化及规范化有一个系统的认识，明确薪酬管理不是对工资发放的简单的设计，而是贯穿企业整个发展进程的重要的规范制度。

从第四章开始，进入对薪酬体系具体设计方面的详细的讲解，主要是对人力资源管理在薪酬体系的设计方面有一个系统的指导。从第四章至第七章，不仅讲解了薪酬管理体系设计的原则、目标、设计过程，还介绍了不同所有制企业以及不同行业之间的薪酬管理特点，并提出如何构建现代薪酬支付理念，适合大部分企业进行参考。

本书详细讲述了薪酬体系设计的具体步骤，也对容易出现的问题进行了详细的解读，相信读者在阅读之后，能够对薪酬管理以及薪酬体系设计有更好的把握。

目录

**第 1 章
薪酬概述**

第2章
薪酬管理概述

第3章
薪酬制度与管理制度

第4章
薪酬管理体系设计

第5章
薪酬设计具体方法

第6章
专门人员的薪酬体系设计

第7章
福利体系设计

第1章
薪酬概述

　　薪酬是收入分配与人力资源管理的核心因素，同时也是联结员工与企业的重要纽带。员工为企业工作，并从企业获得金钱和其他形式的报酬与福利。薪酬有货币和非货币两种形式，是企业给予员工的劳动回报。

薪酬作为收入分配和人力资源管理的核心问题之一，涉及劳动者、用人单位、市场、社会和政府各个方面，无论是对宏观经济运行还是对微观经济管理都有重要影响。要想做好薪酬管理工作，就要了解薪酬的基本概况，并认识到其在人力资源管理中所起的重要作用。

1.1　薪酬的构成

薪酬不等同于我们简单理解的工资，也区别于报酬。

关于薪酬的定义，美国著名薪酬管理专家乔治·T·米尔科维奇认为：薪酬是雇员作为雇佣关系中的一方所得到的各种货币收入以及各种具体的服务和福利之和。在这个定义中，米尔科维奇更多的是将薪酬倾向于员工所能得到的经济方面的报酬。而美国另一位薪酬管理专家约瑟夫·J·马尔托奇奥则认为：薪酬是雇员因完成工作而得到的内在和外在的奖励。内在薪酬是员工由于完成工作而形成的心理形式，外在薪酬则包括货币奖励和非货币奖励。在这个定义中，马尔托奇奥不仅关注到了经济报酬，也就是员工所获得的实际经济利益，同时更多的是将薪酬作为企业给予员工的奖励，是对员工工作成果的一种肯定。在这个定义中，薪酬是一种保留、激励员工的工具。

总结起来，在人力资源管理实践中，薪酬的概念有狭义和广义之分。狭义的薪酬是指，员工在某个企业付出劳动后获得的工资、奖金等以金钱或实物形式支付的劳动回报，是劳动者应得的经济性报酬，也就是我们理解的工资，是实际的经济上的所得。广义的薪酬是指，员工从企业所得的金钱和各种形式的服务和福利，表现在货币形式和非货币形式上，是企业给予员工的劳动回报。

广义的薪酬包括经济性的报酬和非经济性的报酬，经济性的报酬又分为直接经济报酬和间接经济报酬。其中直接经济报酬主要指工资、奖金等，而间接经济报酬则是指公司给予员工的各种福利待遇。非经济性报酬其实就是个人对企业及对工作本身在心理上的一种感受。

广义的薪酬构成如图1-1所示。

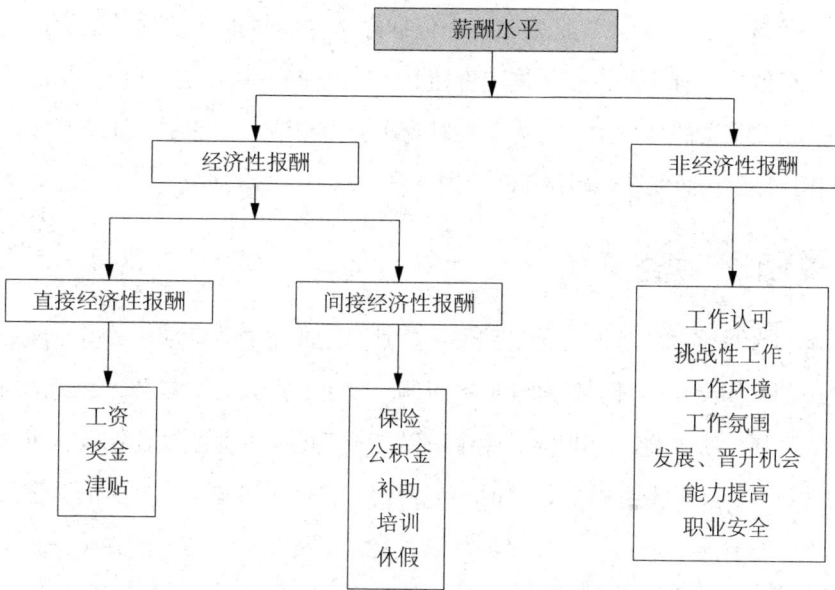

图1-1 薪酬构成示意图

从图1-1中可以看出，经济性报酬和非经济性报酬构成薪酬。非经济性报酬虽然也是薪酬的重要组成部分，但是在对薪酬制度进行设计以及管理的实际操作中，我们发现，经济性报酬的设计安排往往更能得到企业和员工的关注。

经济性报酬主要分为以下几个组成部分。

1.1.1 工资

工资主要分为基本工资和绩效工资。

基本工资是薪酬的主要体现形式，是公司以岗位价值为基础，按照一定的时间周期，定期向员工发放的固定报酬，是员工的固定收入部分。基本工资主要反映员工所承担的职位的价值或者员工所具备的技能或能力的价值。在我国企业中，基本工资的发放大多以月薪为主。

绩效工资是以员工业绩表现为依据的激励性收入，是对员工的优良工作绩效的一种奖励，是依据年度绩效评价结果在基本工资之外增加的部分。绩效工资的作用主要是为了鼓励员工努力创造良好的工作业绩、实现工作目标，从而促进公司整体绩效的提升。

1.1.2 奖金

奖金是奖励工资部分，是薪酬中奖励员工的超额劳动部分或劳动绩效突出部分而支付的具有奖励性质的报酬。奖金的形式有很多种，奖励的对象、性质、金额也不尽相同。奖金可以与员工的个人业绩相挂钩，也可以与他所在团队的业绩挂钩，有时还与公司的整体业绩挂钩。常见的奖金形式有：全勤奖、质量奖、项目奖、效益奖、年终奖等。其中年终奖是公司根据年度经营效益情况以及员工的年度考核结果而定的。

1.1.3 津贴

津贴是对员工在特殊劳动环境下工作给予的一种实际补偿形式，主要针对在恶劣的环境中工作的员工，对他们的劳动力消耗，或身体上所遭受伤害的一种补偿。如危险作业、高温作业、高空作业和重体力劳动等都需要给予员工津贴形式的补偿。常见的津贴种类有：职务津贴、岗位津贴、工作津贴和高温津贴等。

1.1.4　福利

福利是企业为了吸引员工或维持人员稳定，在基本报酬之外给予员工以物质或非物质形式的补充项目。福利在企业吸引人才和保留人才的过程中起到了十分重要的作用。除了常见的养老保险、医疗保险、失业保险、工伤保险、生育保险以及公积金等法定福利以外，越来越多的企业还增加了通信费、交通费、午餐补助、体检、旅游、休假、节假日礼品等特有的福利。

在关注经济性报酬的同时，非经济性报酬的作用也不能忽略。

非经济性报酬产生的非经济的心理效用也同样是影响人们职业选择的重要因素，是单位吸引人才、留住人才、激励人才的重要手段。非经济性报酬主要包括工作认可、挑战性工作、工作环境、培训机会、职业安全以及能力提高、个人发展、晋升的机会等方面。这些都是企业能否吸引人才、获得员工认可的重要因素。

薪酬各组成部分之间的具体对比如表1-1所示。

表1-1　薪酬各部分组成对比表

薪酬形式	内涵	角色与作用	表现形式	风险
基本工资	根据岗位、能力等给予的固定薪酬部分	关注职业技能能力	稳定、现金	低
绩效工资	根据绩效成果给予的浮动性薪酬	短期激励性较强	月度、年度发放、现金	中
奖金	绩效目标实现的奖励	激励员工提升自我	现金	中、高
福利	员工的额外保障性薪酬	保障生活、避税	延后性薪酬	低
津贴	补偿员工特殊劳动消耗	特殊岗位	津贴	低

薪酬在人力资源管理中处于一个无法取代的地位，是企业和员工之间的一种联系，相当于纽带的作用，代表企业和员工之间的利益交换关系。

因此，无论是企业还是员工，薪酬管理对他们都有着不可忽视的作用。

因此，在薪酬的功能方面，也从企业和员工两个方向分析。

1.2　薪酬对于企业的功能

薪酬对于企业的功能如图1-2所示。

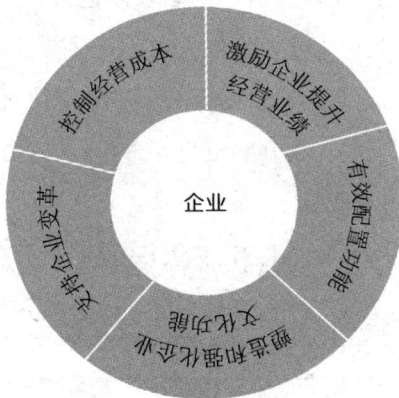

图1-2　薪酬对企业的功能

1.2.1　激励企业提升经营业绩

薪酬是企业和员工关系的重要纽带之一，也是对企业与员工绩效的一种评价。

一方面，薪酬的调配与发放表现了企业对员工工作态度、工作质量、工作成果的一种外在的奖励或者是惩罚形式，是对员工工作成果的一种外在的较为实际的呈现。另一方面，薪酬的调配状况，也是公司业绩的总体呈现。企业的业绩好，说明员工的工作热情高，薪酬自然也就高。同样，薪酬也决定了企业可以吸引人才的数量和质量，从而影响公司的人力资源结构。薪酬也影响员工的工作效率、出勤率以及组织承诺水平。

以上所述都体现在员工与企业的关系上。因此，企业想要提升员工的工作状态，从而提高工作质量，提升企业整体业绩，就必须在薪酬调配上下功夫。

合理的薪酬能够积极地引导员工的工作态度、工作行为，使绩效朝着企业期望的方向发展，从而激励企业提升经营业绩。反之，不合理的薪酬，会导致员工工作积极性不高，甚至导致员工做出不符合企业利益的行为，从而导致企业经营目标难以实现。

1.2.2　有效配置资源

薪酬可以使劳动力的配置趋向合理，提高企业效率。薪酬对资源配置的作用主要体现在对劳动力的配置以及对人才结构的配置上。

企业通过薪酬，调节企业内部的人力资源，实现生产环节和经营环节两方面的平衡。同时，为促进人力资源的有效配置，可以发挥薪酬的引导作用。在这一个方面，企业是为了达到劳动力技能结构方面的平衡。想要吸引更多高素质、高技能的人才，企业就必须适当地将这一部分的薪酬设计为较高的等级。

随着产品结构和技术结构的变化，企业对人力资源的素质要求也在不断提高，高的薪酬与高素质人才相匹配，这样就能引导员工不断学习，完善自身以达到企业的要求，并获得更高的薪酬。

因此，好的薪酬体系能够起到调节作用，提高和改善企业的经营效益。

1.2.3　塑造和强化企业文化

薪酬对企业员工的工作行为和态度具有很强的引导作用。因此，合理的具有激励性质的薪酬制度可以为企业塑造良好的企业文化，并且对原本的企业文化起到一个强化的作用。反之，如果企业的薪酬政策不合理，或与企业文化发展方向不匹配，那么会导致企业文化与价值观发生偏离，甚至会将原有的企业文化价值观消减，不利于企业塑造积极向上的文化形象。

企业的绩效与薪酬设计会以员工为载体，对企业的文化造成影响。因此，许多企业在做企业文化或文化变革时往往会考虑变革薪酬制度和薪酬政策，有时甚至是以薪酬制度的变革为先导的。

例如，如果企业想要强化合作精神和团队意识，那么可以考虑将薪酬的计算和发放以团队和小组为单位，这样会使团队之间更有默契，使企业更有凝聚力。如果企业想强化竞争意识，那么以个人绩效为主的薪酬制度可以形成注重彼此之间相互学习、相互竞争的文化氛围。但需要注意的是，这样也很容易形成一种个人主义文化，因此，企业要掌握好优、缺点并根据实际需要制订相应的计划。

1.2.4　支持企业变革

企业想要谋求发展，就要将变革作为经营过程中的常态。在变革过程中，企业一方面要重新设置团队建设、重建组织结构、深化战略方法；另一方面也需要迎合市场需求与当下潮流节奏，强化企业文化。

企业的薪酬制度与组织变革之间存在内在的联系。同时，薪酬又是一种强有力的激励工具和沟通手段，有效利用薪酬在这个位置上的作用，使其强化新的价值观和行为。这样，员工就会对变革后的组织形式产生认同感，从而完成从个人到整体的由内而外的改变，以有效地推动企业变革。

1.2.5　控制经营成本

企业对每一个职位所提供的薪酬水平以及附加报酬的高低都会直接影响企业在招聘过程中的竞争力。较高的薪酬水平能够吸引和保留人才，但是薪酬水平的设定又必须与企业的生产力相适应、相配合。薪酬水平变高的同时，企业对生产成本的控制就会有一定的压力，从而影响到企业在整个市场上的竞争力。

虽然劳动力成本在不同行业中、不同企业中的经营成本中所占比重不同，但是对任何企业来说，薪酬成本都是一项不容忽视的成本支出。通常情况下，薪酬总额在大多数企业的总成本中要占到40%～90%。

因此，企业一方面要以高薪酬吸引、保留人才；另一方面又要控制薪酬支出，在市场上保留一定的竞争实力。所以，有效地控制薪酬成本对企业的成功经营具有重大意义。

1.3 薪酬对于员工的功能

薪酬对于员工的功能如图1-3所示。

图1-3 薪酬对员工的功能

1.3.1 经济保障功能

员工以消耗脑力以及体力付出劳动，换取企业给予的薪酬，用以满足在吃、穿、住、行、用等各方面的基本生存需要，以及满足在娱乐、教育、自我开发等方面的发展需要，同时还要应用在抚养家庭子女等方面的经济消耗。因此，员工只有获得较为稳定的薪酬收入，才能够保障日常生活所需要的各种经济消耗，而稳定的、有保障的生活状态和条件，恰恰是支撑员工积极投入工作并增强对企业的信任感和归属感的根本动力。

1.3.2　激励功能

薪酬是员工和企业之间的一种心理契约，对员工的工作态度、工作行为以及工作绩效都会产生很大的影响。合理的薪酬可以保障员工的日常工作状态，员工的实际工作质量、工作态度以及工作效率都会受到薪酬的影响。员工若对薪酬感到满足，就会积极完成工作任务，提升个人绩效；反之，很可能会产生消极怠工、工作效率低下、人际关系紧张、缺勤率和离职率上升，组织凝聚力和员工忠诚度下降等不良的后果。

一般情况下，员工的需求是从低层次向高层次递进的，当低层次需求得到满足以后，通常会产生更高层次的需求。因此，企业必须要同时满足员工的不同层次的薪酬需要。员工薪酬需要得到满足的程度越高，则薪酬对员工的激励作用就越大。

因此，设置科学、合理的薪酬制度和政策，可以对员工起到激励作用。

1.3.3　价值实现功能

薪酬也是员工工作业绩层次的直接体现，合理的薪酬是对员工工作能力和工作成果的肯定。员工个人价值的实现也需要体现在薪酬上，因此薪酬水平的高低往往也代表了员工在组织内部的地位与层次，从而成为对员工个人价值和工作能力进行识别的一种信号。

1.3.4　社会信号功能

员工所获得的薪酬水平的高低除了具有经济功能外，还具有社会信号的功能，人们可以根据这种信号判断特定员工的家庭、朋友、职业、受教育程度、生活状况等。一个企业员工的薪酬水平的高低往往也代表了员工在企业内部的地位和层次，从而成为识别员工个人价值的一种信号。因此，员工对这种信号的关注实际上反映了员工对自身在社会以及企业内部的价值关注。从这方面来说，薪酬的社会信号功能也是不容忽视的。

员工把薪酬系统看成是企业对某种活动或行为的重要信号：如果企业的分配政策显示学历高，工资就高，则会使员工继续学习，提高学历；如果企业报酬以服务时间长短为基础，则可以培养忠诚度，在一定程度上降低离职率；如果企业奖励的对象是为企业带来收益的创新行为，则会鼓励员工创新、营造创新文化。另外，企业根据岗位的重要性不同而给予不同的报酬水平，表明企业重视不同岗位的价值等。任何一种报酬政策都会给员工提供信号，促使他向有利于自己的方向努力。

综上，薪酬的功能主要体现在其保障功能、激励功能以及优化配置功能上。其中激励功能在日常薪酬管理中是最为直接的一种功能，其管理模式如图1-4所示。

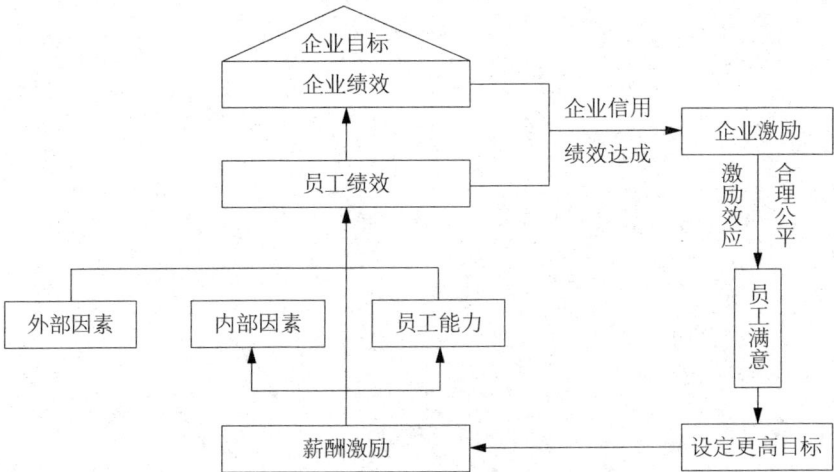

图1-4　薪酬激励功能管理模式示意图

第2章
薪酬管理概述

薪酬管理是人力资源部门的重要职能，涉及员工工资、奖金、津贴、股权等经济性报酬和福利、服务等非经济性报酬的分配问题，是企业进行的关于薪酬水平、体系结构、分配形式以及结构设计的策划性活动。良好的薪酬管理模式能够激励员工积极工作，从而提高企业整体的效率和业绩。

薪酬管理是企业人力资源管理中的一个部分，也是相对于其他方面来说更受重视、关注的一个部分。薪酬管理，简单地说，就是在整个人力资源管理系统的基础上，对员工的薪酬水平、薪酬构成以及整个企业的薪酬政策、薪酬战略、薪酬结构进行设计、确定、调整，最终达到合理分配的动态过程。

薪酬管理是企业创造价值以及将价值分配给员工的过程，合理的薪酬管理体系能够帮助企业更好地吸引人才、保留人才。

2.1　薪酬管理的基本概念

所谓薪酬管理，就是对薪酬进行管理分配。薪酬对员工和企业都是十分重要的，因此薪酬管理的重要性不言而喻。薪酬管理，是企业对员工所提供的劳动、创造的价值进行评估，确定他们应该得到的报酬以及对报酬的给予形式进行制定、调整、确定的过程。在这个过程中，企业必须制定出合理的薪酬体系、薪酬结构，从而使薪酬水平、薪酬形式可以满足企业和员工的双向要求。

薪酬管理不是静止的，而是一个动态的需要持续关注、调整、管理的过程。在这个过程中，企业要不断地结合自身内部情况，密切关注市场环境的变化，调整薪酬预算，制订出相应的薪酬计划，并就具体问题与员工进行沟通，在此基础上不断地完善企业的薪酬体系。

薪酬管理的概念同样也有狭义和广义之分。狭义的薪酬管理是指薪酬管理系统或薪酬制度建立过程中的实际操作，是指有关薪酬制订过程中的具体的计划、预算、沟通等管理与调整工作。而广义的薪酬管理则是指人力资源的重要职能，不仅涉及员工工资的发放，还涉及奖金、津贴、股权等经济性的报酬以及福利、服务等非经济性的报酬的分配问题。薪酬管理是企业围绕薪酬而进行的有关薪酬水平、薪酬体系结构、薪酬分配形式、特殊职位薪酬结构等一系列的策划活动，包括根据预算拟定计划、完备管理体系，与员工交流且听取意见，在不断完备的过程中形成持续而系统的组织管理过程。

薪酬管理的目标是吸引和保留企业所需要的人才。同时，薪酬能够激励企业内部员工积极工作，使员工自觉地学习，从而丰富自身的知识，提高整体的效率和业绩。员工的需求得到满足，企业的目标得以达成，在控制运营成本上发挥资金效用，这种对人才进行的投资就得到了应有的收益。

要想实现上述目标，在对薪酬管理进行设计的过程中就必须要迎合市场上的分配原则和市场整体的运营规律，使薪酬管理达到公平性、竞争性、激励性、经济性、合法性、有效性、平衡性并存的合理体系。

不能忽视的是，传统的薪酬管理只是简单地将薪酬管理看作是物质报酬的分配，而准确的理解应将视角更多的转移到管理者对薪酬管理体系设计所做的一系列相关工作上。同时，在将物质报酬放在考虑首位的基础上时，也应该更多地关注"人"。这才是现代企业薪酬管理理念的正确发展方向。

企业应该树立明确的目标，应该考虑到对员工的激励。无论是以工资、奖金、福利等为主的外部激励，还是以取得成绩、得到认可、承担责任、获取新技能和事业发展机会等的内部激励，都要靠薪酬管理进行整合，这样才能将员工与企业有机地结合为统一的整体，从而使双方都得到良好的发展。

2.2　薪酬管理的主要内容

薪酬管理对企业而言，既重要又棘手，因此大多数企业在薪酬管理方面往往比较困惑。因为薪酬管理必须遵守一些原则、达到一些目标。因此在制定薪酬政策的时候，对内需要符合公司实际情况，例如企业经济承受能力、企业不同时期薪酬策略、核心人才有效激励以及针对行业竞争者薪酬策略等因素；对外又要迎合市场环境。薪酬管理既要激励员工，又不能过度消耗资源和成本，同时，还不能忽略法律、法规及相关政策。

总结起来，在企业经营的过程中，薪酬管理主要涉及以下几方面的内容。

薪酬战略。企业对不同的职位，所设定的薪酬战略是不能够相同的。因为不同的岗位，对职位的需求不同，对人才的要求也不一样。因此，如果公司不设计针对不同岗位的不同薪酬战略，全部统一对待，就不能够充分发挥职位职能。

薪酬目标。在这一点上就是要求企业在设计薪酬的时候，既要符合企业战略发展的需要，又要满足员工的日常需求，不能顾此失彼。

薪酬水平。不仅需要考虑内部岗位的平衡，还要符合外部竞争的要求，同时，还要根据员工的工作绩效做出动态调整。在此基础上，企业还要时时根据市场动态，明确企业所缺少的人才在大环境下的总体薪酬水平、竞争对手所能给予的薪酬水平，依据这些因素确定本企业能够给予这个职位的薪酬水平。

薪酬体系。企业还需要明确自身的薪酬管理模式，包括岗位管理、绩效的计算与统计、工龄以及其他附加在基本报酬外的福利待遇等多种组合搭配的不同模式，企业需要在结合自身经营需要的基础上进行选择。

在明确了上述条件后，企业需要制定出相应的薪酬管理制度，并需要将制度告知员工，使员工明确自己所在岗位的薪酬的具体发放流程。此外，企业还要建立薪酬系统，如薪酬职能表、薪酬预算、审计和控制体系等，用以辅助企业整体的资金流动和资金运行。

薪酬结构。企业需要根据薪酬管理方案，明确自己的薪酬结构，如基本工资的多少、绩效工资所占的比例、奖金的奖励方式、年终奖的计算方式等一系列具体的管理办法。

薪酬管理制度的制定，还必须体现其最主要的激励功能，因此薪酬需要不断进行调整，加薪和减薪的标准、任职资格的考核，都需要体现薪酬管理的激励价值。

薪酬成本的控制关系到企业的整体经营，因此在薪酬管理过程中必须有效做好薪酬预算、薪酬核算，以便达成对薪酬成本的有效控制。

上述内容是每个HR（人力资源）在做薪酬管理体系时所需涉及的部分，每一个环节都会影响整个企业的薪酬管理体系，甚至影响公司的整体经济运营，因此，每个部分的内容都不可忽视。

薪酬管理的重点管理方面如图2-1所示。

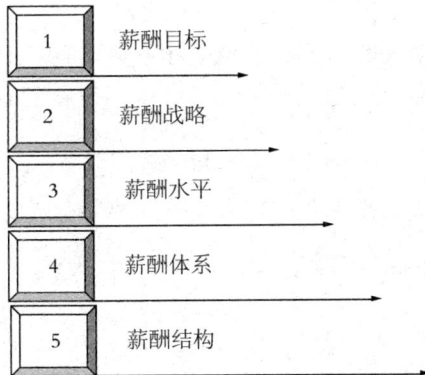

图2-1　薪酬重点管理的几个方面

2.3 薪酬管理的目标

薪酬管理体系在设计实施的过程中，需要达到一定的目标——必须在保证薪酬制度能够激励员工创造业绩的同时还能够实现企业的经营目标。因此，薪酬管理的过程需要公平、有效、合法，如图2-2所示。

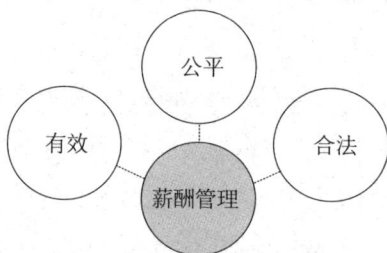

图2-2　薪酬管理目标

2.3.1 公平

所谓的公平，就是企业实行的薪酬体系必须能够让员工感觉到公平。这种公平体现在内部和外部两方面。对内部，同个岗位、同等职务，薪酬体系应该是相同的。对外部，员工的薪酬必须符合市场整体的薪酬状况。因此，这种公平主要体现在员工与企业外部劳动力市场薪酬状况、与企业内部不同职位上的人以及类似岗位上的人的薪酬水平之间的对比结果。

2.3.2 有效

薪酬系统的有效性主要体现在能够帮助企业实现预定的经营目标。这种经营目标包括企业所要达到的利润率、销售额，还有股票上涨指数等方面的财务指标，也包括对客户的服务水平、产品质量、团队建设以及企业的整体创新能力和员工的学习提升空间等方面的达成情况。

2.3.3　合法

合法性是指企业的薪酬管理体系和管理过程必须符合国家的相关法律规定，以确保企业和员工的利益都有强有力的保障。薪酬管理体系得到法律的保护，符合社会主流。

以上三个目标虽然是密不可分的关系，但是在实际的操作中，这三者的关系实际上是存在一定的矛盾和冲突的。员工对薪酬公平性的一个重要的判断是自己的薪酬水平与同职业员工之间的对比状况以及在与社会上同等职位的对比下能够感受到公平。在这种对比下，本企业的薪酬水平较高，员工的满意度才会高。但是，如果薪酬水平过高，企业就会产生较大的生产成本压力，对企业的利润产生不利的影响，这里体现的就是"公平"与"有效"之间的矛盾。

因此，企业必须合理协调这三个目标之间的关系，在其中找到相对平衡的点，使企业和员工都能够获得自身所需。灵活地制定最为有效的薪酬制度和制订薪酬方案，在吸引优秀人才的同时，也为实现企业的经营目标奠定良好的基础。

总的来说，薪酬管理的具体目标如图2-3所示。

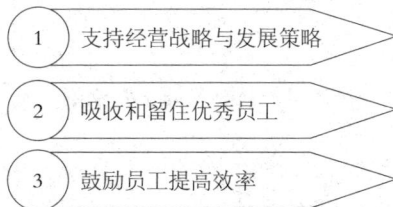

图2-3　薪酬管理具体目标

2.4 薪酬管理主要原则

薪酬体系设计是薪酬管理最基础的工作，其中薪酬水平、薪酬结构、薪酬构成等方面是环环相扣的，每一部分都不能够出现问题，只有兼顾好每一个部分，企业薪酬管理才能达成预定目标。

其中，薪酬预算、薪酬支付、薪酬调整工作是薪酬管理的重点工作，应切实加强薪酬日常管理工作，以便实现薪酬管理目标。在这个过程中，不能忽视的是薪酬管理相关的原则问题。薪酬管理主要原则如图2-4所示。

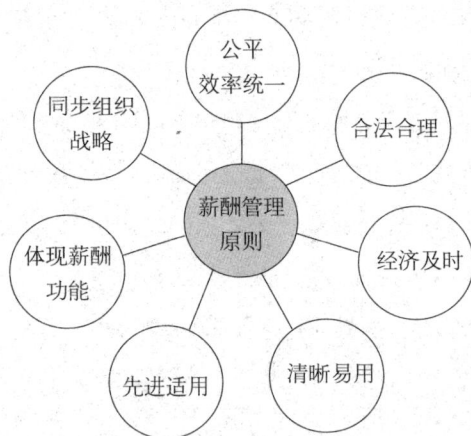

图2-4 薪酬管理主要原则

2.4.1 同步组织战略原则

不同的企业，需要根据自身的实际情况，制定不同的人力资源管理战略，也包括不同的薪酬战略。也就是说，企业战略和薪酬战略之间联系得越紧，企业的效率就会越高。与企业战略相匹配的薪酬体系可以对企业经营管理起到助力作用，使企业赢得并保持竞争优势。因此，薪酬体系必须随着企业经营战略的变化而变化，与企业战略相同步、相配合。

2.4.2 公平效率统一原则

企业在设计薪酬管理体系的过程中是想要达到一个"公平"与"效率"共存的目标，但是在实际过程中，追求效率和追求公平往往是相互矛盾的两个方面。只追求效率不讲公平，就会产生分配不合理的现象，在同等环境下，如果员工意识到这种不公平的存在，就会对企业与工作失去热情，从而导致效率下降。只讲公平不讲效率，既不能够使员工形成竞争意识，又会造成员工积极性不高的情况，企业的经营状况也会受到影响。因此，在实际的薪酬管理过程中，必须坚持公平与效率相统一的原则。

2.4.3 体现薪酬功能原则

薪酬无论是对企业还是对员工来说都起着不容忽视的重要作用。因此，在设计薪酬管理体系的时候，必须能够有效地体现薪酬的功能。

薪酬应该保障员工的收入能够补偿他们的劳动力再生产费用，包括日常生活需要以及在企业可以获得的自身的提升。有效的薪酬管理可以激励员工努力提升自身为企业创造更多的价值，并能够有效地吸引、保留优秀员工。

因此，为了体现薪酬的激励作用，在设计薪酬管理体系的时候应该注意一些问题，比如对工资结构、基本工资和效益工资的比重可以适当调节。对不同的员工、不同的岗位，要能够设计出较符合他们自身情况的薪酬发放方式。例如对计件人员的工资或者销售人员的工资，应该认真核对绩效和产生的件数，并采取业绩系数递增制。对为公司做出重大贡献的员工，应该给予额外的奖金形式的奖励，这样才能激发更多员工的潜能。而对工资稳定的计时员工，也应该在其完成工作后，给予一定的奖励。

2.4.4　先进适用原则

薪酬战略的设计和选择也要与环境相适应。这里的环境指的是产品和劳动力市场的压力、法律和法规的约束、组织的经营战略、变化的劳动力特征、组织文化、价值观和期望等。而薪酬管理在适应环境的同时，也要对环境的发展变化有相应的预测和评估，使薪酬管理具有前瞻性和引导性，也就是先进适用原则。

2.4.5　合法合理原则

薪酬制度在大环境下必须符合各项法律、法规以及相关政策的要求，例如与薪酬管理相关的国家劳动法、地方劳动法规、劳动行政部门颁布的管理规定等。其中比较常见的问题有关于最低工资标准的规定、反薪酬歧视的法规等。这些涉及法律问题的相关内容，是薪酬管理过程中应该放在首位考虑的。

可以说，薪酬管理承受着来自社会、竞争以及法律、法规等各方面的压力，只有做到合理合法才能支持企业的经营战略。

2.4.6　清晰易用原则

薪酬方案必须是清晰的，这样可以使员工清楚地了解自己通过劳动可以获得的全部利益，明确自己的能力、绩效以及对企业做出的贡献之间的关系，这样可以充分发挥薪酬的激励作用。清晰的薪酬方案还能够增加员工的安全感、公平感和满意度。同时，薪酬方案必须是易于操作的，如果过于复杂，则不但使员工难以理解，而且会增加管理人员执行的难度和人工成本费用，有时甚至会产生不必要的矛盾。

2.4.7　经济及时原则

薪酬也构成了生产成本的一部分，如果薪酬的标准设定过高，则虽然有了一定的竞争优势并发挥了激励功能，但是人工成本也就上升了，这就要遵循循环经济原则。因此，企业需要在进行成本核算后，在可以支付的范围内设计薪酬方案。

经济及时原则其实就是指薪酬发放必须及时，因为薪酬是员工日常生活的保障。只有及时发放薪酬才能增强员工的安全感以及对组织的信任感，保障员工的工作热情。

在经济循环方面，员工工作热情提高，企业可以得到更好的发展，经济效益也会随之提高。在这种情况下，企业应该与员工共同分享企业的部分利益。这种分享可以体现在奖金、年底分红、工资升级等方面。在这种模式下，薪酬的分享使经济达到了有效循环。

还需要注意的是，在上述的原则下，具体操作的时候也应该考虑到针对不同类型的人才，薪酬原则也应做相应的调整，具体见表2-1。

表2-1　薪酬原则对比表

人才类型	薪酬原则方向	主要职位范围	备注
核心人才	超越期望	公司部门经理以上级别	通过高薪、股权等方面激励
骨干人才	满足期望	部门业务、技术骨干	给予公司利益共享
通用人才	引导期望	普通员工	流动机制与竞争机制相结合
辅助人才	平衡期望	部门经理	正常薪酬待遇
待命人才	负向期望	需要激发潜力的员工	合同续签环节进行控制

与上述原则相符合的薪酬体系，可以体现人才的贡献和价值，稳定企业的核心团队。

2.5　薪酬管理变化因素

影响薪酬水平变动的因素有很多，但归结起来，最主要、最常见的不外乎来自于内部和外部两方面的影响，因为薪酬所处的位置在经营状况的中间位置，既涉及企业与员工，又涉及企业外部的整个市场环境。因此，薪酬管理体系需要时时调整，以适应环境变化。

2.5.1　外部因素

外部因素指的是企业外部的宏观环境，主要是劳动市场的供求、竞争状况。

企业在制定薪酬管理政策时，往往会关注劳动力市场的供求，关注目前招聘职位的竞争状况，并根据相应的规律或在无意识中参考这个状况制定与自己企业相适应的薪酬管理制度。如果薪酬标准太低，企业就很难招聘到相应的人才；如果薪酬标准过高，企业则也有可能会因为成本压力失去竞争优势，最终难以在市场竞争中立足。

另外，政府的宏观调控也是影响薪酬变化的一项外部因素。政府需要调节财政政策、价格政策等，这些政策虽然不是专门用来调节薪酬的，但是在客观上也会对薪酬水平产生影响。

同时，国家的最低工资制度也会直接影响企业的薪酬水平，尤其是对于低收入员工的薪酬水平。

行业之间的平均薪酬水平也是影响薪酬制度的因素之一，如果企业没有顾及该企业所处地区或行业的薪酬水平，就会引起员工的不满，甚至会流失人才。因此，本企业在确定自身的薪酬时，应进行市场调查，了解市场行情。

薪酬是为了保障员工日常消费，在当地市场整体物价发生变动时，会发生实际薪酬水平的变化。在物价上涨但是薪酬不变的情况下，员工的实际收入是下降的，生活水平也会降低；反之，如果物价下跌而薪酬不变，那么员工的实际收入是上升的，生活水平也是提高的。从实际情况来看，根据一个国家的经济发展趋势，物价往往是呈上涨状态的。因此，在物价有大幅度变动的时候，原有的薪酬制度就会失效，企业应该及时对员工的薪酬进行调整，以保证员工的实际薪酬水平达到一个相对稳定的状态。

经济发展水平和劳动生产率的高低也是企业薪酬水平的决定性因素。从国家的角度来看，发展中国家与发达国家的薪酬水平之间存在巨大的差异，主要是因为劳动生产率的不同。而从行业发展的角度来看，现代产业与传统产业之间也存在差别，这是由技术水平和劳动生产率决定的。因此，在制定薪酬战略时，应该将这些因素放到考虑的范围之内。

最后，企业在制定薪酬体系时，要以国家法律、法规为依据，如果法律、法规或相关政策发生变化，企业的薪酬制度也必须发生相应的改动。

2.5.2 内部因素

所谓的内部因素，就是指企业内部以及员工自身的因素，也影响薪酬变化的主要因素。

从员工的角度来看，劳动者的岗位和级别决定了他们要具备的能力以及应该创造的价值，因此，不同的岗位和等级的员工，所获得的薪酬是存在差距的，如果员工的职位得到了相应的调整，那么薪酬也应该随之变化。

因为每位员工的学历、年龄、工作经验和业绩等方面都存在差异，就算是在同一个岗位，由于过去投入的人力资本不同，实际工作收效也会不同，他们的薪酬水平也不是完全一致的。在工作一段时间后，员工的工作状态、工作效率会发生变化，因此薪酬也应该随之调整。

从企业的角度看，企业的经营状况和财力发生变化，薪酬也会随之发生变化。若企业经营状况不好，则进行薪酬管理时自然会将员工的薪酬进行下调。因为奖励薪酬与绩效或是效益相关联，所以员工的薪酬水平自然随着企业经营状况的改变而发生变化。

每个企业都会有自己的管理哲学和企业文化。在企业经营一段时间后，管理哲学和企业文化有时会发生变化，尤其是企业的分配哲学，会对薪酬水平的确定起到重要的作用。当企业偏向物质刺激的企业文化时，会倾向于用较高的薪酬激励员工的工作热情。偏向精神激励的企业文化，企业会选择折中的薪酬去激发员工的工作热情。这时企业在薪酬管理方面可能就要做出相应的调整以配合企业文化。

企业的劳动生产率也是影响薪酬管理变化的重要因素。企业的劳动生产率较高，就会带来比较好的经济效益，员工也会获得较好的薪酬；反之，劳动生产率低，企业就会降低劳动成本，员工的薪酬也会被压低。

企业雇员整体的配置也会影响员工个人的薪酬水平。在一定的时期内，企业员工的数量越多，人均薪酬就会越低。因此，企业在资本配置中，也要考虑薪酬成本与其他生产资本之间的替代关系，选择较为符合实际情况的配置方式进行调整。

2.6　薪酬管理发展新趋势

对企业来说，薪酬可以吸引、保留和激励人才，在同行业之间形成竞争优势，但如果使用不当就会给企业带来危机。因此，企业需要不断完善薪酬制度，在对薪酬制度进行调整的过程中，应明确现代薪酬管理发展的新趋势，与时俱进。薪酬管理的发展趋势如图2-5所示。

图2-5 薪酬管理发展新趋势

（1）全面薪酬

简单来说，全面薪酬就是指在纯粹货币形式的薪酬以外还要关注非货币性的报酬，也就是说，除了物质以外，精神层面也需要给予激励。因此，全面薪酬是一个集合概念，包括工资、奖金等现金形式的报酬，也包括福利、服务等非货币形式的报酬；包括利益分配的股权、红利等资本性收入所组成的物质收益，也包括企业文化氛围、对工作的满意程度和成就感等心理"收入"，还有个人晋升、培训发展机会等潜力薪酬。

总体来看，全面薪酬就是将外在薪酬与内在薪酬相结合。外在薪酬，指员工获得的可量化的货币性价值。内在薪酬，指企业给员工提供的不能以量化的货币形式表现的各种奖励价值。

（2）"以人为本"的薪酬

传统的薪酬，基本上都是以等价交换为核心的薪酬管理方案。这种管理方式渐渐被"以人为本"的薪酬管理模式替代。"以人为本"的薪酬管理模式，强调以员工的个人能力为基础提供薪酬，也关注员工的发展潜力。

这种薪酬管理方式更加人性化，更多的是关注员工的参与和潜能开发。实际上薪酬管理作为企业管理和人力资源开发的一个有机组成部分，作为一种激励的机制和手段，是一种以技术、知识和能力为基础的薪酬。

在这种模式下，企业需要将员工作为企业经营的合作者，建立员工与企业共同分享效益成果的薪酬管理体系。实施以人为本的薪酬方案，就是要体现出员工对企业的贡献以及重要性，并给予员工回报。

（3）宽带型薪酬

宽带型薪酬是对传统带有大量等级层次的垂直型结构的一种改进与代替，指在企业内部用少数跨度较大的工资范围替代原有数量较多的工资级别的跨度范围，对多个薪酬等级以及薪酬变动范围进行重新组合，从而变成只有相对较少的薪酬等级以及相应较宽的薪酬变动范围。这样做可以改变原有的狭窄的工资级别带来的工作间明显的等级差别。

宽带型薪酬实际上指的是薪酬浮动范围较大，如图2-6所示。

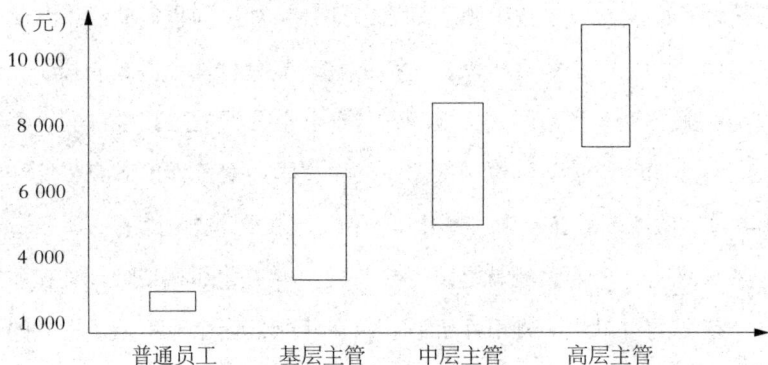

图2-6　宽带薪酬浮动示意图

宽带型薪酬管理模式，打破了传统窄带薪酬模式下的等级观念，从而减少了工作之间的等级差别，有助于创造学习成长型企业文化。宽带型薪酬可有效培养员工在企业中跨职能成长的能力，员工的薪酬水平与所承担的职责相关联，不同级别职位的变动可以带来薪酬水平的变化。因此，在这种模式下，薪酬的高低是由能力而不是由职位决定的。宽带型薪酬的数据是以市场调查数据以及企业工资定位确定的，薪酬水平的确定需要定期分析薪酬市场竞争力。宽带型薪酬将薪酬与员工的能力和绩效表现紧密结合，其对员工的激励更加灵活、有效。

宽带型薪酬尤其适用于一些非专业化的、无明显专业区域的工作岗位和企业。这类工作很难运用传统的工作评价和劳动测量计算员工的工资，而宽带薪酬型结构较为灵活，它划定了一定的工资范围，而具体的收入还是根据员工的业绩弹性处理的。

设计宽带型薪酬体系的简略流程图如图2-7所示。

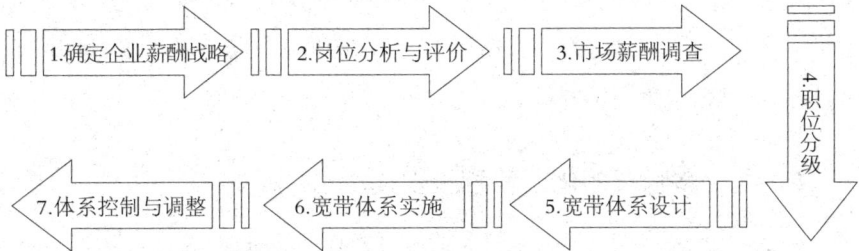

图2-7　宽带薪酬设计流程图

在进行此种薪酬设计时，首先要明确薪酬支付策略，这种策略体现在高层可领先于市场水平、中层与市场水平持平、基层略低于市场水平。其次要进行岗位分析与评价，明确每一个岗位的岗位职责、岗位工作标准、岗位汇报关系、岗位晋升和调动关系、岗位考核指标以及管理权限和任职资格等问题。之后还要进行职位分类以及市场调查，确定最低工资、最高工资、平均工资、工资中位数等数据。最后确定符合公司实际的宽带薪酬体系。薪酬体系设计后，还要进行调整、控制与实施。

2.6.1　薪酬设计差异化

薪酬设计的差异化，首先应该考虑薪酬结构差异化，目的是打破过去计划经济时期的那种单一的、僵化的薪酬构成模式。薪酬设计差异化主要是以多元化、多层次、灵活的薪酬模式为主要发展方向。

其次，对于专门工作岗位的工作人员，其薪酬设计应该体现专门化，不能与其他职位的薪酬标准一样，例如销售人员、技术人员、高层管理人员的薪酬制度。对销售人员来说，提成办法是其关注的重点。对经理人员或者高层管理者来说，这种需要实行年薪制度，将企业获得的收益进行共享。对于技术人员或知识型员工，薪酬水平应更偏向保留性。目的是留住人才、激励人才。

同时，在一些指标的制定过程中，也应当体现差异化，避免选用统一标准。像职务评价、绩效考评系统，不同的职位层次以及不同性质的岗位考评标准应该是有所不同的。

2.6.2　激励长期化，薪酬股权化

对员工的长期激励计划越来越成为企业制订薪酬计划时关注的一个重点。长期激励的薪酬计划是指企业运用一些政策、福利或者措施等方法，引导员工对企业的盈利有一个较为长久的关注。这样做是为了保留较为核心的人才和技术，使团队处于相对稳定的状态。

长期激励的主要方式有：员工股票选择计划、资本积累项目、股票增值权、限定股计划、虚拟股票计划和股票期权等。这类计划针对的员工主要是企业的高级管理人员和科技技术人员。这样做的目的是对经营者产生约束效力，有助于企业的长期发展。对高科技企业来说，这样做更是防止员工有了新的技术成就后，脱离原有企业。这样不仅能避免人才的流失，还会形成一定的竞争力。

2.6.3　薪酬制度透明化

关于薪酬制度透明与否，一直以来都是争议较大的话题。其实关于这方面的问题，企业应该征求员工的意见。从目前的趋势来看，尽管大多数企业选择薪酬保密制，但是保密的薪酬制度往往不能起到有效的激励作

用。并且有时员工出于好奇，会在日常交谈中打听同事的工资，使原本的保密制度半透明化。这样不仅起不到保密作用，反而在比较下，大大降低了相对低了薪的员工的工作积极性。

实施薪酬透明化，实际上就是向员工传达信息，即公司的薪酬制度是完全公平、合理的，没有什么需要隐瞒的，薪酬的高低不同自然是有原因的。这样才能够达到激励的目的。

同时，员工必须能够感受到薪酬制度的公平。因此，企业可以让员工参与薪酬的制定，并使员工明确职务评价，也要随时解答员工关于薪酬方面的疑问，及时处理员工的投诉。

2.6.4 弹性福利

企业在福利设定方面应该占有一定的比重，这一部分的支出在员工方面是因人而异的。有的员工会比较关注福利的比重，但是有的员工就会忽略，认为不如货币形式的薪酬实在。想要解决这类问题，使员工对所得的福利满意，最好的办法就是采用可选择的弹性福利模式，让员工根据自身情况在企业规定的范围内自由选择自己需要的福利组合。

弹性福利区别于传统固定式的福利制度，又称为组合式福利，就是说员工可以在企业提供的福利项目中选取自己需要的福利。这样不仅给予了员工参与的过程，也站在了员工的角度关怀员工的切身所需。

2.7 薪酬管理与人力资源管理的关系

薪酬管理是人力资源管理系统以及企业运营和变革过程中的一个重要组成部分，是企业愿景、使命以及战略目标实现的重要基础。如今，企业人力资源管理方面不断与时俱进，薪酬管理也必须与人力资源管理的其他职能保持统一步伐、紧密联合才能发挥最大的效用。

薪酬管理与人力资源管理其他部分的关系如图2-8所示。

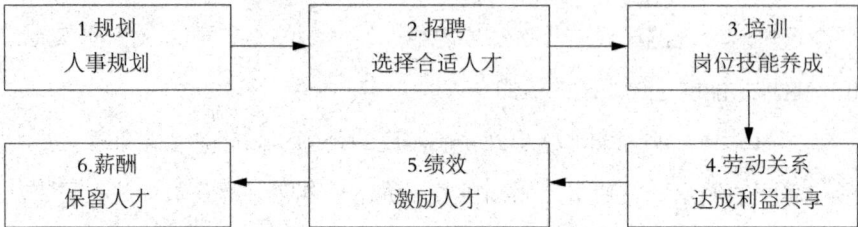

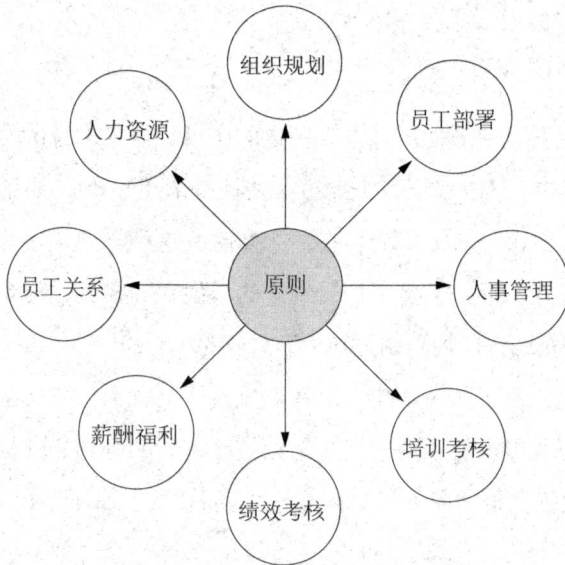

| 1.规划
人事规划 | → | 2.招聘
选择合适人才 | → | 3.培训
岗位技能养成 |
| 6.薪酬
保留人才 | ← | 5.绩效
激励人才 | ← | 4.劳动关系
达成利益共享 |

图2-8　薪酬与人力资源其他部分的关系

2.7.1　薪酬管理与职责分析

职责分析是人力资源管理中较为基础的职能。通过职能分析，能够明确职位的具体特征，包括在此职能上的工作内容、工作职责、工作关系、聘用条件以及工作环境等；能够明确在此岗位上的员工应该具备的各项技术技能以及心理素质、身体条件等。在职责分析的基础上，可进行职位评价，就是对各个岗位在企业中所处的地位进行评价，然后根据评价结果以及企业整体的薪酬制度确定在此岗位上的工资标准。由此可见，职责分析是薪酬管理的基础。

2.7.2　薪酬管理与员工招聘

员工招聘是在薪酬管理完备的基础上进行的。科学合理、弹性灵活的薪酬制度可以满足优秀人才对薪酬的心理需求，可以有效地吸引人才的加入。经过调查，大多数员工较为关心的问题主要有：工作是否能够保持好的声誉，在工作中自己是否能够表现自己的能力，工作是否是自己喜欢的，是否有机会得到提升，报酬是否是自己所期待的，等等。

综上可以得出，员工在选择企业进行就职时，往往会更多地考虑薪酬方面，甚至会将内在薪酬与外在薪酬进行对比，因此薪酬制度有优势的企业往往可以吸引更多的人才。所以，好的薪酬管理制度会是员工招聘过程中的一把利剑。

2.7.3　薪酬管理与员工培训

员工的培训与发展关系到员工在企业中能否获得能力提升。这一方面属于非货币形式的薪酬。企业给予员工合理的培训与发展提升的机会，有利于员工更好地完成现有工作并促进员工进步，激励员工在企业中寻找更好的发展。对员工的培训是企业对员工的投资，是企业给予员工的一种非物质的回报，可以提高员工对企业的满意度，从而提高员工的心理投入。因此，培训与发展也是薪酬管理的一个不可缺少的部分。

2.7.4　薪酬管理与绩效考核

绩效考核在某种程度上是为薪酬管理制度服务的。因为对员工进行的绩效考核，无论是定期的还是不定期的，所要达到的目的都与员工的加薪、支付奖励性薪酬、培训、职位晋升等有直接的关联。越来越多的企业根据员工或者员工所在的团队的业绩，也就是为公司所创造的价值进行报酬支配。因此，绩效考核制度也会影响薪酬管理的方式、方法。

工作岗位的不同决定了工作职责以及工作技能的不同，常见的绩效考核表见表2-2。

表2-2　员工绩效考核表

员工绩效考核表（部门主管填写）				
			年　　　月　　　日	
姓名		部门	职位	
评价标准	5分：优秀　4分：良好　3分：好　2分：一般　1分：有待提高			
项目	内容			分数
工作质量与工作效率	能够根据工作内容制订合理、可行的工作计划			
	能够完成预期目标与计划			
	工作方法得当，时间与费用使用合理、有效			
技能水平	业务熟练，能够胜任本职工作			
	对工作上的问题能够及时解决			
	能够发现问题并进行改进、创新			
工作态度	热爱本职工作，对待工作积极主动			
	遵循公司各项规章制度			
	工作勤奋努力、态度端正			
	能够主动配合其他部门和同事的工作			
绩效总分				

员工绩效考核表（部门主管填写）		
	年 月 日	

员工自我评价：
（员工自我评价方面可以对自己一个阶段的工作状况进行整体评估，比如在工作中比较认可自己哪个方面的能力或者在工作中有哪些需要改进；也可以谈一谈自己的工作目标和未来发展以及希望公司给予的支持等）

上表可以先由员工自己填写评价部分，然后提交部门经理，由部门经理打分后再提交给人力资源管理人员。

2.7.5　薪酬管理与任职能力

任职能力，指员工在企业中的特定岗位上工作，其工作业绩水平所达到的任职者的个体特征与个体行为。这种任职能力的体现，可以将普通员工与优秀员工分离开来。这是建立在能力上的薪酬管理体系的一种判断标准，这与员工的薪酬水平相关联。因此，任职能力与员工的薪酬也是息息相关的。

2.7.6　薪酬管理与员工去留

好的薪酬管理体系可以起到留住员工，使员工能够长期为企业服务的作用，而这也正是人力资源管理过程中想要达到的目的。如今，大部分企业都想要一个相对稳定的员工队伍，因为员工流动性过大会对企业经营造成一定的负面影响。离职率较高的企业也不利于吸引优秀的人才。因此，维持员工队伍的稳定，也是人力资源管理过程中很重要的一项工作。企业为了留住关键性员工，都会涉及高比例基本薪酬和高福利搭配的薪酬制度；同时，还会用灵活多样的薪酬制度，像是股票期权、自选菜单式福利吸引来留住企业员工。

相比较而言，实行高回报的长期激励薪酬制度，会使员工离开企业的代价随之升高，这样也在某种程度上起到稳定员工的作用。

企业人力资源战略与薪酬管理的关系如图2-9所示。

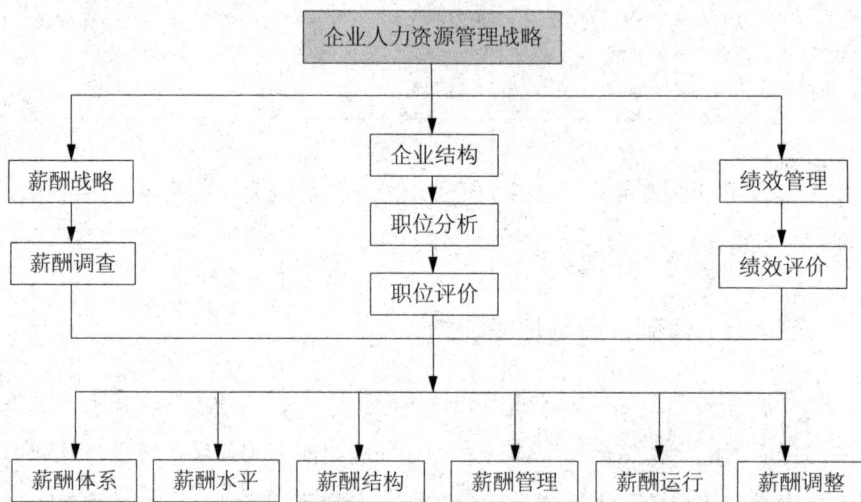

图2-9　企业人力资源战略与薪酬管理的关系

2.8　薪酬管理常见误区

2.8.1　薪酬观念方面

赫兹伯格的双因素理论提到，薪酬属于一种保健因素而不是激励因素。也就是说高的薪酬水平可能会保证员工不会对企业产生不满，但是并不一定会使员工对企业产生高的满意感。这种情况在我国许多企业的员工，尤其是受教育程度较高的员工身上体现得非常充分。这类人才不是为了拿到高的薪酬而选择企业，而是选择适合自己的企业文化和领导风格，希望企业给予良好的平台，使其能力得到发挥，并且自身能够提高和成长，如果上述条件都满足，那么，他们可能会接受薪酬水平稍低一点儿的工作。

实际操作中我们可以发现，当员工抱怨对薪酬水平的不满时，其实并不是薪酬本身有问题，很有可能是员工对企业人力资源管理系统的某个环节出现了不认同感。这时候，如果仅仅是将员工的薪酬调高，却不管员工真正的心理诉求，就起不到激励的效果。

上述情况就是对薪酬观念的一种新的理解趋势，企业在人力资源管理方面不应该高估物质薪酬的作用。从总体管理流程上看，薪酬管理位于人力资源管理系统职能之后，是一种结果，同时也是一种过程。

薪酬管理体系包含分配方式、分配准则以及最终的分配结果和灵活的调整过程，这一系列的薪酬管理体系所传递的是一种信息，这种信息可能会对员工的工作状态造成积极或者消极的影响。

目前，我国大部分企业将薪酬作为对员工进行激励的重要手段，认为工资高，一切都可以解决。因此，很多企业认为只要支付了足够高的薪水，员工就会全心全意留在公司，为企业服务，这种观念明显走进了误区。

【案例分析】
只重视薪资高低，忽略员工心理诉求

某企业在薪酬管理方面的核心观念就是"有钱能使鬼推磨""薪酬高是万能的"，一旦有员工提出离职，他们的挽留方式就是加薪。渐渐地，公司里的很多老员工都纷纷离职，再高的薪酬都没有办法使他们留下来。

上述案例是由企业在薪酬管理方面走进了误区导致的。阿里巴巴集团主席马云说过，员工离职的原因有很多，总结起来有两点最真实：一是钱没给到位，二是心委屈了，总结起来其实就是"干得不爽"。由这段话可以得出，在实际薪酬管理过程中，"钱"只是其中一个影响因素，而员工的需求却是多层次、多元化的。

金钱并不是万能的，也就是说在薪酬管理的过程中，物质激励并不是万能的。有效的激励，必须是物质激励和非物质激励相辅相成，这样才能够调动员工的积极性和创造性。

在薪酬构成方面，可参考实际工资条示范表作对照，见表2-3。

表2-3　工资条示范表

部门：		岗位：			姓名：				
发放部分				扣除部分				实发薪酬	备注
基本薪酬	岗位薪酬	奖金	津贴	病事假	社会保险	公积金	个税		
薪酬合计：									
部门主管签字：			财务签字：			总经理签字：			
							填表日期：　　年　　月　　日		

2.8.2　薪酬管理制度方面

当前的薪酬制度与传统的工资制度相比已经有了很大的改进，但是由于经验有限，企业在设定员工薪酬时还存在一定的矛盾。多数企业考虑的是员工潜在的劳动力以及之前所做的投资，而没有考虑员工实际潜能的发挥，所以工资的分配主要依据工龄、学历、职称、行政级别，而忽略了每个员工在实际工作中的差异性以及对企业目标实现的实际贡献。这种制度在表面上看很公平，但实际上是对员工工作价值的否定，很难体现员工能力的高低，也很难激励员工潜力的发挥，同时也会挫伤优秀员工的积极性，使企业在人力资源管理方面对内缺乏公平、对外缺乏竞争。

【案例分析】

"薪酬平等" ≠ "薪酬公平"

某企业在设计薪酬管理体系时，将薪酬的"平等"当成"公平"，主张通过建立较为细致的薪酬职级实现薪酬平等，也就是说同岗位员工的薪酬是基本一致的。这样的薪酬制度看起来虽然非常平等，会减少员工的不满，但是实际上这种薪酬平等的观念并不等于薪酬公平。因为这样的内部绝对公平的薪酬制度会导致员工片面追求职位晋升，而不是靠业绩本身提高薪酬。

其实，影响岗位薪酬的因素有很多，如人才供求、工作要求等，在同一岗位上的不同工作内容也会造成工作难度上的差异，对所需人才的要求也是不一样的。因此，如果同一岗位上的薪酬完全一致，那么就会使对能力素质要求较高的工作人员感到不公平，这样就会造成人才外流。

所以，企业需要明确的是"薪酬公平"，而不是"薪酬平等"，应该以员工所处职位创造的价值衡量薪酬的回报，使得虽然在同一岗位，但承担难度更大、具有更高能力、具有专业技术的员工获得更高薪酬，而不是简单地按照职位、工龄、学历等硬性指标进行看似"平等"的薪酬管理体系，这样才能达到真正的公平。

2.8.3 薪酬激励方面

企业在对薪酬功能的理解上有时会过于偏颇，常常只注意到薪酬的保留功能，而忽视了薪酬更为重要的激励功能。有些员工在长期拿固定工资后就会形成一定的心理，觉得只要工作就会获得薪酬是一件很平常的事情，在这种情况下，其实可以感受到奖金已经成了一种固定形式的附加工资，失去了其原本作为奖励的激励功能。因此，这些员工在工作中渐渐地就会形成惰性，失去努力创造业绩的动力。

对员工的激励可以采取绩效加薪与奖金发放两种方式。其中，绩效加薪是在员工现有的基本薪酬的基础上，根据员工或者员工所在的团队的绩效进行评价，从而增加员工的基本薪酬。奖金是与员工个人相关的现金奖励。两者之间相似但是又存在区别：绩效薪酬会增加员工的基本薪酬，并且会使薪酬呈现一种持续增长的状态；奖金则大多属于一次性支付的报酬。奖金的发放并不会改变员工的基本薪酬水平，但是绩效性质的加薪具有刚性特点。久而久之，这种加薪呈现一种日积月累的方式，达不到激励的效果。

因此，薪酬的激励功能被忽略时，也会出现单一的薪酬激励手段影响激励效果的情况。

【案例分析】

与加薪相比，奖金更重要

某企业选择用加薪的方式激励员工，但渐渐地发现单纯的加薪方式已经不能对员工产生激励效果。因为加薪对员工的激励是一时的，企业如果长期采取加薪激励的方式很有可能会给企业造成持续的人力成本提升的压力，因为在加薪的同时，像"五险一金"这样的附带福利也会同步增长，这样会对企业产生持续的压力。

引用马洛斯的观点，在上述情况下，企业对员工的已有激励不再起作用了，那么奖金的针对性与灵活性就是值得考虑的问题了。

从短期激励来看，企业可以采用加薪的方式，但是这种方式并不适合长久实施；从中长期的计划来看，将加薪与奖金激励的方式相结合，可以促进企业利益与员工利益的融合，使企业的发展目标得到员工的认可，促进员工与企业形成共同利益的关系，最终达到企业与员工长期的利益共赢。

2.8.4　薪酬结构方面

　　企业所处的市场环境、行业不同，企业的发展阶段及员工的构成不同，薪酬结构体系往往也会有所不同。

　　从目前的市场来看，我国的企业薪酬水平很低，主要是薪酬差异较小。美国薪酬设计专家爱德华·海提出的"职位的现状构成"概念，就是说根据职务责任因素以及与智能和解决问题的能力这两个因素之间影响力的对比与分配，将企业中的职位进行分类。也就是像之前提到的，不同类型的人才就要放到不同的岗位上，职位分类也就是将员工进行分类后，将同等级别的员工的薪酬水平放在同一个设定方向上。

　　爱德华·海将企业中各职位分为"上山""下山"和"平路"型，并根据不同类型设计薪酬水平。"上山"型指公司总裁及销售部经理等职位；"平路"型指公司会计和办公室职员等职位；"下山"型则指市场分析及科研开发工程师等职位。在中国，大部分薪酬的设计恰恰与此结构相反，即"低级职位领先""中级职位匹配""高级职位落后"的模式。

　　事实上，为低端职位提供高薪酬，是没有战略意义的。因为低端职务人员较多，总体成本相对较大，同时这类员工替代成本很低，而且他们对企业的贡献是有限的。就目前状况来说，那些在人才市场上供不应求的、代替成本很高并且对企业贡献较大的高端职位人员，其薪酬却普遍低于相对的职务特性。

【案例分析】

薪酬结构零散导致基础混乱

　　著名经济学家周其指出，中国拥有世界上最廉价的企业家——最低工资，但也有世界上最昂贵的企业制度——大量亏损。这体现了我国大部分企业的薪酬制度存在结构问题。

某企业的工资表上，出现了很多种工资构成，看上去极其复杂，有些项目甚至并不知道其真正的来源。究其原因不难发现，有许多企业在设计薪酬制度的时候都将构成部分划分得过于细碎，员工的薪酬水平差异体现得不明显、不合理，最终导致企业基础混乱。因为每一个薪酬项目的设立，都会使大家多多少少在其中获得薪酬的分配。这样也使员工不清楚自己的工资与他人有差异的原因究竟是什么，也不清楚自己要怎样做才能通过个人努力增加收入，更不能明确企业的薪酬系统鼓励什么，甚至不明白自己与企业战略之间究竟是什么样的关系。

从以上案例可以分析得出，即使是在我国明确了实行岗位工资的企业中，在岗位的界定和评价方面还是会存在很多的误区。许多作为基本薪酬决定依据的与其说是岗位，不如说是行政级别或者是人员级别，而不是真正意义上的经过岗位分析和评价的岗位。就像是很多部门经理拿差不多的工资，理由是他们属于同一岗位，但其实他们的工作内容是完全不同的。他们所承受的压力以及对企业的贡献也是不一样的。

因此，企业必须进行职位评价以及岗位评估，自行研制适用于本企业的等级标准，并定期进行评价和调整，使合理的薪酬制度得到有效的实施。

2.8.5 薪酬管理体系设计方面

在薪酬管理体系的设计上，许多企业陷入误区的原因是缺乏理性的战略思考。企业在讨论薪酬设计的问题时，往往考虑较多的是公平性问题，但是对薪酬制度的整体把握缺乏理性的战略思考。薪酬体系设计的目的在于将其构建的过程与企业发展战略进行有机结合，使企业薪酬体系成为实现企业发展战略的重要支撑。每个公司都希望企业利益最大化，应该强调企业整体业绩，包括团队协作。不能偏向于员工的个人业绩考核与激励，这必将影响员工之间的协作精神，有时甚至会形成恶性竞争，从而影响组织整体的运作能力；但是反过来看，如果过分强调团体的利益，就会使员工有随波逐流的思想，有可能会形成惰性心理。因此，如何处理个人和组织之间的矛盾，实现企业生存和发展是战略性薪酬设计的重要任务。

如果处理不好上述分析的薪酬管理观念、制度、结构以及体系设计上的误区，就会使企业经营陷入困境。因此企业可以根据自身情况制定一些对策。

在前文中提到过"以人为本"的薪酬制度，它是说企业在这个时候，可以将以人为本的思想贯穿到企业的薪酬管理过程中，从而达到激励和留住人才的目的。企业想要通过薪酬制度留住人才，就要逐步建立以人为本的薪酬管理体系，这样做必须要了解员工真正的需求。每一个员工在能力、意愿等方面都是不一样的，因此领导必须对下属进行认真的分析，并明确每个员工的差异，从而实施不同的领导方式。不同员工的心理需求是不同的，甚至同一个员工，在不同的时期，心理需求都是不同的。对工资较低的员工，奖金的发放显得尤其重要；对收入较高的员工，尤其是知识分子或者管理层人员，适当的职位晋升、职称授予、鼓励尊重以及工作自由度高就显得尤为重要。如果想要达到激励最大化，就必须在设计薪酬制度时以员工为中心，满足其需求，了解需求的多样化以及灵活化，及时做出反应和调整，从而实现效果最大化。

内部满足需要的同时，还应该积极适应外部环境，将战略视角着眼于有助于企业保持竞争优势的竞争性原则。以资源为基础的战略管理需要企业能够从市场上吸收资源、保留资源。因为一个企业并不是所有的资源和能力都有潜力成为企业持久竞争的优势，只有当资源和能力是有价值的、难以模仿的时候，这种资源潜力就会变为企业自身特有的竞争优势。

薪酬关系到企业目标能否实现和个体价值是否会形成，企业将大量的资金投入薪酬及相关的事项上，所以必须要将其放在战略的角度上去看待。

随着经济全球化进一步发展，为了应对商业竞争，企业需要保持人力资源的竞争优势，因此，针对员工报酬结构的优化和改良也会越来越深入、越来越迅速地展开。这样就会形成整体薪酬回报，包括财务酬劳、间接酬劳、工作内容、职业发展等。这种模式符合人们不同层次的需求，可以对不同层次的人达到激励效果。整体回报方案从各个角度增大并发挥员工的潜能，包括学习培训机会、灵活的工作时间安排、及时肯定的工作反馈、菜单式福利制度、民主公平的会议制度、对员工个人绩效的重视、良好的工作环境，等等。这些方案都是与传统的薪酬方案相对的，替换了高强度的工作和令人压抑、烦闷的工作环境，也替代了事无巨细类似于复制、粘贴式的管理方法和福利模式，也不再忽略员工潜能的发挥程度。

企业是在市场的大环境下运行的，所以薪酬管理模式的制定也必须放入市场经济范围内进行考虑与评估。必须建立与现代企业制度相适应的薪酬分配制度，也必须大胆创新，使薪酬制度科学化、系统化、规范化，从而真正调动员工的积极性和创造性。

【案例分析】

员工薪酬水平究竟该由谁来决策

某企业的管理者一致认为员工的薪酬事关企业和员工的利益，应该完全由企业老板或者总经理决策，而其他人员没有权利过问。在一开始企业规模较小时，这种模式的弊端还没有完全显现出来，但是随着企业规模不断扩大，员工的数量也在不断增长。在这种情况下，员工的薪酬还是由老板和总经理决定，慢慢地就出现了很多管理问题，同时也出现了内部矛盾和员工的极大不满。

对具有一定规模的企业来说，单纯地由某个人或几个人片面地决定员工或下属薪酬的这种做法是不合理的，长此以往必将产生矛盾。因此，企业应该建立适应本企业的薪酬绩效部门，由企业的各级领导以及人力资源管理部门共同参与。他们分别承担一部分的薪酬决策关注点。

企业高层领导关注决策方面的问题，例如企业应该采取的薪酬战略、能够支付的薪酬成本、薪酬控制的目标、薪酬激励的方案以及薪酬预算的审批等。

人力资源管理部门则需要完成相应的工作，如企业薪酬体系的设计、薪酬制度规定、薪酬模式、薪酬调查、平衡薪酬的内部和外部公平问题、提交薪酬绩效考核方案及薪酬激励具体方案、负责薪酬成本的日常控制、与员工进行薪酬谈判等。

用人部门是直接与员工的工作内容相承接的，因此，部门负责人应该向人力资源提供薪酬调整的建议，并根据员工的具体工作职责以及工作能力制定员工的薪酬标准。

上述分工可以使每一个员工都发挥自身的特长和优势，从而共同承担企业薪酬体系的规范化设计、管理及运行。

2.8.6　薪酬管理常见问题解答

【问题1】如何应对员工的加薪要求？

年底、年初往往是企业最忙碌的时候，在许多工作收尾的同时，也会有不少的员工在这个时候提出加薪的要求。因为大部分员工在结束一年的工作后都希望企业通过加薪的方式认可自己的工作成绩和工作能力。

面对员工提出的加薪要求，一般情况下企业都会做出如下考虑：一部分员工的工作能力确实十分出色，应该考虑一下工资的问题。而且，随着企业逐步扩大，很多企业都会选择在年后春季时招聘新员工入职，为下一年的经营效益做准备。面对人力市场上的竞争，为了更好地留住人才，企业一般都会满足员工的加薪要求。

在实际操作过程中有这样一个案例，某部门的经理在收到员工的加薪请求后，也做了如上的考量。随后，他向人力资源递交了一份报告，主要的内容是根据绩效考核的结果列出了一个加薪的名单以及他所期望的加薪幅度。虽然公司对成本的控制是比较严格的，但是还是满足了经理的要求，可能在程度上与申请的不大一致，不过对每一个员工的成绩还是给予了肯定。只有业务主管的加薪申请没有得到通过，原因在于人力资源部门认为他的薪酬水平已经是比价高的了，在行业中也属于较高的水平，不适合再增加。

那么，为什么这家公司的人力资源管理部门会这么快地给予经理加薪反馈呢？

其实，在年底，员工的加薪要求比较集中，在某种程度上也给公司人力资源部门的管理者带来了一定的便利，因为这样就可以方便在短时间内完成一项工作。

在应对加薪问题上，公司的人力资源部门应该完成以下工作。首先，在每年年底结算的时候就要及时完成下一个年度公司的人力资源管理计划，根据公司明年的业绩目标确定人员配置以及各个岗位的员工需求以及工作要求。其次，还要根据市场的变化确定各岗位在市场下的薪酬水平，之后再与公司目前的水平进行对比，明确哪些职位是需要重点关注的。之后，根据公司薪酬和绩效管理办法，根据规定或员工在满足绩效考核之后需要提高工资的数据，最终确定年底员工薪酬调整的比例。最后，根据信息及数据，计算出企业初步的薪酬总额，作为明年人工成本控制的指导数据。完成以上工作，对员工加薪要求的基本工作已经完成。人力资源部门需要及时下发薪酬调整的指导文件。让各部门都有一个充分的准备。接下来，再接到员工的要求后，就是给各个不同的员工加薪进行具体的操作步骤了。

在案例中，某公司的人力资源部门提前完成了上述的工作环节，因此，当各个部门提出加薪申请时，只需要与预算进行对比评估，就能及时给予部门反馈。

可能有人要问，那么案例中的那名没通过加薪申请的业务主管是不是会离开，跳槽到薪酬相对于高的公司呢？

其实，决定员工是否能够加薪的要素就是员工的实际业绩表现。年底的绩效考核水平就是反映员工一年以来工作成果的最有力的证明。常用的绩效管理制度包括要给予优秀员工奖励的制度。在不能提高职位的情况下，进行职位的内部薪酬调整也是很好的激励方式。

当员工提出加薪的时候，首先应该考虑的是他的绩效考核成绩。如果成绩较低，没有达到加薪的标准，那么就应该和员工明确企业的加薪政策，鼓励他努力工作，争取下次取得更好的成绩。如果该员工的绩效考核比较出色，但是还没有得到加薪，就应该认真检查原因。就像前面提到的，该业务主管薪酬较高，不宜再加薪，人力资源部就应该向他解释本企业中与他能力相同的其他员工的平均工资水平，或者介绍同行业中其他企业同职位的薪酬水平，以便使他能够理解。有的员工可能理解不到这一层面上，可能会误解，为什么我在公司努力工作了一年却没有能够加薪。这个时候，就需要与员工进行充分的沟通交流，使他们能够理解公司这样决策的道理。与此同时，还可以通过一些其他的非物质性的激励手段激励那些工作出色但薪酬水平已经比较高的员工。

上面案例中的经理是这样做的：他在拿到人力资源的加薪名单后，及时与自己的员工进行沟通，把公司的决定告知他们。虽然有些加薪的程度并没有达到员工之前的期望，但是这也是公司对其工作成果的一种认可。对于一些业绩普通的员工，经理也会告知他们应该通过怎样的努力才能提高自己的薪酬。在面对业务主管时，经理告诉了他公司的决定，同时也把人力资源管理部门调查的薪酬管理的信息和他做了沟通。这样做的目的就是告诉他，跳槽到其他企业也是差不多的薪酬水平，从而消除了他的顾虑。之后，经理说出了自己的打算，打算以职位晋升的方式表示对这位业务主管业绩的肯定。这位业务主管在晋升职位后，薪酬水平自然会有所提高，同时也能够得到职位发展，所以他自然愿意依旧留在自己本公司工作。

【问题2】经常性的薪酬调整能够提高薪酬的公平性么？

很多企业认为应该经常地进行薪酬调整，这样就能体现企业在薪酬制度上的公平，但是其实员工薪酬制度中包含许多员工与企业之间的约定和承诺，而这些约定和承诺是需要在一定的周期内履行的。如果企业不断进行薪酬调整就意味着单方面修改约定和承诺，这样做会使员工很没有安全感，甚至会很疑惑，企业也很难在短时间形成一个薪酬公平的制度。有的专家认为，正常的企业调薪的频率应该是每年1～2次，调整频率过高或者过低都会导致员工队伍的不稳定。因此，经常性地调整薪酬并不能提高薪酬的公平性，反而会让员工无所适从。

【问题3】如果内部收入差距较大，那么员工会觉得这是薪酬不公平的体现吗？

许多企业都普遍存在这样的问题，管理者往往对拉开企业内部的收入差距存在疑惑，尤其是国企管理者。他们会认为，如果同一部门员工的薪酬存在较大差异就会增加员工的不公平感。有些企业甚至在差距方面下了功夫，规定企业的领导管理层的薪酬不能超过一般员工的3～5倍。

其实，内部收入差距的大小并不能导致员工的不公平感。而造成不公平感的是企业薪酬制度的不明确、不稳定、不合理、随机性强以及在许多企业中大量存在的隐形收入。事实上，越是内部收入差距较大的行业，往往越是具有竞争力、发展较为迅速的行业。企业薪酬是否公平不在于收入差距，而在于薪酬制度的明确、合理。

【问题4】为了体现薪酬制度的公平，是否需要用某种方法将员工的工作量化，并以此作为员工的薪酬考核结果呢？

许多企业尝试将自己的经营目标和经营业绩通过量化的方式平均到每一个员工的身上，然后根据每个人的指标完成情况确定薪酬。但实际上这种方式在实际操作中是完全行不通的。

首先，企业的经营目标以及所要达到的业绩水平不一定是可以量化的，虽然有一些质量性指标可以通过一定的逻辑关系变成量化指标，但是很难确保在转化的过程中这种量化的指标不会失去计算的公平性。即使一些可以直接量化的指标，譬如财务指标，也不可能简单地分配到所有的岗位中去，因为不同岗位的工作职责、工作性质、工作难易程度都是不一样的。

如果想用一种科学的方式、方法达到薪酬水平的相对公平，那么首先就应该对岗位进行评估与评价，确定岗位的薪酬水平，对低层级岗位应以定性考核为主、定量考核为辅；对一定层级以上的管理者，适宜采用量化成分较多、约束力较强、独立性较高、以最终结果为导向的考核指标，即以定量指标为主、定性指标为辅。

【问题5】员工与企业在薪酬上是什么关系？

有一种说法是，员工与企业在薪酬上是一种对立的关系，其实这也不难理解。在实际情况下，不少企业的领导把员工的薪酬仅仅当作是一项人力成本，并且认为人力成本与企业的利益是此消彼长的对立的关系，如果降低员工的薪酬就能提升企业的利润；相反，员工的薪酬越高，企业所承担的压力就越大。这就是部分企业所认为的员工与企业的对立关系。

那么员工与企业在薪酬上究竟是一种什么关系呢？我们可以通过一个案例对上述问题的解答做一个引导。

某公司的领导把薪酬当作成本的消耗，结果造成了员工与企业在薪酬上的博弈。这家公司的老板对薪酬的管控理念是"能少则少""能低则低"，在辞退员工的时候也不做任何赔偿。对公司的高管人员，也是抱着与其进行利润分享，不如克扣其利润提成的心思，而且为了少给经理人利润，甚至报虚假账目。薪酬水平低加上待遇不好，因此，很多员工都想跳槽。更严重的是，该老板还强迫怀孕的女员工离职，甚至不给予一丝一毫的补偿，就连人力资源经理也被迫做出一些违背制度的事情，导致很多员工不愿意在这个公司发展下去。

这家公司早年因为依靠熟人以及一些关系拿到一些客户，也确实有一定的盈利，但是随着市场竞争压力越来越大，人才竞争力逐渐降低，公司毫无吸引力的薪酬以及老板把薪酬当作成本、把员工放在对立的一面，最终导致员工对公司极度失望，都纷纷辞职离开。员工的流动导致公司经营不稳定，客户资源被员工带走，业务不断被竞争对手抢走的现象时有发生。这家公司的结局可想而知，倒闭是其必然结果。

从上述案例中可以得出以下结论，其实员工与企业在薪酬上并不是对立的关系，而是一种正相关的关系。薪酬是一把双刃剑，薪酬过高会造成企业成本的增加，薪酬过低会造成人才的流失。很多企业规模较小，在员工的薪酬给予方面确实不是那么的充裕，但是也不能将员工与企业放在一个对立的关系上，因为一味地节省成本只会给公司的经营造成负面影响。巨人网络集团董事长史玉柱曾经说过，工资最高的时候，往往成本最低。华为曾经以高出市场的薪酬水平招揽人才，正是这样才能够使这些人在不断完善自我的过程中成就自己、成就华为。

每一个企业的具体情况都不同，因此并不是高薪酬对每一个企业都适用。企业必须结合自身实际的发展情况制定合适的薪酬策略，既要保证薪酬成本在本企业可承担的范围内，又要确保企业的核心人才在市场上具有竞争力。那些只知道一味地压榨员工的劳动，甚至克扣、拖欠员工工资的企业注定要被市场的浪潮所淹没。

第3章
薪酬制度与管理制度

薪酬制度在企业发展中充当服务与支持企业目标实现的角色，随着企业组织结构的完善和管理水平的提高，薪酬制度也在不断完善和提高。正确地认识薪酬制度是有效实施薪酬管理的重要前提。

3.1 薪酬制度概述

3.1.1 薪酬制度的含义

薪酬制度也称为工资制度，是指企业用于制定薪酬的分配方式、划分薪酬高低标准的基本准则，是企业进行内部分配参照的标准，是指与薪酬决定和薪酬分配相关的一系列原则、标准和方法。它包括薪酬水平、薪酬发放形式、薪酬等级、薪酬标准和薪酬支付发放等内容。

薪酬制度是根据国家法律规定和政策制定的，是与工资的制定与分配相关的一系列准则、标准、规定和方法的总和，即确定薪酬计算的基础，是按照劳动时间计算，还是按照生产量或者是销售量计算。

薪酬制度属于企业激励机制，其存在的目的是配合企业激励机制，使薪酬管理制度的职能发挥最大的效果。科学、有效的激励机制能够让员工发挥出最佳的潜能，为企业创造更大的价值。前面也曾提到过，薪酬在企业的激励机制中可以说是一种最重要的、最易使用的方法。薪酬制度是企业对员工给企业所做的贡献，包括他们所创造的绩效、付出的努力、时间、技能、经验和创造的价值，给予相应的报酬，是一种回报和答谢。其实，在员工的心目中，薪酬不仅是自己的劳动所得，它在一定程度上也代表自身的价值、代表企业对自身工作的认同，还代表员工个人能力和发展前景。

因此，薪酬制度的制定，无论是对企业还是对员工，都起着至关重要的作用。

3.1.2 薪酬制度的发展演变

薪酬制度的演变经历了漫长的过程，它是随着企业组织的形成和发展慢慢从不成熟到形成一定的规则；随着管理水平的不断变化，薪酬制度在不断地自我完善和提高。薪酬制度服务于企业的发展。随着企业的发展，薪酬制度也要随着生产设备、生产工艺、劳动结构、生产条件的变化不断地适应、改变、改革和调整。

薪酬制度的演变过程主要有以下几个阶段，如表3-1所示。

表3-1 薪酬演变过程表

阶段	16世纪中期	18世纪中期	19世纪末期	20世纪以后
薪酬制度	平均薪酬制度	差异化薪酬制度	等级薪酬制度	多样化薪酬制度

（1）平均薪酬制度

16世纪中期至18世纪中期，工厂手工业产生，即有许多的手工业者，像造纸业、铸字业、制针业等手工业制造者，他们往往在同一个工厂或者是被同一个资本家雇佣。这是最开始形成的雇佣协作关系，也是最简单、最原始的相互合作。

在这样的工作关系和工作过程中，每个手工业者合作制成整个商品，完成制作这种商品所需要的一系列操作。在这种环境下，其实手工业者是有固定岗位的，也有较为明确的分工规则以及劳动制度，但是这种工作下形成的商品数量以及质量等一系列的生产成果是没有明确的计量的。所以资本家在给予生产者劳动报酬时，选择具有补偿性质的策略，为生产工人提供的是平均化的薪酬。

（2）差异化薪酬制度

18世纪中期，工业革命开始，蒸汽机产生，机械生产力迅速地取代了人为劳动力，工厂的形成与建立渐渐代替了个体式小作坊，机械生产代替了传统意义上的手工生产。因此"工厂制度"在欧洲应运而生。在这一时期，企业的规模逐渐扩大，而生产力水平仍较为低下，因此工厂需要大量的劳动力，从而导致大量的农村人口涌入城镇，雇佣劳动力制度由此产生。在这一阶段，随着企业雇佣的员工的数量不断增加，资本家们需要选出一些并不直接参与生产劳动的管理人员，在当时这些管理人员相当于"监工"的角色。这一角色主要的作用是对工人的劳动生产活动起到一个监督以及强迫的作用。资本家在这一过程中意识到，必须给予这类角色更高的薪酬，才能够提高其积极性，使工人的劳动效率也因此而提高，由此工资的差异化产生了。"监工"的薪酬水平务必高于普通工人的薪酬水平。

（3）等级薪酬制度

19世纪末期，资本主义由原来的竞争自由渐渐向资本垄断过渡，企业发展规模越来越大，员工人数与日俱增，生产技术日趋复杂。

在这个阶段，为了顺应时代的发展，适应市场的需求，企业对员工进行了较为明确的分工，初步形成了脑力劳动与体力劳动的区别，同时企业也需要更为正规化的制度管理模式，以便实现企业劳动技能的专业化以及标准化。在这样的制度下，工人的工作分配以及岗位安排逐渐趋向于科学化以及规范化，同时形成了专门的管理职能。这种管理职能的专门化，就是为了企业能够根据劳动的复杂和难易程度、对员工的不同程度的要求，区别员工的等级。将员工的等级划分明确后，渐渐地就确立了不同等级的薪酬支付制度，级别的高低决定薪酬的多少，由此，等级薪酬制度逐渐形成。

（4）多样化薪酬制度

进入20世纪以后，企业的经营环境逐渐改变，与一开始形成的经营状况相比，这种改变可以说是相当巨大的。市场环境变得越来越复杂，外部环境的改变导致各种不确定的因素增加，企业在经营管理方面，不仅要考虑自身的发展因素，也要关注外部环境尤其是市场大环境、大趋势的影响。在这种浪潮中，企业为了适应变革的需要，渐渐地由关注内部的等级变化转换到关注外部客户的需求，也逐渐考虑到顾客的需要，因此薪酬制度也随之发生了变化。企业的成功领域渐渐受到重视。为了给企业的成功领域提供完备的服务与支持，薪酬的目标增多，形式渐渐趋向于多样化，企业所要支付予员工的项目相应增加。

首先，需要明确的是，薪酬致力于改变员工对薪酬观念的理解，使其由关注内部上级转变为关注外部市场与外部顾客的需求。因为顾客是企业将所有的投资转化为实际生产的体现，没有了顾客和市场的支持，企业是无法得以生存与发展的。

其次，薪酬更多的是要关注企业的成功领域，它是企业成功的核心竞争力，是企业经营发展的支柱力量。不关注企业发展的成功领域就没有办法实现薪酬对企业的支持。

薪酬所支付的项目逐渐增加，在这一点上是很好理解的。薪酬项目在一开始时是很简单的，可能只存在基本薪酬；后来逐渐增加为基本薪酬、绩效薪酬、奖励性额外薪酬等；之后企业为了更好地保留和激励人才，还会给予员工股票、期权以及经营利益共享等福利。支付形式也趋向于多样化，短期、中期、长期的支付形式往往是共同存在的。

最后，随着薪酬项目的逐渐增多，薪酬一方面要吸引人力资源加入企业；另一方面更要提供一种公正、公平的价值分配机制，使得员工对企业形成信任感、安全感以及认同感，从而能够长期为企业的发展服务。与此同时，对员工的激励同样重要，只有在恰当的激励制度下，企业方能使员工产生其所期望的业绩。

在21世纪的环境下，企业管理者的观念也逐渐发生改变。过去，在薪酬方面，企业管理者可能仅仅将薪酬当作一种成本进行支付；到了后来企业渐渐明确，薪酬是企业对人力资源的一种投资行为。企业管理者要更多地考虑怎样利用这种投资，怎样有效地使用这种投资，即对企业有效的资源进行利用使其发挥无限的潜力；将其投放到最有效的领域，使其发挥最有效的作用。企业需要思考的问题：究竟应该投资在哪些地方、进行多少限度的投资、是否需要进行组合投资等。投资方向不同，受益者也是不同的。因此企业还需要考虑受益者之间存在的差异以及投资后所能够收到的回报。在这一个层面上，薪酬制度就不单单是薪酬管理者的问题，而是整个企业必须思考的问题。

3.1.3 薪酬制度的分类

薪酬制度分类，如图3-1所示。

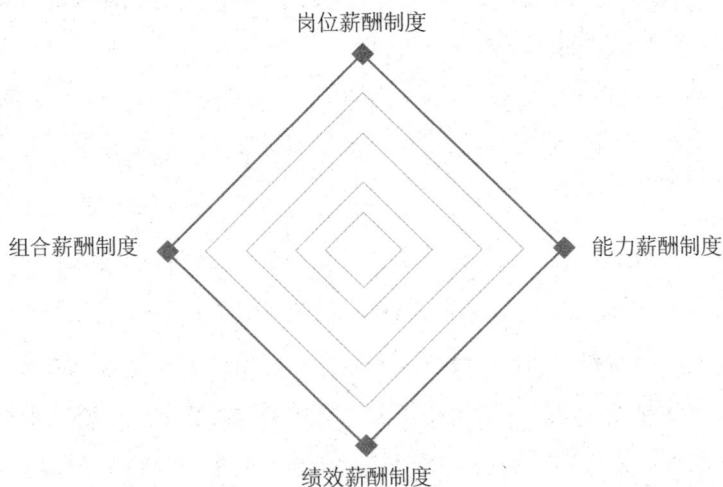

图3-1 薪酬制度分类

（1）岗位薪酬制度

岗位薪酬制度是指岗位工资制度，它是以员工劳动的熟练度、复杂强度为基准，按照员工实际完成的劳动定额、工作时间或劳动消耗等要素而计付的劳动薪酬。薪酬的高低是以岗位的转移为基础的，岗位成为发放薪酬的唯一或者主要标准的一种薪酬制度。

岗位薪酬制度的特点就是，在此岗位上的员工所取得的薪酬大体上相同，由此也可以看出，此项制度是针对岗位而不是针对员工个人的。但是同时它也具有多种形式，如岗位薪点工资制度、岗位等级工资制度等。但是相对而言，无论是在哪一种形式下，以岗位为依据的比重都会是整个薪酬收入的60%及以上。

想要实行岗位薪酬制度，就要进行科学的岗位分类以及岗位劳动强度测试，岗位工资标准以及工资差异也需要有明确的区分规则，这就需要在岗位测评的基础上，进行市场机制的引进，并参照劳动力市场中的劳动力价格进行合理的确定及适当的调整。

（2）能力薪酬制度

能力薪酬制度顾名思义，就是指按照员工自身所具有的工作能力确定薪酬等级，并按照所确定的薪酬等级标准支付薪酬的一种制度。这种制度适用于技术复杂程度比较高、员工劳动能力差别较大、分工较粗以及工作生产物等级无法固定的工作种类。此制度主要是用于区分不同的工作和相同工作但内部劳动能力的差别以及薪酬的差别。

能力薪酬制度的特点是，员工的薪酬高低主要是根据员工所具备的劳动能力以及能够发挥的工作潜能确定的。所拥有的能力不同，技术等级就不同，因此完成的工作量也就不相同，因此薪酬就会产生差异。在这种薪酬制度下，员工完全可以通过自己的学习或者经验的积累以及企业对员工能力提升的培训等提高自己的生产劳动能力。随着生产能力的不断提高，员工的薪酬也会随之增加。与此同时，员工受到一定程度的激励，就会不断主动地完善自身，从而提高整个企业的工作效益。

同时，职能薪酬、能力资格薪酬以及技术等级薪酬等都属于能力薪酬制度下的薪酬发放形式。

（3）绩效薪酬制度

绩效薪酬制度就是指根据员工的成绩及工作业绩而支付的薪酬制度。在此种制度下，员工薪酬的高低取决于员工在工作中所取得的成绩以及劳动绩效；也就是所谓的能够产生多少劳动成果，就会获得相应的薪酬。

绩效薪酬制度的特点是，确定员工薪酬的主要依据是员工在一定时期内所产生的工作绩效。薪酬的水平也会随着员工的工作绩效不同而不断地发生变化。同一职位以及同一技能等级的员工，并不一定会得到相同的薪酬。

计件薪酬、销售提成薪酬、效益薪酬以及佣金制度等都属于绩效薪酬的发放形式。

（4）组合薪酬制度

组合薪酬制度是将薪酬分为若干个部分，每个组成部分分别依据不同的因素确定薪酬的一种薪酬制度。如绩效、技术水平、培训水平、职务、岗位、年龄和工龄等，由此来划分薪酬等级。

组合薪酬制度的特点是能够根据员工各个方面的情况以及实际特点确定与其相对应的薪酬，员工在某个方面或者在某一时期与其他员工的差异性会得到体现，也会从薪酬的高低上得到反映，从而强化企业对员工的激励作用。

常见的组合薪酬制度的发放形式有岗位技能薪酬制、薪点薪酬制、岗位效益薪酬制以及职级薪酬制度。

3.2　基本薪酬制度

3.2.1　计时薪酬制

计时薪酬制是较为常见的一种薪酬制度，是根据员工的工作时间计算薪酬的。员工的薪酬收入用员工的实际工作时间乘以其标准工资数得出的，计算公式为：

$$计时薪酬＝标准薪酬×实际工作时间$$

根据计量的时间单位不同，所使用的计时薪酬分为年薪制、月薪制、周薪制、日薪制以及时薪制。

其中，年薪制是指按照年度计时发放的薪酬制度，一般由企业的实际经营成果确定薪酬的高低。月薪制是指按照每个月的工作时间计算的薪酬制度，不区分每个月时间的长短，一律按照薪酬标准发放工资。周薪制是指按照每周的工作时长发放薪酬的制度。与月薪制不同的是，周薪制的工资计量时间是确定的。日薪制是根据员工每日的薪酬标准和工作天数计算发放薪酬的。时薪制就是根据员工每个小时的薪酬标准以及工作的小时数计算的薪酬。时薪制薪酬标准的计算公式为：

$$小时薪酬标准＝日薪酬标准÷8$$

时薪制适用于非全日制类型的工作以及需要按照小时计算薪酬的工作。

目前，我国实行的时薪制一般是以月薪酬率为基础的，而西方发达国家一般是以周薪酬率或者时薪酬率为基础的。

计时薪酬制的特点主要体现在以下几个方面。

计时薪酬制计算的基础是按照一定的工作质量，也就是达到一定的劳动生产等级的标准以及按照劳动持续时间的长短支付薪酬。薪酬的多少主要是取决于员工的薪酬等级标准以及实际劳动时间的长短。在这一方面，计时薪酬主要体现了两方面的激励作用：其一是能够激励员工提高自身的劳动技术水平，以提高自己的薪酬标准；其二是能够激励员工提高出勤率，使员工自觉地增加劳动时间。

计时薪酬制是以时间为计量单位计算薪酬的，因此其计算是很简便的，也很容易被员工理解、接受。其有简便、易行的特点，适应性以及应用范围也较其他薪酬制度强和广。计时薪酬制主要是能够使员工注重提高工作质量，对工作生产的数量没有明确严格的要求。因此，在计时薪酬制度下，员工的工作压力较小，同时人力资源管理的压力也比较小，相对来说，员工流动性就较为稳定。这不仅于员工身心有利，也于企业管理有利。

但是同时，计时薪酬制也存在一定的局限，因为计时薪酬制主要是侧重以劳动的外延量来计算薪酬，劳动的内含量以及劳动的强弱程度则不能被较好地反映出来。对劳动者来说，计时薪酬制也不能够准确地反映其实际达到的生产数量以及劳动质量，因此薪酬与劳动量之间往往存在矛盾。而且对同等级的劳动者来说，付出的劳动量也存在差别，劳动质量也不尽相同，但计时薪酬制是不能够反应其中的差别的，因此在实际操作中就容易出现生产数量不同、劳动质量不同，但由于实际工作时间相同而没有薪酬差别的现象。因此，实行计时薪酬制有时不利于激励劳动者的积极性。

计时薪酬制是我国目前普遍采用的一种薪酬制度，主要适用于实习员工的薪酬发放、管理人员的职务薪酬、生产操作人员的岗位技能薪酬、专业技术人员的专业技术职务薪酬以及艺术专业职务薪酬等。

3.2.2 计件薪酬制

计件薪酬制是根据员工生产出的符合企业质量规定的产品数量或具体

完成的工作量，主要是以劳动定额为参考标准，通过规定的计件单位计算出劳动薪酬的一种薪酬制度。员工计件薪酬的多少主要取决于员工完成的企业规定质量的产品的数量以及实际的工作量，也往往要参考员工生产的计件产品的单价。计件产品的单价是指员工完成每件符合质量的产品的薪酬或者是劳动所得薪酬。计算公式为：

薪酬=计件单价×符合质量产品数（实际工作量）

计件薪酬制主要有以下几种常见形式：直接无限计件薪酬制、间接计件薪酬制、累积计件薪酬制、超额计件薪酬制以及集体计件薪酬制。

直接无限计件薪酬制是指按照员工在工作时间内生产的符合企业质量要求的产品的数量以及统一的计件单价计算劳动报酬的薪酬形式。员工完成的产品数量，按照符合规定质量要求的进行计算，无论数量多少，都使用同一种计件的单位进行计算。这种薪酬形式需要在企业的经营管理，尤其是定额管理比较科学、合理的条件下才能更为有效的实行。

间接计件薪酬制度是依据员工所服务的主要从事产品生产工作而产生的成果计算薪酬的薪酬形式，主要适用于一些辅助生产类的职位。前提条件是员工所在的原本的职位是不能够直接生产产品的，也就是在此职位上员工的生产成果没有办法直接计量，但是其工作质量的高低会对生产方面工人的工作量、质量造成直接的影响。因此，可以根据其所服务的主要从事生产的生产工人的工作成果进行薪酬计算。

累积计件薪酬制是指员工在完成产量定额的产品件数时，在额定范围内的件数按照原有的单价通过计件计算薪酬，但是超出额定部分的需要在原有单件价格的基础上累积进行薪酬计算，也就是说超出部分的单价要高于在额定范围内的单价。这样做是将薪酬形式与生产的额定任务紧密联系在一起，从而对员工产生一定的物质激励作用。累积计件薪酬适用于劳动强度较大、劳动条件不是很好、增加产量较为困难但是又需要增加产量的企业。

超额计件薪酬制是指在劳动的额定件数的生产范围内，按照计时薪酬制度发放标准薪酬，之后生产的件数属于超额部分，超额部分要在原来单价的基础上累积增加单价并通过计件发放计件薪酬。这种薪酬制度在保证员工原有的基本收入之上，又给予完成任务的优秀员工以有效的实际薪酬奖励，这样不仅使员工的工作积极性提高，还使员工获得了安全感，还在一定程度上减轻了工作压力。

集体计件薪酬制度是指按照员工所在的生产小组或者团体共同完成的生产任务量的多少计件并计算薪酬，然后根据整个小组的薪酬按照合理的分配方法分配到个人的薪酬发放形式，适用于机器设备和工艺工程等要求员工集体配合才能完成产品生产的工作。这种性质的生产所产生的件数是不能够直接计算到个人的；或者虽然可以统计到个人的生产件数，但是在生产过程中需要上下工序之间或者各个环节之间密切合作。这种岗位往往是连续性生产岗位，需要一系列的协作才能顺利生产出可计件的产品。实行集体计件薪酬需要考虑企业的生产技术条件、生产组织能力、劳动水平、管理水平以及基础性建设等实际情况。

计件薪酬制度主要有以下特点，如表3-2所示。

表3-2 计件薪酬特点对比表

	优势	局限
计件薪酬制度	准确地看出员工在作为产品的劳动者这一意义上实际付出的劳动量，激励性强，公平且合理	易出现片面追求产品数量而忽视产品质量的情况
	激发员工的生产积极性，促进企业整体生产效率的提高	造成员工生产压力大，导致员工的不满
	促进员工自发地改进工作方法，提高技术水平以及劳动熟练程度，提高工作效率，增加生产产品的数量	容易造成计件制度的滥用

计件薪酬制度能够从真实生产的劳动成果上准确地看出员工在作为产品的劳动者这一意义上实际付出的劳动量，并能够按照体现劳动量的产品成果件数计算薪酬。从这一种意义上来看，薪酬制度不仅激励性强，而且也较为公平、合理。

与计时薪酬制度相比，计件薪酬制度反映了不同等级的员工，由于生产的符合质量要求的产品的数量、质量所产生的成果是不相同的，因此得到的薪酬也是不同的，从而能够使员工将目光更多地放在自己的劳动成果上面，从而激发员工的生产积极性，促进企业整体生产效率的提高。

在这种薪酬制度下，员工的生产量与薪酬有直接关系，因此能够促进员工自发地改进工作方法，提高技术水平以及劳动熟练程度，提高工作效率，增加生产产品的数量，从而使企业的整体效益不断提高。

同时，计件薪酬制度也存在局限性。

其一，计件薪酬制度有时容易出现片面追求产品数量而忽视产品质量的情况，消耗定额以及机器设备的保养与维护也是容易被忽略的。在实际操作中，员工如果片面追求产品数量，就会使成品的质量仅仅达到企业要求的最低的质量水平，而不会再有质量上的提高；在消耗定额内节约的潜力也不被挖掘，甚至有时会超过设备的承载负荷而进行大规模的生产。

其二，在生产力不断提高的状况下，管理和技术也在不断地进行改造，处于这样的环境中，生产效率的不断增加会使额定生产量难以提高。在不提高生产定额的情况下，产品的成本会因此增加，但是如果在员工提高生产效率的前提下依旧追求提高定额，那么就会造成员工生产压力大，导致员工的不满。

其三，当企业以营利为目标，力求将利润达到最大化时，容易造成对计件制度的滥用，使得计件薪酬成为延长劳动时间和降低薪酬标准的一种手段。同时，如果市场大环境改变，产品的价格在市场范围内增长，计件薪酬制度本身是不能够反应物价的变化的，则在物价上涨后，就算是劳动生产率没有提高也要进行计件单价的调整。

计件薪酬制度与计时薪酬制度之间是存在区别的。其实计件薪酬制度是从计时薪酬制度转变而来的，他们之间的联系就在于计件薪酬的计件单价是根据计时薪酬的标准进行计算的。他们之间也存在明显的差异，如表3-3所示。

表3-3　计件薪酬与计时薪酬特点对比表

	计算原理	计算依据	计算方式
计时薪酬制	将员工的出勤率与实际的工作时间相乘	以一定质量的劳动的延续时间为计量薪酬的依据	单价是在劳动开始之前就设定好的
计件薪酬制	员工完成的符合企业质量要求的成品件数乘以每件成品的计价单价	以一定时间范围内劳动力所形成产品的数量为计算薪酬的依据	单价在完成之后才能确定

首先两者的计算原理不同，计时薪酬的计算原理是将员工的出勤率与实际的工作时间相乘，这其中存在一定的计时薪酬标准以及工资比例；计件薪酬则是用员工完成的符合企业质量要求的成品件数乘以每件成品的计价单价所得到的薪酬数字。他们的计算依据也是不同的，计时薪酬以一定质量的劳动的延续时间为计量薪酬的依据；而计件薪酬则以一定的时间范围内劳动力所形成的产品的数量为计算薪酬的依据。同时两者之间的计算方式也是不同的，计时薪酬的单价是在劳动开始之前就设定好的；而计件薪酬的单价是在完成之后才能确定。计件薪酬可以准确地反映员工的实际劳动量、同级劳动者之间以及同一劳动者在不同时期的劳动生产水平的差别。

计件薪酬制度的实行也是有条件的，并不是所有的情况都适用计件薪酬制度。具体的使用情况如下：员工的生产成果能够以生产产品的件数进行统计计算；企业的生产计划比较充实，原材料能够持续供应，销售渠道畅通，在这种情况下能源的供应是有保障的，产品能够批量生产；企业具有完善的管理机制，生产记录比较清晰，拥有较为健全的生产工艺以及具备成熟的技术操作和统计计量制度，同时还需要具备产品检查、验收制度，也要有合理的生产组织和劳动力结构。

3.2.3 岗位技能薪酬制

岗位技能薪酬制是根据按劳分配的原则，对企业设定的每一个岗位在劳动强度、劳动职责、劳动技能、劳动条件等基本的岗位要素上进行岗位测评，其评价结果将直接影响从事该岗位员工的薪酬水平，因此，岗位技能薪酬制度就是以岗位和员工技能薪酬为主的一种企业的基本薪酬制度。

岗位技能薪酬主要与员工能力挂钩，主要内容及表现形式如表3-4所示。

表3-4 岗位技能薪酬因素构成表

技能因素	薪酬因素	能力架构	适用范围
技术薪酬	工作相关的技术能力	技术的深度与广度模块	技术工人以及从事单一工作的专业技术人员
知识薪酬	与岗位培训相关	培训学分体系	技术工人以及专业管理、服务和研究人员
资历经验薪酬	相关职业经验	经验在岗位上的实际效用	中、高层管理者和知识技能型人才
任职资格薪酬	与岗位任职体系相关	综合任职资格体系	专业性的管理类、技术类和服务类人员

岗位技能薪酬制度是一种把劳动者的收入与企业的经济效益相关联的企业内部的分配制度，主要是为了改变传统的以行政级别划分的企业雇员式的计划经济模式，从而建立一种与市场经济接轨的薪酬分配制度。

岗位技能薪酬制度主要有以下特点：在岗位薪酬制度下，员工薪酬的高低或者薪酬的调整，都是以岗位为基础的；在体现不同岗位的劳动价值的不同后，又基本保持了同工同酬。

在岗位技能薪酬制度下，在同一薪酬的等级中，通过给不同知识、不同资历、不同经验、不同技能或能力的员工规定不同的薪酬等级，主要体现了对人才技能的肯定，也是对人力资源投入的补偿。

这种薪酬制度，对员工具有一定的激励作用，使员工能够主动对自身能力进行投资，能够不断提升自身技能，从而使企业的生产效率不断提高。

岗位技能薪酬制度的确立过程主要需要完备以下内容。

（1）建立岗位评价体系。岗位评价是将企业中的各类岗位及职务根据员工任职的要求在劳动技能、劳动责任、劳动强度、劳动难易、劳动条件等基本要素进行测试、评价。测试和评价的结果构成岗位的基本任职要素。科学地对职位进行评价，主要是将不同岗位的劳动差别进行明确的区分，并以此作为确定在不同岗位上任职的不同员工的薪酬差别的依据。

（2）设置薪酬单元。岗位技能薪酬制度的薪酬单元主要是由技能薪酬和岗位薪酬组成。其中，技能薪酬是与劳动技能要素相对应的，是依据岗位、职务对技能的具体要求和需要员工在任职时具备的劳动技能水平而进行薪酬分配的一种方式。

技术工人、管理人员和专业技术人员的技能薪酬可以分为不同的级别，不同的级别也可以根据员工在具体工作中的实际操作差异再次分为不同的等级。其中，岗位薪酬与劳动责任、劳动轻度、劳动难易、劳动条件相对应，主要是为了划分不同种类的岗位的薪酬标准，并设置相应的层次，可以实现一岗多薪的方式，使不同的员工虽然在同一岗位上，但是还是可以通过岗位薪酬制度体现他们劳动的差异性。除了上述两个单元的设置外，在实际的薪酬操作过程中，还需要通过辅助薪酬制度对薪酬中没有考虑到的元素进行补充。

3.2.4 岗位等级薪酬制

岗位等级薪酬制度是指根据员工在工作中岗位的重要程度确定薪酬等级以及标准的一种薪酬制度，也就是说在实际操作过程中将工作岗位按照在企业生产过程中的重要程度进行归类、排序，从而确定薪酬等级。

岗位等级薪酬制度主要是根据工作职务或者岗位对员工在知识、技能等方面的具体要求或者是员工所处的劳动环境等因素确定员工的薪酬。员工的薪酬是与岗位所需要的技能相对应的，不考虑超出岗位要求之外的技能。

岗位等级薪酬制具有几个特点：岗位等级薪酬制度是根据员工所处的工作岗位确定的。不同的岗位具有不同的薪酬等级和标准。在实际操作中，员工处于哪一个岗位就要按照哪一个岗位上的薪酬制度进行薪酬分配，也就是说员工的薪酬与个人的能力或者是差别区分得并不大，主要是看处在哪一个职位等级上。员工想要在同岗位之间提高薪酬等级是不大可能的，因此只能选择到较高一级的岗位上去，才能提高薪酬等级。在这一薪酬制度下，员工在岗位上工作，必须要达到岗位上的既定要求。岗位薪酬没有同岗位的技术划分标准，但是员工必须遵循岗位上的职责范围、技术能力要求以及规章制度。

岗位技能薪酬制度主要适用于专业化、自动化程度较高的流水作业，对技术要求较为单一的工作。

岗位等级设计示例如表3-5所示。

表3-5　岗位技能薪酬与员工能力对比表

薪酬等级	岗位类型			
	高层管理等级	中层管理等级	技术/基层管理系列	一般职能系列
12				
11	总裁 副总裁 总监 总经理 副总经理			
10			高级技术人员	
9				
8		部门经理、主管		
7				
6			中级技术人员	
5				
4				
3			初级技术人员	秘书 助理 文员 生产一线员工
2				
1				

3.2.5　岗位薪点薪酬制

岗位薪点薪酬制主要是指采用较为细致的划分方法，按照员工所处岗位的相关因素，如岗位职责、岗位技能、工作强度以及工作条件等，测定每个不同岗位上的点数，并通过一系列的量化考核指标使其与员工的劳动薪酬相关联。

岗位薪点薪酬制主要有以下特点：能够充分体现岗位所处的价值，突出了关键岗位和重要岗位的作用。对薪点指数的确定和调整，有助于员工明确企业的具体发展方向，并且提高企业与员工的应变能力，还有助于根据大的市场环境对全体员工的基本薪酬做出相应的调整，不仅能使企业及时适应宏观条件，更能激励员工的积极性。此薪酬条件能够使企业有效地形成完善的管理机制，有助于企业战略目标的实现。

岗位薪点薪酬制主要是由基本薪点工资、辅助薪点工资和保障性工资构成。具体的薪点数可以根据企业的具体经营战略以及现实市场的需要确立。主要适用于岗位较为固定、岗位主要以重复性劳动为主要工作内容的工作种类。

3.2.6 技术等级薪酬制

技术等级薪酬制是工人薪酬等级制度的一种形式，就是按照工人所需要达到的技术等级的标准确定工资的等级，并且按照已经确定的等级薪酬标准进行薪酬支付的一种制度。它主要是能够区别技术工作种类以及工作种类内部的劳动差别与薪酬差异。

技术等级薪酬制度主要有以下特点，如图3-2所示。

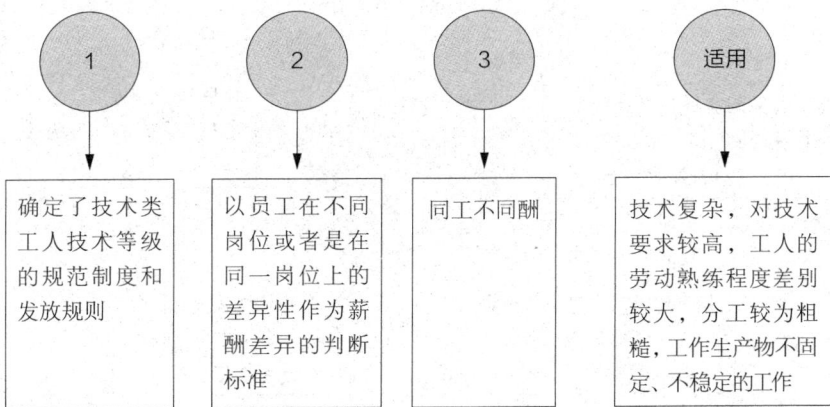

1	2	3	适用
确定了技术类工人技术等级的规范制度和发放规则	以员工在不同岗位或者是在同一岗位上的差异性作为薪酬差异的判断标准	同工不同酬	技术复杂，对技术要求较高，工人的劳动熟练程度差别较大，分工较为粗糙，工作生产物不固定、不稳定的工作

图3-2 技求等级薪酬制度特点

技术等级薪酬制度确定了技术类工人技术等级的规范制度和发放规则。通过工人的实际操作以及技术要求明确员工在不同岗位或者是在同一岗位上的差异性，以此作为薪酬差异的判断标准。这是一种能力工资制度，可以引导工人提高自己的技术技能，从而提高自己的薪酬。但是因为有同工不同酬的现象，所以会使部分员工认为此种薪酬制度不合理。

技术等级薪酬制度主要适用于技术复杂，对技术要求较高，工人的劳动熟练程度差别较大，分工较为粗糙，工作生产物不固定、不稳定的工作。

3.2.7　职务等级薪酬制

职务等级薪酬制主要是指在机关或企事业单位工作的行政管理人员、技术人员之间实行的一种薪酬等级制度，主要是根据职务的不同确定不同的工资标准。

职务等级薪酬制主要有以下特点，如图3-3所示。

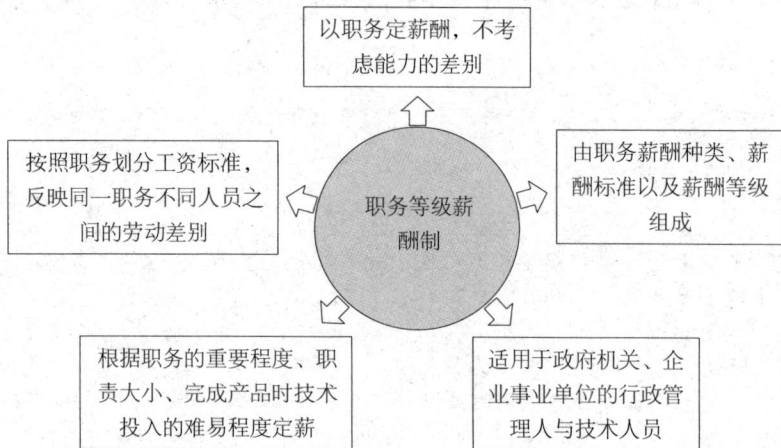

图3-3　职务等级薪酬制特点

职务等级薪酬制是按照职务划分工资标准，同一个职务上也可以划分不同的等级，不同的等级就会产生不同的薪酬标准，用来反映同一职务不同人员之间的劳动差别。

实行职务等级薪酬制，在职务不变的情况下，薪酬标准在上限、下限之内浮动，也只能在职务规定的限额内进行调整，想要改变薪酬标准就只能改变职务。

职务薪酬制就是以职务定薪酬，在哪一种职务上就会得到哪种职务的工资，在这种制度下，同职务员工之间的差异在薪酬方面体现得并不明显，无论能力的差别如何，都要按照同职务范围内的薪酬标准领取薪酬。在管理方面需要对各个职务规定明确的职责条例与业务标准，这样才有利于加强员工对职务的认同感、责任感和进取心。

职务薪酬制是由职务名称、职务薪酬标准、业务标准以及职责范围四部分组成的。

其中职务名称是在职能分工明确的基础上，由管理部门按照职能分工制定相应的职务序列，并根据职务序列制定职务名称表。这样就可以按照序列对相同职能的员工运用统一的标准支付薪酬。

职务薪酬标准是由职务薪酬种类、薪酬标准以及薪酬等级组成的。企业划分薪酬标准时是有一定依据的，可以根据企业的实际生产规模、生产类型、企业产品的工艺特点以及在生产过程中对技术要求的难易程度等划分薪酬标准。在确定薪酬标准时，应该合理安排最低薪酬与最高薪酬的比例关系，并根据这种比例关系确定各个等级之间的薪酬标准差异。

业务标准就是指各个职务之间的业务规范，就是员工处于某个岗位，所需要达到的相应的生产标准。

职责范围就是按照一定的条件，规定相应职务内员工应该完成的工作内容、所拥有的职责权利、应该承担的业务等。这里的条件主要指能够反映具体职务的工作性质、职责范围以及工作内容实际进行考核时的标准等。

职务等级薪酬制度主要是根据每个员工所处职务的重要程度、职责大小、完成产品时技术投入的难易程度等因素，按照已有的标准判断高低水平，并且规定统一的薪酬标准。职务等级薪酬制主要适用于政府机关、企业及事业单位的行政管理与技术人员。

3.2.8　提成薪酬制

提成薪酬制是指对员工自己本身或者员工所处的团队按照规定薪酬的相应比例对其完成的创造性成果进行分成支付薪酬的一种薪酬制度。也就是说，企业的实际盈利收入在去除各项成本以及日常税务及消耗后，剩余的部分就需要在企业内部按照企业与员工应该获得的比例进行分成。提成薪酬制的主要特点如图3-4所示。

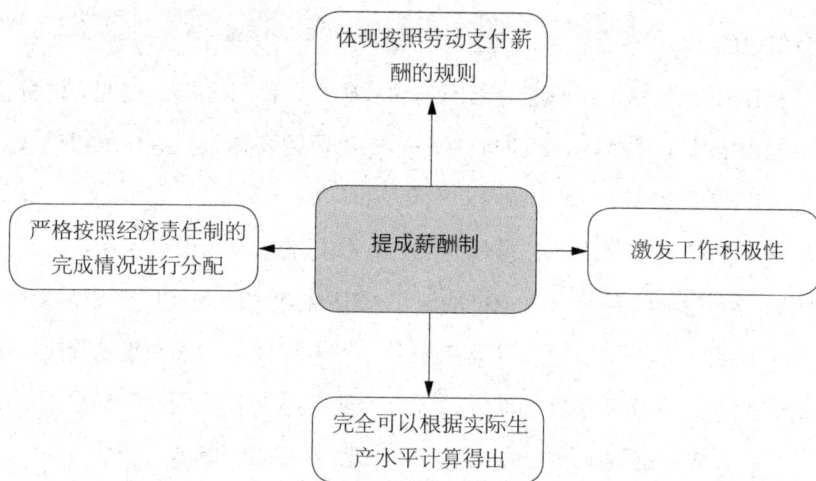

图3-4　提成薪酬制特点

提成薪酬制度是严格按照经济责任制的完成情况进行分配的，企业提供成本与市场销售渠道，员工付出劳动力创造产品。这种制度，使员工的收入与其工作业绩及劳动成果有效结合起来，体现了按照劳动支付薪酬的规则，打破了平均主义的思想。在提成薪酬制下，员工的薪酬究竟是怎样的程度与水平，是完全可以根据其实际生产水平计算得出的，这样不仅有效降低了薪酬管理方面的人力、物力，也突出了企业的公平分配；不仅激发了员工的工作积极性，也使员工在工作过程中更加具有安全感。

提成薪酬制度需要明确以下几个方面（包括确定合适的提成标准、提成方法以及员工实际能够得到的提成比例）。

首先，需要明确的是提成标准。这个标准主要规定了员工应该完成工作任务的数量以及质量要求。其次，就需要明确应该采用什么样的方式提成。常见的提成方式有全额提成和超额提成。全额提成是说员工没有基本的薪酬，其全部的薪酬都要随着其为企业创造的营业业绩或者是销售额确定；超额提成是指员工的薪酬在原有基本薪酬的基础上，再将超出规定营业额的部分按照一定的比例提取薪酬。这两种方法主要是根据个人的营业业绩进行分配；还有一种，如果是按照员工所在的集体进行提成薪酬计算，那么还需要企业解决其内部的分配原则问题。最后，需要明确员工实际能够得到的提成比例。

提成薪酬制度是针对获得的劳动成果以及企业创造的总价值量能够考核到每个人的一种薪酬分配方式，适用于市场营销与服务型的企业。

3.2.9 承包薪酬制

承包薪酬制是指通过两方协商，达成一定的协议后签订合同，确定某项生产、经营任务的完成时间、质量要求、经济技术指标、成本预算，在完成合同内规定的生产量后将需要支付的薪酬数额一起交付承包各员工个人或者员工所在的集体，而不考虑其用工人员的多少等其他问题的一种薪酬支付方式。

承包薪酬制主要有以下特点，具体见表3-6。

表3-6　承包薪酬制度特点

	特点	适用
承包薪酬制	激励员工提高工作效率	建筑、煤炭、地质勘测等行业
	片面追求工作效率而忽略工作质量	难以攻克的实际任务

在实行承包薪酬制的情况下，劳动成果与薪酬之间的联系可以通过合同直观地感受到，能够更好地激励员工提高工作效率。但是在实际操作过程中往往会出现承担方为了片面追求工作效率而忽略工作质量的弊端。

承包薪酬制适用于建筑、煤炭、地质勘测等行业，同时也适用于企业在经营过程中遇到的急需突破的薄弱环节以及难以攻克的实际任务。

3.2.10　年功薪酬制

年功薪酬制就是根据员工的学历以及工作时间的长短确定其薪酬的做法。如果员工之间的学历、能力和所做出的贡献不相上下，那么工作年限就是决定职位晋升的重要依据。这里所说的工作年限就是指在同一企业内连续工作的年数，并不是在同行业范围内工作时间的长短。

年功薪酬制增强了企业对员工的吸引力，能有效地保留熟练工人和技术骨干，使他们长期为企业工作。但年功薪酬制度也有弊端，员工的工作时间越长薪酬就较高，这会使新晋员工和较为有潜力的年轻员工得不到重用。年功薪酬制适用于劳动力不充足、人才紧缺、需要保留人才、行业内外人才的可替代性较小的行业与企业。

3.2.11　结构薪酬制

结构薪酬制又称为分解薪酬制或者组合薪酬制，主要指根据薪酬发挥的不同功能进行较为细致地划分的相对独立的薪酬单元格模式，每一个不同的薪酬单元格规定了不同的薪酬结构指数，组成了相对系统比较完整的有质与量的区别的薪酬结构。

常见的薪酬结构体系如图3-5所示。

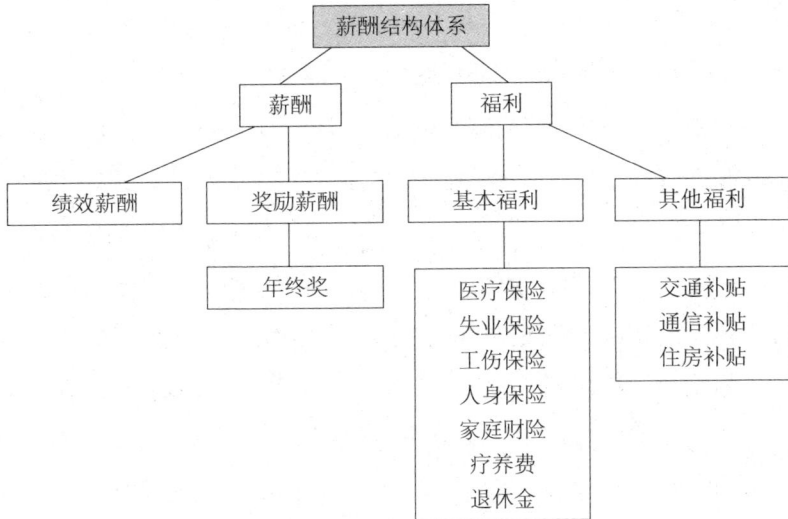

图3-5　薪酬结构体系示意图

薪酬结构中各个单元格的设置，反映了员工在劳动过程中形成的差别，薪酬结构的设置是与劳动结构相对应的，并且能够准确地反映劳动成果的相关性质。如果劳动结构不同，则薪酬结构也要设置相应的单元来反映这种不同，并且要随着劳动结构的改变做出相应的调整。

结构薪酬可以反映薪酬结构中各个部分的职能的差别，并且分别计算薪酬，可以从薪酬结构的单元设置体现劳动者在实际劳动成果体现的过程中对企业贡献的大小，有效地发挥了薪酬的各个方面的职能，具有很灵活的调节功能。

薪酬在被结构化的过程中被分解成容易理解的小单元格形式，有利于实行薪酬的分级管理机制，克服了传统薪酬结构不能区分薪酬高低的弊端，为工资分配制度的改革打下了良好的基础。结构化的薪酬制度适用于各个行业及各个企业使用，企业只需要内部进行区分，设置好各自的结构即可。

但是在实际操作中也可以发现，结构薪酬制也存在一定的不足之处。因为企业在实际运行中会有各种不同的情况出现，所以有时很难维持设定好的薪酬单元格的稳定性，同时确定和保持各薪酬单元格比重的难度也是比较大的。这就需要前期做好充足的调查、准备和沟通。同时我们发现，由于结构薪酬中单元格设置比较多而且繁杂，因此薪酬管理工作也是比较复杂的。

企业内部结构薪酬制度的制定与实行，应该根据企业内部运行的实际情况而定，企业结构薪酬的具体内容和单元格构成方式也要适应不同的情况。组成部分可以按照企业生产结构划分，也可以依据生产和实际分配的大小确定。这种结构模式是没有固定的形式束缚的，是比较灵活的。一般薪酬结构的内容主要划分为基础薪酬、岗位薪酬、效益薪酬、浮动薪酬以及年功薪酬，如表3-7所示。

表3-7　薪酬结构内容对比表

薪酬结构	
基础薪酬	保障员工日常生活所需的基本的薪酬
岗位薪酬	考察员工的实际业务水平
效益薪酬	根据企业的经济效益和员工实际完成的劳动量支付薪酬
浮动薪酬	员工的薪酬根据企业经营效益的好坏及员工实际的贡献大小而上下小幅度浮动
年功薪酬	随着员工在企业连续工作年限的不断增加，其薪酬也会随之增加

基础薪酬，就是能够保障员工日常生活所需的基本薪酬。这一个单元格的设置，是为了维持劳动力的持续运行。基础薪酬主要采用固定基础

金额的设定方式确定和发放，由于要考虑到员工基本的生活支出占总薪酬的比重，因而管理者需要根据实际的市场情况统一规定同一数额的基础薪酬。此外，还可以采用系数方法确定基础薪酬，也就是要考虑员工现行的工资占总资产的比例，管理者可以将员工本人标准薪酬中一定百分比的薪酬作为基础薪酬。

岗位薪酬也是结构薪酬的一个重要组成部分，发挥着激励员工不断提高自身技术以及能力水平的作用。这部分薪酬主要考察员工的实际业务水平，能够使他们尽职尽责地完成所在岗位上的相应的工作。岗位薪酬也有两种具体的形式：第一种是可以采用职位等级薪酬的形式，在岗位内部进行分层分级，一个岗位可以有不同的薪酬设计，各个岗位的薪酬相互交织；第二种就是采用一岗一薪的薪酬设置形式，按照行政管理、专业技术、技术工人、非技术工人的分类方式进行设定。

效益薪酬就是根据企业的经济效益和员工实际完成的劳动量支付薪酬的一种方式。效益薪酬不仅考察员工实际生产的产品的数量，也会考查员工实际完成的产品是否都是符合质量要求的产品。这就鼓励员工努力实干，既要提高工作效率也要提高工作效益，使自己多为企业做贡献。效益薪酬是没有固定的薪酬标准的，一般采用奖金或者计件薪酬的发放形式，员工做出的贡献越大，所能够获得的这部分的薪酬就越多。实际上，这是在结构薪酬中能够起到激励作用的部分。

浮动薪酬与效益薪酬类似，但是两者并不完全相同。浮动薪酬是指员工的薪酬随着企业经营效益的好坏及员工实际的贡献大小而上下小幅度浮动的一种薪酬形式，有利于调动员工的工作积极性，使员工将自身能够获得的实际薪酬收益与企业的经营事业相关联，从而使员工能够站在企业的角度思考问题。

年功薪酬，指的是随着员工在企业连续工作年限的不断增加，其薪酬也会随之增加。换个角度来说，年功薪酬的增加与否，主要取决于员工工龄是否在增长，同时还取决于员工实际贡献的大小以及企业经营效益的影响。只有这样，才能够有效发挥年功薪酬在结构薪酬中的作用。

综上可以看出，结构薪酬各个组成部分之间既存在内部差别，又有相互关联的部分。因此，结构薪酬单元格之间是相互依存、相互制约又相互配合的。每一个小部分的作用都不尽相同，只有将他们有机结合成为一个整体才能更好地为企业的整个薪酬系统服务。

3.2.12　股权制薪酬

股权制薪酬就是企业对经营者实施股票所有权的分配计划。实际上它就是指企业以股票为媒介所实施的一种针对员工的长期、有效的薪酬奖励办法。通过持有企业股票及企业期权，使员工成为企业的股东，使员工将自身利益与企业的利益紧密地联系在一起。这样做的目的就是激发企业经营者或者企业的中、高层管理人员能够长期为企业的经营效益服务。逐渐地，成熟的股权制薪酬还会延伸到普通员工。

实施股权制薪酬具有一定的现实意义，股权制将企业的所有权与经营权进行有机的融合，从而解决了企业的代理问题，避免了在委托过程中所要付出的监督支出和剩余损害。股权制有利于减少经营者的短期化行为，有助于企业长期经营计划的有效实施。

股权制能够有效地为企业保留人才、减少人才的流失。股权制在企业经营状况良好的情况下，能够稳定而长期地为企业带来较为丰厚的收益。因此股权制也就成为能够吸引人才加入的一种奖励模式。与此同时，股权制一旦实施，便立即具有股票持有期限以及期权等待期的约束条件。如果提前撤离，持有股权的员工就会失去全部收益，这样一种无形的约束力，在某种程度上增加了经营者、管理者以及优秀员工的退出成本，有效地起到了为企业保留人才的作用。

股权制还有利于减少企业的运营成本。对一些技术不成熟或者刚成立不久的小公司来说，一方面，运营资金在一开始是比较紧张的，如果持续支付给经营者较高的薪酬，就会使企业的初期运营产生较大的压力。而股权制不仅能够吸引优秀人才的加盟，也不需要支付经营费用，在一定程度上是能够缓解企业在初期运营方面的压力的。

在另一方面，股权制使经营者变为企业的股东，有利于鼓励经营者承担必要的风险。通过股权制度让经营者分享企业收益的同时从事风险投资，这样做能够促进企业在市场范围内的持续发展，也有利于提高经营者的经营决策水平以及自觉抵制腐败行为。

实施股权制是有一定的条件限制的，在考虑是否实行股权制时，经营者应该考虑以下几个问题，如图3-6所示。

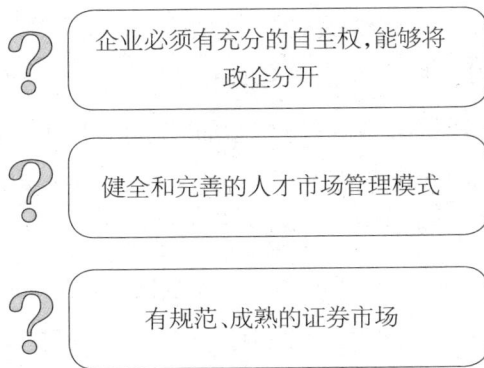

图3-6　实施股权制的常见问题

想要实行股权制，首先，企业首先必须有充分的自主权，能够将政企分开。企业经营只有真正以利润最大化为经营目标，将提高企业效率作为理念，股权制才能在真正意义上对经营者产生有效的激励作用。其次，企业需要实行较为规范化的公司化运作模式，能够按照现代企业制度，建立合理、有效的决策机构、执行机构、监督机构，以此实现企业决策上的科学化、规范化。最后，企业还需要引入对经营者的约束机制，以此避免潜在决策风险的发生。

想要实行股权制，企业还需要注意外部环境。经营者在考虑了如上的问题后，还需要关注整个市场的大环境是否支持自己的企业实行股权制。

首先，要观察市场范围内是否有相对健全和较为完善的人才市场管理模式。较为完善的高级管理人才市场能够将竞争机制引入企业的经营者选拔中，从而能够不断提高经营人才的素质及水平。

其次，要有规范、成熟的证券市场。规范、高效的证券市场能够充分地反映经营者的业绩和企业的发展状况。值得注意的是，经营者的股票来源、股票期权操作的规范性问题都需要有相关政策、法律、法规的指导。对弄虚作假、虚报业绩等经济犯罪行为，需要有较大的法律惩罚力度来进行约束，不然经济市场将会混乱、没有秩序。

股权制有现股、期股、期权三种模式。

现股是通过公司奖励或者参照股权的实时市场价值、价位向受益人进行出售的方式，使受益人能够较为直接地获得企业的股权。现股规定，受益人必须在一定的时间限制内持有股票，不能够进行二次出售。现股的特点就是风险较大，需要即时投入资金，因此是不能够享受贴息的。因此对持股人的激励作用也不是很大。但是现股同样具有表决权效益。

期股就是指企业或者经理人约定在将来的某一个时期内以一定的价格购买一定数量的股权，购买的价格一般参照当时的实时股票价格确定。由于这属于一种远期支付计划，因此期股的受益人将享受贴息，但是期股是不具有表决权的。它的优点在于风险相对比较小，但是由于在期限之前无法确定此股权是否升值，因此它仍然具有一定的风险性。

期权就是指企业和经理人约定在将来的某一个时刻购买一定数量的股权，购买的价格依旧是与实时的价格相吻合，但是经理人在到期限时是可以选择行使或者放弃这个权利的。它的主要优势在于在股票贬值的情况下是可以选择放弃这个权利的。因此，对期权受益人来说，期权基本上是不存在风险的，但是它也就不享有表决权。

不同股权形式的权利与义务都是不同的，为了能够更清晰地进行对比，可以参照表3-8，具体内容如下所示。

表3-8　股权形式的权利与义务对比表

类型	增值收益权	持有风险	股票表决权	资金即期投入	享受贴息
现股	√	√	√	√	
期股	√	√			√
期权	√				√

3.2.13　协议薪酬制

协议薪酬制又称谈判薪酬制，主要是企业与受聘员工按照相关规定以及人力市场的平均价格，依据工作的复杂程度就受聘员工的薪酬水平当面进行协商并确定的，并且以签订合同的形式予以达成协议。在这种情况下，受聘员工的薪酬主要取决于劳动力市场的供求状况以及企业实际的经营状况。协议薪酬制度是以企业方面与受聘员工方面就薪酬方面达成一致意见，并通过合同制度的保护后才生效、使用的。在这种情况下，一般需要企业与受聘员工对协议的内容进行保密。

协议薪酬制的实行有利于维护企业与受聘人员的合法权益，使双方在聘用关系上更为和谐、稳定、安全。实行协议薪酬制度，也可以使员工之间的学历、资历的限制变得微乎其微，使员工能够感受到企业是以能力决定薪酬的，不仅能够让技术、管理等要素参与到薪酬分配当中，也能够使员工之间的攀比现象减少，员工之间的矛盾以及恶性竞争随之减少，企业也因此变得更加稳定，形成较为和谐的人力资源管理关系和较为团结的企业文化氛围。同时，由于协议薪酬是企业与员工双方共同协商的结果，因此工资水平在双方都能够接受的范围内，这样就避免了一些不必要的纠纷以及矛盾，还能够较好地调动员工的工作积极性。

协议薪酬制在实行的过程中也存在一定的缺点。由于协议薪酬制度是与企业与员工之间的谈判能力、人机关系相关的，因此弹性比较大，有些时候并不一定完全符合人力资源市场的相关规律，很容易出现同工不同酬的状况。因为协议薪酬制是在相对保密的环境下形成的，有些时候由于体制、仲裁以及监督机构的不健全，很有可能会出现以权谋私、营私舞弊等现象，还会造成薪酬不合理的状况。

协议薪酬制度还包括一种情况，就是集体协议薪酬制，也就是说薪酬决定于劳动力市场上劳动与资本分配之间的相对比。集体协议薪酬主要是避免了一种工人与雇主之间的相对不公平或者不合理的薪酬分配现象。

上述13种类型的薪酬制度，可以分为较为典型的五种：绩效薪酬制、技术等级薪酬制、年功薪酬制、职位薪酬制和结构薪酬制。根据其各自的特点，做了如表3-9所示的总结。

表3-9　薪酬制度对比表

薪酬制度类型	分配原则	特点	优势	劣势
绩效薪酬制	员工某阶段实际绩效水平	薪酬与绩效直接挂钩	激励性较强	短期激励
技术等级薪酬制	工作能力	能力越高，薪酬越高	鼓励员工学习技术	员工对工作进行挑拣
年功薪酬制	年龄、工龄、学历等	薪酬与工龄同步增长	员工团队稳定	不利于调动员工积极性
职位薪酬制	职务	薪酬由岗位决定	鼓励员工职位晋升	不注重能力提升
结构薪酬制	综合员工年薪、能力、职务、绩效	由基本薪酬、年薪、职务薪酬、绩效薪酬构成	灵活性强	单元格结构不稳定

3.3 薪酬制度的特点

薪酬制度的确立是为了保证薪酬在劳动力市场上具有竞争性，能够有效吸引优秀人才为企业服务，在员工付出劳动后能够给予相应的回报，以保证资源的自然循环。薪酬机制，能够将短、中、长期经济利益进行结合，具有促进企业与员工结成利益共同体的纽带作用。上面讲到了不同种类的薪酬制度，但是总结起来，他们所具有的特点是可以整合起来叙述的。

不同的薪酬制度包括了不同的薪酬原则、薪酬水平、薪酬形式、薪酬等级、薪酬标准以及薪酬发放等一系列的内容。在不同的制度下，薪酬决定与薪酬分配的相关原则也是不相同的。

总的来说，薪酬制度是薪酬理念和薪酬管理原则的具体实现形式。薪酬理念和薪酬管理原则的变革，也会导致薪酬制度发生重大变化，并由此呈现出一系列新的特点。

3.3.1 薪酬构成多元化与激励长期化

在劳动要素资本化的背景下，员工能够更多地参与到企业的利益分成中，企业愿意与员工分享利润成果，在这个全新理念的影响下，薪酬的构成也逐渐趋向于多元化的特征。

这种多元化的特征主要表现在两个方面。其一，薪酬不单单只是工资，而是使工资与奖金、福利等相对较为传统的收入与红利、股份、期权等资本性的收入同时存在，这体现了人力资本价值与劳动要素剩余索取权的有机结合。其二，薪酬也不仅仅体现在物质方面的给予上，也就是说员工渐渐地不再满足物质报酬的给予，对精神层面的需求不断增加。现金薪酬与非现金薪酬等物质报酬逐渐与员工对企业、对工作的心理满意程度及个人是否能够有提升及发展的机会等精神收益相结合起来，实现了物质方面与精神层面的统一结合。在市场的大环境下，我们不难发现，取得成功的现代企业，他们的薪酬制度都具有多元化的特征。

多元化的薪酬构成不但能够满足员工各种各样的需求，而且能够充分调动员工的积极性，企业也因此获得了更多种形式的激励方式。上面提到的关于股份和期权的新型薪酬形式的创新，使薪酬制度逐渐具有了长期化的激励特征。

传统的薪酬制度在激励功能上存在较大的弊端。

首先，激励短期化。以薪酬与奖金搭配的传统的薪酬制度是与员工在一定时期范围内的工作成果相关联的，但是这种关联不能体现员工对企业长期发展目标的关注，这种短期内的业绩结算奖励模式使员工与企业的长期发展目标相脱节。员工的经济利益与组织的经济效益变动状况之间相互关联的程度较为薄弱，敏感程度也比较低。在这种情况下，工资具有的是"能上不能下"的刚性特征，因此这种传统的薪酬制度的短期激励力度是比较大的，短期的导向性质明显，但是这是不利于组织核心竞争力的提高和企业长远的发展的。

其次，激励成本比较高。传统的薪酬以固定的薪酬为主要薪酬组成部分，从企业的现金流中开支，而且激励效率受单一的外在物质刺激的激励机制限制，使得激励的直接成本和机会成本相对较高，对薪酬成本的控制较为困难，在支付薪酬过程中付出的财务压力也是比较大的。

最后，传统薪酬模式对企业经营管理者的激励功能呈现弱化的趋势。由于企业经营管理者的目标是不一致的，在双方的信息不相契合的条件下，经营管理者有可能会将自身的利益设置在其他所有者的利益之上，在这种情况下就会出现规避行为和机会主义行为，导致道德风险的产生。企业方面为了能够规避这种道德风险，就必须使经营管理者的目标函数与所有者的目标函数相一致。而传统的薪酬形式相对来说呈现的是短期的激励模式，在这种模式下是没办法使经营管理者的目标函数与所有者的相一致的，这就造成了脱节的现象。双方信息的不一致就会造成对管理者的薪酬激励效率下降，也就是对经营管理者的监督成本上升。

多元化的薪酬形式以及长期激励的目标机制解决了传统薪酬制度的弊端。以上面提到的期权制为例，期权制就是根据企业绩效达到的预期目标而确定的一种特殊的报酬形式，在这种形式下，长期的激励力度较大，激励效果比较好。期权的收益来源于外部资本市场而不是组织支付的先进模式，使得激励成本被降低到了最低的限度。期权制能够较好地平衡对经营管理者的激励以及监督两方面的问题。它通过股票期权将所有者的目标函数转化为经营管理者的一个变量，经营管理者只有充分发挥自己的能力，将企业的收益与自己的期权薪酬相联系，才能够获得企业利益的分享，也才能够在这个过程中实现自身的利益与价值。

3.3.2 薪酬设计的战略性与个性化

在传统的企业管理中，薪酬分配在企业内部属于较为低层次的常规管理，因此薪酬设计往往与企业的战略缺乏联系。在多元化的现代薪酬观念中，薪酬是企业战略决策的重要组成部分。在实际操作中不难发现，薪酬管理制度是没有办法脱离企业的自身发展而独立存在的。薪酬逐渐成为企业的一大战略性因素。战略性薪酬也因此成为现代薪酬制度设计的出发点。战略薪酬强调薪酬战略必须支持企业的经营战略，薪酬制度必然成为实现企业战略的重要工具和强大助力。薪酬设计需要明确的是，通过对薪酬制度的设计，员工能够明确企业需要自己做哪些工作以及在这种制度下需要完成的目标。员工自己通过薪酬能够获得的利益是否能够满足自身在物质上以及精神上的需要。薪酬制度运用得当可以使员工明确自己的行为是否与企业的战略目标相符合。

战略性薪酬要求企业根据员工的实际需要以及企业的实际性收益，将不同的薪酬模式进行多元化组合，从而设计出符合企业自身战略化发展的薪酬制度，使薪酬制度不仅具有现代化，也具有战略化和多元化特征。

主要表现如图3-7所示。

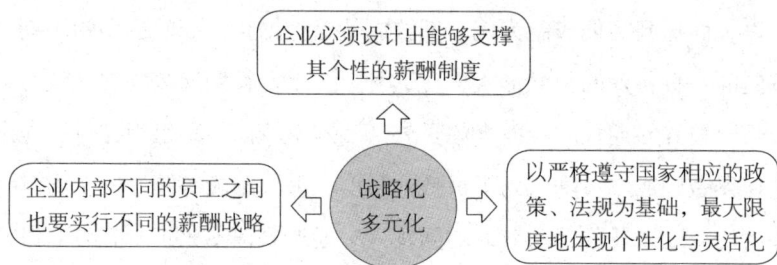

图3-7　薪酬制度战略化、多元化特征

首先，企业以自身的发展目标和战略、组织结构和员工队伍的特点、行业和产品的性质以及市场环境和竞争状况等因素为基础设计薪酬制度。薪酬制度是不能模仿的，每一个企业的经营状况不可能完全一致，所以在自己的个性化范围内，企业必须设计出支撑其个性的薪酬制度。

其次，企业在设计薪酬制度时，还需要明确员工的个性、需求，他们想要达到的目标以及想要在企业中获得的成长。针对这些差异，在企业内部不同的员工之间也要实行不同的薪酬战略，也可以说薪酬制度在大体上要体现企业的个性化，在员工的方向上也必须能够体现员工的个性化。例如，针对企业中的营销人员、研发人员、经营管理者，需要分别设计不同形式的战略措施，以满足其价值目标的差异。高级员工与普通员工的薪酬方案设计不能是相同的，想要保留和激励高级人才，除了提供外在的物质薪酬以外，还必须为其提供更多的内在薪酬，比如成长机会、发展机会、潜力的激发、培训及学习的机会，等等；对普通员工来说，可能更高的薪酬以及良好的福利待遇便可以使他们获得心理上的满足。针对员工的不同需求、偏好，有时也需要设计自助组合式的薪酬方案，例如可以在上文提到的薪酬单元格的设计基础上，让员工选择自己倾向的薪酬单元。在这里要着重突出薪酬个性化的设计手段与发展趋势。

最后，企业在设计薪酬制度时，必须以严格遵守国家相应的政策、法规为基础，在预算允许的范围内，使员工获得最大限度的满足其偏好的薪酬组合。例如，年轻的员工倾向于选择现金薪酬较高的组合形式，那么双职工夫妇可能就会搭配子女教育补贴以及住房补贴较高的薪酬组合方式。

自由薪酬组合方式可以使个人效用最大化。综上可以得出，薪酬设计的战略性与个性化，是现代型薪酬区别于传统薪酬的一个极其鲜明的特征，也在逐渐发展的过程中体现了其优越性。

3.3.3　薪酬计算的绩效化与弹性化

传统的薪酬制度大多是基于岗位、工作量以及年功的薪酬制度，由于其不合理的薪酬结构、刚性的薪酬标准、较为形式化的评估体系，使得企业的薪酬管理方面存在制度性的缺陷，使员工绩效往往不能在薪酬的计算和发放上得到体现。这样做有悖于公平性原则，还会降低薪酬绩效制度的激励效果，同时还在无形中增加了薪酬的成本支出，不仅使企业没有获得更好的发展，也常使员工产生不满的情绪。

为了改变这种现状，近年来，薪酬制度的设计渐渐趋向于绩效化和弹性化。薪酬发放的绩效化，是以员工个人或者团体的绩效成果取代工作量的测定并作为统计薪酬的依据的，更加普遍地使用绩效薪酬或者是以绩效为基础的企业收益分享的薪酬体系。

薪酬计算发放的弹性化，指根据企业在生产经营中的实际经营状况以及所产生的总绩效水平确定薪酬水平，通过扩大薪酬的比率实行多样化的薪酬形式，如绩效薪酬、奖金、分红以及股权等。如此，薪酬的计算以及发放就会随着企业的经营状况以及员工的绩效变化上下浮动。

在实际薪酬管理的过程中，要完善和严格执行绩效考核制度，这是计算薪酬绩效化和弹性化的重要保障和执行基础。其实，经过实践，薪酬计算的绩效化和弹性化有助于软化薪酬的刚性，这样做有利于对人工成本进行控制；这种动态化和利益共享的薪酬分配还体现着企业与员工之间的利益共达、共享的关系；使薪酬真实地反映员工在企业生产过程中达到的绩效、付出的价值和贡献等，有助于激励员工，并使薪酬趋向于公平、合理的分配方式；促进企业内部的良性竞争，使企业环境稳定、和谐。

3.3.4 薪酬制度的宽频化和透明化

传统的薪酬制度为了适应多层次的等级化组织结构和高度细化的组织分工的要求，大多实行以多等级和垂直型的薪酬结构为基础的薪酬结构模式。随着时代发展，组织理论不断创新，经济市场的环境发生改变，组织结构也逐渐趋向扁平化，企业的发展也更加依赖于员工的团队协作能力、个人技术水平能力的发挥以及创新精神。以人为本，关注员工实际的发展情况以及发展需要的薪酬管理思想占据了主导地位。因此，客观上追求以新型的薪酬制度取代传统的薪酬制度的一种宽频化的薪酬制度产生。

宽频化的薪酬就是指对多个薪酬等级以及同意登记的薪酬重新进行排列组合，将传统的多层次的、多等级的窄幅度的薪酬结构压缩成层次和等级相对较少，但是同一等级薪酬变动幅度比较宽的薪酬结构，给予部门主管更大的薪酬分配权限，使绩效优秀的员工有较大的薪酬上升空间。

宽频化的薪酬结构打破了传统形式的等级层次较为明显的组织结构，以及束缚员工发挥主观能动性和潜力的管理体制，同时也能够适应企业组织结构的扁平化的发展趋势，引导团队协作式的薪酬分配形式，这样就形成了新型管理战略的管理化系统上下的统一操作流程。

宽频化的薪酬制度主要有以下特点，如图3-8所示。

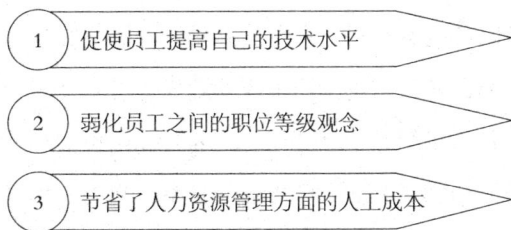

1	促使员工提高自己的技术水平
2	弱化员工之间的职位等级观念
3	节省了人力资源管理方面的人工成本

图3-8　宽频化薪酬制度特点

首先，宽频化的薪酬制度有利于企业引导员工将个人的从业目标从单纯的职位晋升或者薪酬的提高，转移到个人的发展和能力的提高上面，促使员工按照企业的发展目标和战略计划不断完善自己的能力，并且逐渐进行科技创新。

其次，这种宽频化的薪酬模式可以弱化员工之间的职位等级观念，使员工意识到自己完全可以凭借自身能力以及对企业的实际贡献逐步提高自己在企业中的地位和价值。这样能够使组织内部的员工不再片面地争夺头衔、等级、职位等，从而避免了不良的竞争，有利于企业内部员工之间的相互合作及资源共享，有利于组织团队精神的培养以及企业内部整体的文化和谐。

最后，将并不相同的职位纳入同一等级的薪酬中，减少职位之间的横向调动，这样不仅节省了人力资源管理方面的调动阻力以及人工成本，而且有利于企业内部员工之间的调动和轮换，有效缓解了组织中高级职位的数量低于员工晋升期望的矛盾。员工的价值观念以及实际功能都能够通过薪酬体现。这样的宽频化结构稳定了员工队伍，降低了员工流失的可能，提高了人力资源的配置效率。

薪酬制度的透明化是保证薪酬分配内部公平性和员工个人对企业薪酬制度的认同的有力支柱。管理部门在宽频薪酬分配中的权限使薪酬制度的透明化显得尤为重要。这主要是向员工传递一个信息：企业的薪酬制度是建立在公平、公正、公开的基础上的，薪酬分配的高低都有其科学依据和合理性。这样可以鼓励所有员工参与到薪酬管理与决策的过程中来，使员工能够意识到作为企业人力资源的组成部分要有主人翁意识，应该监督薪酬管理的公正性并对组织的薪酬分配在必要时提出申诉和建议。透明化的薪酬管理消除了模糊化薪酬易于产生的分配不公平的、破坏企业人际关系和团队和谐的负面效应，体现了员工能够参与跟自身利益切实相关的薪酬管理过程的原则要求。

3.4　薪酬管理制度

薪酬管理制度就是薪酬福利管理制度，是企业整体人力资源管理制度与体系中的重要组成部分，也是人力资源管理的一项基本的管理制度。无论什么样的企业，也无论规模的大小，都需要建立健全的薪酬管理制度和管理流程，这对持续提升薪酬管理制度的规范性，提升企业的薪酬管理水平都是很有必要的。

3.4.1　薪酬管理制度的目的

薪酬管理制度的目的，首先，在保障员工基本生活的同时，充分激励、发挥员工的能力，实现企业战略发展所需要的核心竞争力；其次，企业核心竞争力的发挥能够促进企业发展，为薪酬管理提供有力的支持。

薪酬管理制度在实际操作的过程中，还需要达到以下目标。

其一，企业在制定本企业的薪酬管理制度的同时，都是希望能够根据企业的规模确定薪酬制度所选择的模式的。薪酬管理制度是为企业发展服务的，其主要的目的也是通过对员工工作成果的肯定以及激励完成企业对员工的业绩期待。

其二，企业要能够清晰地定义出各项管理制度的关键要素的框架，根据企业自身的发展特征及发展状况平衡薪酬单元格各要素之间的比重，这就需要较为科学地设计出薪酬管理制度关键的要素框架结构体系。

其三，薪酬管理制度设计完成，并不代表薪酬管理制度就此完成，而是薪酬管理制度的正式开始。因为，在薪酬管理体系实行的过程中，还有可能发生设计管理体系考虑不到的情况，这就需要管理方面清晰地把握薪酬记录框架，并根据实际情况做出及时的制度维护，必要时还需要进行制度的调整与修改，从而达到一个相对稳定的程度。

3.4.2　薪酬管理制度制定的主要流程

薪酬管理制度方面需要对具体的薪酬制度方案进行设计及编写。图3-9清晰地显示了薪酬管理制度从制定到实施的相关流程。

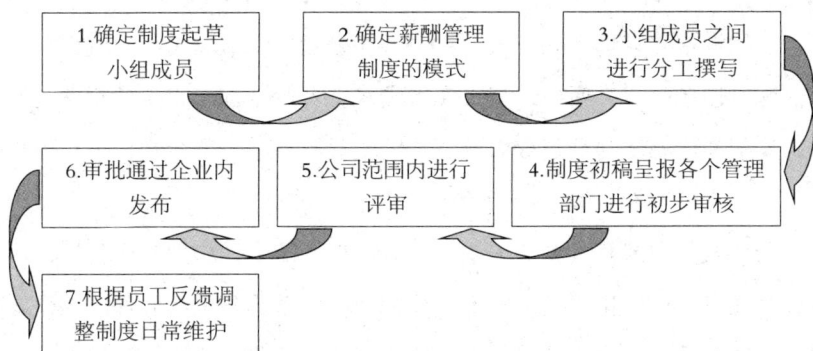

图3-9　薪酬管理制度执行流程

企业在决定制定薪酬管理制度或者需要对现有的薪酬管理制度进行调整以及修改时，就应该在企业内部成立制度起草小组，并根据情况确定起草小组的成员。管理制度编写小组成立的目的是在统一的管理体系下进行分工协作。小组成员（一般由企业各部门管理人员以及人力资源管理部门成员构成），经过充分的讨论，以确保在制定的过程中达到管理制度流程的规范性。

薪酬管理制度编写小组主要由负责人及小组成员组成。各个小组成员需要在前期明确分工，并制定统一、合理的分工计划。在这一种分工模式下，可以将制度分解成员工薪酬管理制度部分、企业福利管理制度部分、薪酬成本控制规范部分等，分别安排记录人员、责任人、参与谈论的人员以及明确各部分计划能够完成的时间及要求等。

在确定了小组成员并进行了明确的分工以后，就需要通过讨论确定企业薪酬管理制度要适用的具体模式。在确定具体模式的过程中必须经过具体的分析。企业薪酬管理制度的具体模式主要是分为集成式与分体式两种形式。

集成式的薪酬管理模式主要是集成制定一个制度类文件，其中制度文件包含对薪酬管理制度所采用的所有模块的具体阐述。主要优点是便于企业的框架式管理，只要人力资源管理方面可以把握关键的流程就可以了，管理起来灵活、便捷；节省人力成本。当然这种方式也具有一定的缺点，其精细化力度并不是很明显。它主要适用于中小型企业，特别是小微企业。

分体式的薪酬管理模式采用的是制定核心制度、引用各个管理模块的方式。优点是精细化程度比较高，薪酬管理体系的各个部分都能够很好地得到体现，使员工明确薪酬每一部分的具体来源及项目支撑。但是由于将薪酬模块划分得过于细致，也造成了管理灵活性差的弊端。这种模式主要适用于大中型企业。

在确定了具体要使用的薪酬模式之后，小组成员便可以进行分工撰写了。在小组成员进行分工撰写之前，要明确好各个小组成员需要负责撰写的部分，然后按照计划分工推进，搜集好各部分的资料，整理形成初稿。

制度初稿完成后，下一个部分就是先由文件起草小组内部进行内部评审；之后再呈报给各个管理部门的行政人员，进行初步审核。这样做的目的就是确保此薪酬制度能够和其他相关管理制度相衔接，以免造成管理制度上的矛盾。

在薪酬制度初稿起草并进行初步评审后，人力资源部门就要组织各部门代表进行全公司范围内的制度评审，及时发现问题并根据员工意见进行修改和完善，这也是内部民主公示程序的有机组成部分。公司内部进行评审后，还需要人力资源管理方面走内部民主公示程序，以确保制度执行过程中的有效性。

在民主公示薪酬制度后，就要由公司经营者或者总经理进行审批，经过审批后便可以在企业内部发布制度并执行。

需要注意的是，薪酬管理制度在评审过程中也要遵循一定的标准：首先，薪酬制度中所涉及的内容必须合理、合法，不能违反相关法律、法规以及有关政策的规定；其次，薪酬制度在整体上需要结构标准统一，内容也必须要系统全面，应该涵盖的内容不能缺少；再次，薪酬制度的可操作性要强，还要体现较为人性化的管理内容，要从以人为本的角度出发，充分考虑员工的真实需要及切身利益；最后，在整个薪酬制度的书写细节上，所涉及的术语和名词使用必须要规范并且通俗易懂，不能出现有歧义或者难以理解的部分，以方便制度的推广及实行。

薪酬管理制度不是制定、实行后就结束了，制度在公司内部运行了一个阶段后，肯定会有一些问题出现。当遇到问题时，人力资源管理部门需要结合实际问题制订解决方案，并根据具体情况进行日常维护。

3.4.3　薪酬管理制度框架

为了制定出有执行效力的薪酬管理制度，在薪酬管理制度制定的过程中，就需要按照一定的步骤和规范执行，如图3-10所示。

图3-10　薪酬管理制度制定规范

（1）遵循薪酬相关法律、法规

企业是具有法人资格的实体，在经营过程中必须遵守国家的各项法律、法规及相关规定，尤其是企业在制定相关规章制度时，更不能违反规章制度的要求。

薪酬管理方面涉及的国家法规主要是《劳动合同法》。在这里需要注意以下几条。

在薪酬管理过程中，企业需要履行薪酬告知义务。所涉及的条款为《劳动合同法》第八条："用人单位招用劳动者时，应当如实告知劳动者工作内容、工作条件、工作地点、职业危害、安全生产状况、劳动报酬以及劳动者要求了解的其他情况；用人单位有权了解劳动者与劳动合同直接相关的基本情况，劳动者应当如实说明。"这条规定要求企业为了避免劳动纠纷，在招聘新员工特别是计划要录用新员工的时候，要规范录用通知的格式、条款以及相关内容，对员工应该和必须知道的内容做出清晰的定义，如图3-11所示。

薪酬告知义务　　《劳动合同法》第八条

图3-11　薪酬告知义务

《劳动合同法》第十一条："用人单位未在用工的同时订立书面劳动合同，与劳动者约定的劳动报酬不明确的，新招用的劳动者的劳动报酬按照集体合同规定的标准执行；没有集体合同或者集体合同未规定的，实行同工同酬。"也就是说，员工在被企业录用的情况下，薪酬水平的最低的标准是实行同工同酬，如图3-12所示。

图3-12　同工同酬

员工入职时是要与企业签订劳动合同的。关于薪酬这一方面，《劳动合同法》第十七条："劳动合同应当具备以下条款：（五）工作时间和休息休假；（六）劳动报酬；（七）社会保险；劳动合同除前款规定的必备条款外，用人单位与劳动者可以约定试用期、培训、保守秘密、补充保险和福利待遇等其他事项。"薪酬与社会保险是劳动合同的法定条款，企业在进行薪酬设计时，也必须将上述条款覆盖在制度范围内，如图3-13所示。

图3-13　劳动合同

有关于最低薪酬标准，《劳动合同法》第二十条："劳动者在试用期的工资不得低于本单位相同岗位最低档工资或者劳动合同约定工资的百分之八十，并不得低于用人单位所在地的最低工资标准。"全国每个城市，每年的最低工资标准都是不相同的，要注意当地人力资源与社会保障局的网站或者是当地报纸媒体发布的最新信息。在人力资源管理实践中，要特别注意，最低工资指扣除个税、五险一金后的实际薪酬水平不得低于最低工资标准，如图3-14所示。

图3-14　最低薪酬标准

薪酬管理制度还需要包含员工培训协议内容，《劳动合同法》第二十二条："用人单位为劳动者提供专项培训费用，对其进行专业技术培训的，可以与该劳动者订立协议，约定服务期。劳动者违反服务期约定的，应当按照约定向用人单位支付违约金。违约金的数额不得超过用人单位提供的培训费用。用人单位要求劳动者支付的违约金不得超过服务期尚未履行部分所应分摊的培训费用。"关于这一条，需要注意的是，这里所指的培训，是专项培训，企业内部所组织的培训方式是无效的。专项培训，可能涉及外部培训机构的专项培训协议、费用证据等。违约金的数额不得超过用人单位的培训费用，在这里一般是采用按年度均摊逐年递减的原则签订培训协议，并且落实到《培训协议》中，这对员工和企业都是公平的，如图3-15所示。

图3-15　培训协议

关于竞业限制，《劳动合同法》第二十四条："竞业限制的人员限于用人单位的高级管理人员、高级技术人员和其他负有保密义务的人员。竞业限制的范围、地域、期限由用人单位与劳动者约定，竞业限制的约定不得违反法律、法规的规定。在解除或者终止劳动合同后，前款规定的人员到与本单位生产或者经营同类产品、从事同类业务的有竞争关系的其他用人单位，或者自己开业生产或者经营同类产品、从事同类业务的竞业限制期限，不得超过二年。"

竞业限制是在离职后以支付经济补偿作为客观证据，没有支付经济补偿，竞业限制协议则会自动失效。在人力资源管理的过程中，目前比较有争议的就是具体应该如何确定敬业限制支付的数额，这在法律方面是没有明确的规定的，但是可以确定的是，在实际仲裁实践过程中，有失公平的竞业限制补偿金是没有效果的，如图3-16所示。

图3-16　竞业限制

有关薪酬的支付是否足额，《劳动保护法》第三十条："用人单位应当按照劳动合同约定和国家规定，向劳动者及时足额支付劳动报酬。用人单位拖欠或者未足额支付劳动报酬的，劳动者可以依法向当地人民法院申请支付令，人民法院应当依法发出支付令。"薪酬的足额发放，在人力资源管理实践过程中，要特别注意的是员工必须明确知道自己薪酬的具体情况，此外也必须有合理、有效的管理证明，如图3-17所示。

图3-17　薪酬支付足额

在员工与企业解除劳动合同时，不需要进行补偿的情况，在《劳动合同法》第三十九条中是这样规定的："劳动者有下列情形之一的，用人单位可以解除劳动合同：（一）在试用期间被证明不符合录用条件的；（二）严重违反用人单位的规章制度的；（三）严重失职，营私舞弊，给用人单位造成重大损害的；（四）劳动者同时与其他用人单位建立劳动关系，对完成本单位的工作任务造成严重影响，或者经用人单位提出，拒不改正的；（五）因本法第二十六条第一款第一项规定的情形致使劳动合同无效的；（六）被依法追究刑事责任的。"在上述情况发生时，企业与员工解除了劳动合同，是不需要进行补偿程序的。

在员工与企业解除劳动合同时，必须要进行补偿的情况，在《劳动合同法》第四十条中是这样规定的："有下列情形之一的，用人单位提前三十日以书面形式通知劳动者本人或者额外支付劳动者一个月工资后，可以解除劳动合同：（一）劳动者患病或者非因工负伤，在规定的医疗期满后不能从事原工作，也不能从事由用人单位另行安排的工作的；（二）劳动者不能胜任工作，经过培训或者调整工作岗位，仍不能胜任工作的；（三）劳动合同订立时所依据的客观情况发生重大变化，致使劳动合同无法履行，经用人单位与劳动者协商，未能就变更劳动合同内容达成协议的。"其中需要注意的是，劳动者患病或者非因工负伤，在规定的医疗期满后，应该优先考虑内部岗位调剂，劳动者不能够胜任调剂后的工作时也应该优先考虑培训，这是公司人性化、以人为本管理的体现。如果到了无法调剂的情况，则企业可以与员工协商解除劳动合同，但是在这种情况下就必须依照法律给予经济补偿，如图3-18所示。

解除合同赔偿 ➡ 《劳动合同法》第三十九条
《劳动合同法》第四十条

图3-18 解除合同赔偿

关于补偿金的标准,《劳动合同法》第四十七条:"经济补偿按劳动者在本单位工作的年限,每满一年支付一个月工资的标准向劳动者支付。六个月以上不满一年的,按一年计算;不满六个月的,向劳动者支付半个月工资的经济补偿。劳动者月工资高于用人单位所在直辖市、设区的市级人民政府公布的本地区上年度职工月平均工资三倍的,向其支付经济补偿的标准按职工月平均工资三倍的数额支付,向其支付经济补偿的年限最高不超过十二年。本条所称月工资是指劳动者在劳动合同解除或者终止前十二个月的平均工资。"经济补偿方面需要注意的是经济性的操作要点,每年每个地区也就是每个城市上年度职工的月平均工资都是不同的,封顶数也是不一样的。如果员工的月薪没有超过上限制则没有十二年的年限限制;除了有正常的经济补偿以外,在要求员工立即离开企业时还有解除劳动合同一个月的代通知金的说法,或者是提前三十天提出,员工在三十天内离职即可的这种情况下不需要支付代通知金,如图3-19所示。

补偿金标准 → 《劳动合同法》第四十七条

图3-19 补偿金标准

关于薪酬方面的赔偿金,《劳动合同法》中第四十八条:"用人单位违反本法规定解除或者终止劳动合同,劳动者要求继续履行劳动合同的,用人单位应当继续履行;劳动者不要求继续履行劳动合同或者劳动合同已经不能继续履行的,用人单位应当依照本法第八十七条的规定支付赔偿金。"第八十七条:"用人单位违反本法规定解除或者终止劳动合同的,应当依照本法第四十七条规定的经济补偿标准的二倍向劳动者支付赔偿金。"经济赔偿与补偿的概念是存在区别的,其中最大的区别就是:补偿是指合法性的补偿,而赔偿是带有惩罚性质的,如图3-20所示。

图3-20　赔偿金标准

　　关于企业与员工应该于何时签订劳动合同，《劳动合同法》第八十二条中规定："用人单位自用工之日起超过一个月不满一年未与劳动者订立书面劳动合同的，应当向劳动者每月支付二倍的工资。用人单位违反本法规定不与劳动者订立无固定期限劳动合同的，自应当订立无固定期限劳动合同之日起向劳动者每月支付二倍的工资。"这一条属于典型的经济赔偿类的条款，赔偿是具有惩罚性质的，像是严重违反了法律规定、非法解除了劳动合同的情形。人力资源管理部门要高度关注经济赔偿方面的规定，避免经济赔偿情况的发生，如图3-21。

图3-21　劳动合同签订时间

　　国家的《劳动法》，尤其是《劳动合同法》中涉及的关于人力资源管理方面的指导是非常多而且重要的，在设计薪酬管理制度之前，人力资源管理部门必须完全熟悉《劳动合同法》中的内容，对其中的各项相关条款必须能够合理解读、深刻理解。另外，原劳动部有些条款在新成立的"人力资源和社会保障部"仍然生效，也是需要认真研究的一个部分。

　　企业在制定薪酬管理制度时，如果涉及上述条款中的相关规定，则可以直接做简单的引用，例如"关于竞业限制按照《劳动合同法》执行"。

（2）确定管理制度核心理念

在制定制度的过程中，要将员工与企业的利益紧密地结合在一起，不能将员工与企业放在一个对立面上，要促进员工与企业共同发展，这是企业人力资源管理制度规划的首要原则。任何有失公平的制度，都会极大损害员工的长远利益，最终导致人才流失，损害企业发展的长远利益。

（3）确定薪酬管理制度框架

完整的薪酬管理制度需要一个统一的、能够体现主要结构的框架体系，具体的框架结构如下所述。

制定薪酬管理制度的主要目的就是在制度具体实施过程中形成一种价值体系。

薪酬管理制度相关的术语定义，就是指在薪酬管理制度书写中，常常会出现专业的术语和名词解释。在这种情况下，为了避免给普通员工的阅读造成障碍，需要在制度中对术语做准确的解释及定义。

薪酬管理制度的适用范围，是指在薪酬制度中应该明确并且清晰定义出制度适用的范围，主要是适用于哪些员工，是在企业哪一个部分上使用，是整个企业系统还是与企业系统相关联的子集团等。

薪酬管理制度中的职责分工部分，是指在这个薪酬管理制度中各个部门的具体职责范围，是需要在薪酬管理系统中明确的部分，也就是需要告知员工在实行怎样的职责下拿到的具体薪酬是多少。

薪酬管理制度的主要流程，主要是要明确薪酬制度中所涉及的薪酬相关工作的流程示意图，主要是使员工明确薪酬从无到有的过程是怎样操作和执行的。

薪酬管理的制度规定，是薪酬管理制度的主体部分，需要将薪酬制度的具体内容进行明确地书写以及形成具体的制度规范，方便员工理解薪酬管理制度的具体内容。

薪酬管理的相关制度，是指在制定此项管理制度的过程中，管理制度方面引用的外部管理制度以及具体的引用情况。

薪酬管理的主要记录，是指在薪酬管理主体部分后面明确与此制度相配套的记录文件，记录与薪酬相关的各个部分的数据来源。

最后，薪酬管理制度还要明确规定制度是从何时正式生效的。

3.4.4　集成式薪酬管理制度

集成式薪酬管理制度主要由一个核心的制度组成框架的构成，再添加几个薪酬相关的管理模块。

下面我们来看一个集成式薪酬管理制度框架。

【范例】

A企业薪酬福利管理制度

1. 目的

为了有效吸引和保留高素质人才，让优秀员工能够通过薪酬福利获得更好的待遇，不断提升企业管理水平，不断增强薪酬制度激励作用的有效程度，特制定本项管理制度。

2. 适用范围

本制度适用于A公司范围内的全体员工。

3. 管理原则

（1）薪酬保密原则

公司实行薪酬和福利保密制度，员工之间不得私下询问、透露和谈论薪酬待遇相关事宜，如果发生薪酬泄密，则追究泄密者的责任，并且按照严重违反记录的情况处理。

（2）职级待遇原则

公司在福利的发放及设定方面实行"职级不同福利不同"的待遇体系。福利方案采用不同的方式执行。

（3）公平管理原则

公司薪酬按照薪酬职级表的体系规范严格执行，确保同岗位、同级别员工的薪酬水平是相同的。

4. 薪酬模式

在企业范围内，薪酬模式根据具体岗位的不同实行不同的薪酬模式。公司的销售人员主要采用基于绩效的薪酬模式，职能管理人员则采用基于岗位的薪酬模式。

5. 薪酬结构

公司员工的薪酬结构主要由薪酬和福利两部分组成。

薪酬部分：由基本工资、绩效工资、年终奖等多层次的薪酬结构构成。其中基本工资与个人学历、岗位和职务要求等部分相关，绩效工资与绩效考核的结果相关。

除了基本薪酬以及绩效薪酬外，公司还实行项目奖和年终奖等多层次薪酬福利方式用来激励员工。

项目奖：公司内部实行项目管理责任制度，项目小组的成员之间享受项目奖的奖励。详细情况参见公司管理制度中的《项目考核奖励管理规定》。

年终奖：公司员工的年终奖主要和公司年度的总效益以及员工所处的部门的年度考核成绩相关联。

福利：主要分为"五险一金"法定福利以及公司特色福利两种。这两种福利是共同进行的。

6. 薪酬管理组织

公司薪酬福利管理分为董事会、公司薪酬领导小组和各级职能管理部门三级管理制。

（1）董事会薪酬委员会

具体职责需要依据管理制度中的《董事会薪酬与考核委员会工作细则》：

对董事会聘用总经理、副总经理以及董事会认定的其他高级管理人员进行考核；研究和审查公司运行的薪酬管理制度，并对其执行情况进行监督；负责拟定股权激励方式的计划草案；董事会授权的其他薪酬管理的具体事宜。

（2）薪酬领导小组

公司薪酬委员会是公司薪酬的管理机构，由总经理、副总经理、财务总监、人力资源总监以及相关的高管人员组成，主要管理职责如下：

负责审议并确定公司薪酬实施的总体方案框架；负责审议公司年度员工薪酬的统一调整方案；负责审议并确定公司各项福利政策。

（3）人力资源部

负责公司薪酬管理制度的建设和发布；负责公司薪酬管理制度的宣传、解释以及培训；负责薪酬职级调整的统一管理；负责公司薪酬福利的发放和管理。

（4）财务管理部门

负责员工薪酬的计算和发放。

7. 薪酬日常管理规定

（1）员工薪酬职级的确定：从一开始的招聘环节到正式录用，依据公司统一发布的《薪酬职级表》实行，确定员工的薪酬职级。

（2）企业中高级管理级别的薪酬需要由董事会薪酬委员会确定。

（3）实习生日常补助标准参照《实习生管理规范》执行。

（4）企业管理顾问待遇按照顾问协议上的规定执行。

（5）企业招聘的劳务人员的待遇薪酬按照协议内容执行。

（6）公司员工工资发放时间：人力资源部每月月底组织完成当月绩效考核，同时汇总考勤数据，财务部于次月10日之前发放，员工工资为税前工资，个人收入所得税在每个月发放工资时，由公司代扣、代缴。

（7）公司按照《考勤与休假管理制度》《劳动纪律管理制度》以及《劳动合同》，或者员工授权公司的扣款项目等，由公司在薪酬结算时进行相应的扣除。

（8）公司每年年初要根据市场竞争状况、物价调整等要素统一调整《薪酬职级表》，确保薪酬相对竞争力和对员工的吸引力及激励效应。

8. 薪酬调整规定

公司薪酬调整主要通过以下几种途径实现。

（1）考核调整：薪酬调整需要严格按照《绩效考核管理制度》规定的考核成绩与调薪的关联条件执行。

（2）定期普遍调整：每年年初人力资源部会结合公司经营效益、年度考核结果分析报告等数据，向公司薪酬福利领导小组提交《薪酬调整总体方案建议》，经过总经理审批后执行薪酬的普遍调整。

（3）薪酬临时调整：根据员工的岗位变动、职位调整以及员工的任职资格进行适当、合理的薪酬调整。

9. 员工福利管理

公司员工主要享有"五险一金"等法定福利以及公司制定的特色福利项目。

（1）法定福利。公司按照国家规定为员工办理养老保险、医疗保险、工伤保险、失业保险及生育保险以及住房公积金。

（2）公司福利。公司福利主要包括午餐补助、带薪休假、交通补助、员工定期体检等，详细的项目主要参照《公司福利管理规范》。

10. 相关记录

《薪酬调整审批表》。

《薪酬调整通知书》。

11. 制度生效

本项管理制度自20××年××月××日生效。

本项管理制度最终解释权在人力资源部。

3.4.5 分体式薪酬制度

分体式薪酬制的模式是由一个制度加上几个分项目的规划或者流程进行的；同时，还需要有几个不同的配套模板组成整个的分体式薪酬制度体系。

下面我们来看一个分体式薪酬制度框架。

【范例一】

B企业薪酬福利管理制度

1. 目的

为了有效吸引和保留高素质人才，让优秀员工能够通过薪酬福利获得更好的待遇，不断提升企业管理水平，不断增强薪酬制度激励作用的有效程度，特制定本项管理制度。

2. 适用范围

本制度适用于B公司范围内的全体员工。

3. 管理原则

（1）薪酬保密原则

公司实行薪酬和福利保密制度，员工之间不得私下询问、透露和谈论薪酬待遇相关事宜，如果发生薪酬泄密，则追究泄密者的责任，并且按照严重违反记录的情况处理。

（2）职级待遇原则

公司在福利的发放及设定方面实行"职级不同福利不同"的待遇体系。福利方案分为不同的方式执行。

（3）公平管理原则

公司薪酬按照薪酬职级表的体系规范严格执行，确保同岗位、同级别员工之间的薪酬水平是相同的，确保同岗、同级的平等待遇原则。

4. 薪酬模式

在企业范围内，薪酬模式根据具体岗位的不同实行不同的薪酬模式。公司的销售人员主要采用基于绩效的薪酬模式，职能管理人员则采用基于岗位的薪酬模式。

5. 薪酬结构

公司员工的薪酬结构主要由薪酬和福利两部分组成。

员工的薪酬由基本工资、绩效工资、年终奖等多层次的薪酬结构构成。其中基本工资与个人学历、岗位和职务要求等部分相关，绩效工资与绩效考核的结果相关。

除了基本薪酬以及绩效薪酬外，公司还实行项目奖和年终奖等多层次薪酬福利，用来起到激励员工的作用。

项目奖：公司内部实行项目管理责任制度，项目小组的成员之间享受项目奖的奖励。详细情况参见公司管理制度中的《项目考核奖励管理规定》。

年终奖：公司员工的年终奖主要和公司年度的总效益以及员工所处的部门的年度考核成绩相关联。

福利部分，主要分为"五险一金"法定福利以及公司特色福利两种。这两种福利是共同进行的。

6. 薪酬管理组织

公司薪酬福利管理采用董事会、公司薪酬领导小组和各级职能管理部门三级管理制。

（1）董事会薪酬委员会

具体职责需要依据管理制度中的《董事会薪酬与考核委员会工作细则》：

对董事会聘用总经理、副总经理以及董事会认定的其他高级管理人员进行考核；研究和审查公司运行的薪酬管理制度，并对其执行情况进行监督；负责拟定股权激励方式的计划草案；董事会授权的其他薪酬管理的具体事宜。

（2）薪酬领导小组

公司薪酬委员会是公司薪酬的管理机构，由总经理、副总经理、财务总监、人力资源总监以及相关的高管人员组成，主要管理职责如下：

负责审议并确定公司薪酬实施的总体方案框架；负责审议公司年度员工薪酬的统一调整方案；负责审议并确定公司各项福利政策。

（3）人力资源部

负责公司薪酬管理制度的建设和发布。

负责公司薪酬管理制度的宣传、解释以及培训。

负责薪酬职级调整的统一管理。

负责公司薪酬福利的发放和管理。

（4）财务管理部门

负责员工薪酬的计算和发放。

7. 薪酬日常管理规定

（1）员工薪酬职级的确定：从一开始的招聘环节到正式录用依据公司统一发布的《薪酬职级表》实行，确定员工的薪酬职级。

（2）企业中高级管理级别的薪酬需要由董事会薪酬委员会确定。

（3）实习生日常补助标准参照《实习生管理规范》执行。

（4）企业管理顾问待遇按照顾问协议上的规定执行。

（5）企业招聘的劳务人员的待遇薪酬按照协议内容执行。

（6）公司员工工资发放时间：人力资源部每月月底组织完成当月绩效考核，同时汇总考勤数据，财务部于次月10日之前发放，员工工资为税前工资，个人收入所得税在每个月发放工资时，由公司代扣、代缴。

（7）公司按照《考勤与休假管理制度》《劳动纪律管理制度》以及《劳动合同》，或者员工授权公司的扣款项目等，由公司在薪酬结算时进行相应的扣除。

（8）公司每年年初要根据市场竞争状况、物价调整等要素统一调整《薪酬职级表》，确保薪酬相对竞争力和对员工的吸引力及激励效应。

8. 薪酬调整规定

公司薪酬调整主要通过以下几种途径实现。

（1）考核调整：薪酬调整需要严格按照《绩效考核管理制度》规定的考核成绩与调薪的关联条件执行。

（2）定期普遍调整：每年年初人力资源部会结合公司经营效益、年度考核结果分析报告等数据，向公司薪酬福利领导小组提交《薪酬调整总体方案建议》，经过总经理审批后执行薪酬的普遍调整。

（3）薪酬临时调整：根据员工的岗位变动、职位调整以及员工的任职资格进行适当、合理的薪酬调整。

9. 劳动关系与薪酬管理

员工协商解除劳动关系采用《协商解除劳动关系协议书》落实。

具体补偿金支付标准参见《公司员工补偿管理规定》。

10. 员工福利管理

公司员工主要享有"五险一金"等法定福利以及公司制定的特色福利

项目。

（1）法定福利。公司按照国家规定为员工办理养老保险、医疗保险、工伤保险、失业保险及生育保险以及住房公积金。

（2）公司福利。公司福利主要包括午餐补助、带薪休假、交通补助、员工定期体检等，详细的项目主要参照《公司福利管理规范》。

11. 相关制度

《公司福利管理规范》。

《公司员工补偿管理规定》。

12. 相关记录

《薪酬调整审批表》。

《薪酬调整通知书》。

13. 制度生效

本项管理制度自20××年××月××日生效。

本项管理制度最终解释权在人力资源部。

【范例二】

B公司福利管理规范

1. 目的

为了规范公司福利管理，通过福利制度的实施吸引和保留优秀人才，特制定本项管理规定。

2. 适用范围

本项管理规范适用于B公司范围内的全体员工。

3. 管理制度

（1）福利与职级相关联：公司的福利制度按照职务和职级规范实施，

以实现职务激励。

（2）公开透明原则：公司所有福利由办公室统一维护，并且在公司内部网站公示。

4. 管理规定

（1）公司"五险一金"法定福利由人力资源部统一进行管理，并在内网公示国家与"五险一金"有关的所有法律、法规及相关政策。

公司所有员工常见福利规定如下。

交通补助：每个工作日补助4元。

午餐补助：每个工作日补助15元。

通信费用补助：普通员工每月200元，部门经理级别每月400元，总监级别每月600元，副总级别以上每月补助800元。

补充商业保险：公司为员工缴纳补充商业保险，具体规定如下。

集体旅游：公司每年组织一次春游或者秋游。

员工体检：公司每年集中组织一次员工体检。

生日福利：员工生日当天给予员工意外惊喜。

节假日福利：在法定节假日赠送员工相应的节日礼品；妇女节时赠送女员工节日礼品，且女员工能够享受带薪休假福利。

（2）公司特色福利由办公室统一维护并在公司内部网站公示。

（3）员工享受和职务相关的特殊福利，需要通过《公司福利审批表》审批，经总经理审批后在人力资源部备案。

（4）所有福利项目停止实施，由办公室统一负责征求意见并经严格评审。

（5）如果员工由于各种原因错过福利享受时机，则可以申请给予相关补偿权利中享有的权利。

5. 制度配套记录

《公司福利审批表》。

6. 制度生效

本项管理规定和公司《薪酬福利管理制度》同步配套实施。

本项管理规定最终解释权归人力资源部。

【范例三】

B公司员工补偿管理规范

1. 目的

为了规范公司协商解除劳动合同以及劳动合同到期不续签管理，特制定本项管理规定。

2. 适用范围

本项管理规范适用于B公司范围内的全体员工。

3. 管理原则

依法执行原则：本规定严格依据《劳动合同法》中经济补偿金和赔偿金的各项管理规定执行。

和平协商原则：关于任何经济补偿人力资源部要和员工进行协商并取得员工理解后方能执行，以维护公司的信誉及良好形象。

4. 管理规定

（1）在试用期的员工如果被证明不具备或者不符合劳动条件，则公司有权解除劳动合同并且不需要进行经济补偿；如果用人单位无法证明员工是否符合录用条件，则需要组织试用期评审。

（2）在员工劳动合同到期的情况下，人力资源部门需要提前两个月征询用人部门意见，需要提前一个月通知员工是否续签。如果员工提出不续签则不需要经济补偿。如果公司提出不续签，则按照"$N+1$原则"给予员工补偿。其中"N"是指员工入职以来的工作年限，是以0.5为计算单位计算的。

（3）公司与员工协商解除劳动合同，按照"N+1原则"给予补偿，需要通过《经济补偿协议书》落实补偿金且经总经理签字、公司盖章后正式生效。

（4）补偿金支付上限和具体支付标准需要按照《劳动合同法》第四十七条："经济补偿按劳动者在本单位工作的年限，每满一年支付一个月工资的标准向劳动者支付。六个月以上不满一年的，按一年计算；不满六个月的，向劳动者支付半个月工资的经济补偿。劳动者月工资高于用人单位所在直辖市、设区的市级人民政府公布的本地区上年度职工月平均工资三倍的，向其支付经济补偿的标准按职工月平均工资三倍的数额支付，向其支付经济补偿的年限最高不超过十二年。本条所称月工资是指劳动者在劳动合同解除或者终止前十二个月的平均工资。"

（5）由于用人部门问题导致劳动纠纷造成的赔偿责任，公司需要追究相关用人部门领导责任。

5. 补偿金支付规定

公司与员工签订《协议书》并且在员工按照协议离职后5个工作日内支付。

6. 制度配套记录

《协议书》。

7. 制度生效

本项管理规定和公司《薪酬福利管理制度》同步配套实施。

本项管理规定最终解释权归人力资源部。

3.4.6 薪酬管理常见记录

新员工招聘和入职时会有相应的《入职审批表》，其中包含入职薪酬以及试用期考核过后会做出的相应的薪酬调整。薪酬管理中最关键的记录包括《薪酬调整审批表》和《薪酬调整通知书》，如表3-10、表3-11、表3-12所示。

表3-10 薪酬调查审批表

薪酬调整审批表				
填表日期	年　　月　　日			
员工姓名			工号	
入职时间			所在部门	
职位			申请日期	
员工类别	□正式员工　　　　□试用期员工			
主要异动内容	变动项	从	到	备注
	薪酬调整			
	部门调整			
	岗位调整			
	职位调整			
	职级调整			
	福利调整			
	建议生效日期	年　　月　　日生效		
调整原因 （部门负责人填写）				
员工确认签字	员工是否同意调整：　□同意　　□不同意			
	员工签字： 　　　　　　　　　　　　　　　年　　月　　日			
	岗位调动或者降薪必须经员工本人签字，否则无效			
审批栏	【审批意见】	用人部门经理（签字）： 　　　　　　　　年　　月　　日		
	【审批意见】	人力资源总监（签字）： 　　　　　　　　年　　月　　日		
	【审批意见】	主管副总经理（签字）： 　　　　　　　　年　　月　　日		
	【审批意见】	总经理（签字）： 　　　　　　　　年　　月　　日		

表3-11　薪酬调整通知书

薪酬调整通知书

亲爱的员工：

　　根据公司业务发展和个人职业发展的需要，经公司审批，正式决定对您工作相关内容调整如下。

	部门	职位	岗位	职级	薪酬	福利
调整前						
调整后						

　　　　　　　　　　　　　　　上述调整自　年　月　日正式生效。

　　如果涉及薪酬调整则请您要特别注意：公司实行薪酬保密制度，请不要将以上工资信息透露给他人，如果违反纪律则严格按照《劳动纪律管理制度》处罚。如果你对上述异动内容有任何疑问，则请直接与人力资源部联系。

　　本通知将作为您与公司签订的《劳动合同》的附件与之具有同等的法律效力。希望你在今后更加努力地工作，为公司做出更大的贡献！

　　　　　　　　　　　　　　　　　　　　　　　　　人力资源部
　　　　　　　　　　　　　　　　　　　　　　　　　年　　月　日

表3-12　员工薪酬调整回执单

员工薪酬调整回执单

致人力资源中心：

　　很高兴收到关于我本人的《薪酬调整通知单》，对于调整后薪酬 □有 □无疑异，本人愿遵守保密规定，不与其他同事讨论薪酬类问题。

　　　　　　　　　　　　　　　　　　　　员工签名：_____
　　　　　　　　　　　　　　　　　　　　日期：_____年___月___日

3.4.7　薪酬制度发布实施

《薪酬管理制度》经公司内部评审后，就要进入审批相关流程了，由于《薪酬管理制度》涉及员工的切身利益，因此在发布的过程中需要进行民主评审流程，确保员工的知情权以及建议权。最后经过总经理审核通过的《薪酬管理制度》就可以发布、实施了。

同时需要注意的一点是，《薪酬职级表》等相对重要的文件是公司经营的核心机密，需要在有限的范围内进行使用和维护。如果在公司内部完全公开则有可能造成泄露机密的情况，会对公司的经营管理造成不利的影响。

3.4.8 薪酬制度日常维护

任何制度以及相关的规定或者管理记录文件，在日常的使用过程中，都需要进行调整和完善。人力资源管理方面需要做好文件编号和版本号的维护跟踪工作，确保使用最新版本的记录文件，切实防止管理出现混乱。

很多企业在实际操作中，会选择将制度以"PDF"文件通过邮件发给员工。这种做法对管理方面来说，首先，很容易造成机密的文件泄露等情况；其次，以发送邮件的方式很容易被员工忽略，不能起到很好的推广的效果。

相比较来说，可以选择以下几种方式进行维护管理。

规范文件编码：人力资源管理制度可以以"HR"开头；制度、规范和流程类可以以"1"开头；相关规程和子制度可以以"2"开头；模板可以以"3"开头。这样文件管理起来不仅规范合理、方便查询，也符合质量管理体系认证的标准。

版本更新与维护：在薪酬制度管理运行的过程中，文件会经过调整及修改。文件版本的编码可以采用"$Vx.y$"的形式，第一次正式发布可以用"$V1.0$"，小的调整和变更调整"y"值，如果是较大的改动和变更则需要调整"x"值。

制度发布方式：可以采用网页用链接的形式发布，企业由专门部门负责维护文件的最新版本并及时更新；还可以在每次进行修改和维护后，将文件印发给员工，或者进行公告培训，已保证员工可以阅读到最新版本的制度和记录文件。

除了文件相关编号以及版本号以外，制度批准日期与生效日期等相关信息同样需要明确公示给员工。

上述做法可以使薪酬管理制度和相关记录模式纳入统一的管理流程之中，从而做到井然有序、一目了然，使管理方面的规范化程度得到提高。

3.5　提高薪酬满意度

员工在工作了一定的时间后，可能会对自己的薪酬水平感到不满。在这种情况发生后，其工作积极性就会降低，会影响企业的整体效益。因此，进行薪酬调查，提高员工的薪酬满意程度，也是人力资源管理部门需要对薪酬制度体系进行维护的一个重要组成部分，具体做法如下。

3.5.1　分析不满的原因

薪酬满意度是指员工在将获得企业的经济性报酬和非经济性报酬与他们的期望值相对比后形成的一种心理状态。

很多中小企业在运行一段时间以后，都会面临人才流失的状况，离职率的不断提高以及跳槽人员的不断增加会给企业造成不可挽回的损失。因此，提高企业员工薪酬满意程度是吸引和保留人才的关键性因素，也是中小型企业在激烈的市场竞争中可以得到发展的一个重要的辅助力量。一般来说，员工对薪酬产生不满情绪主要是由于以下的三种情况，如图3-22所示。

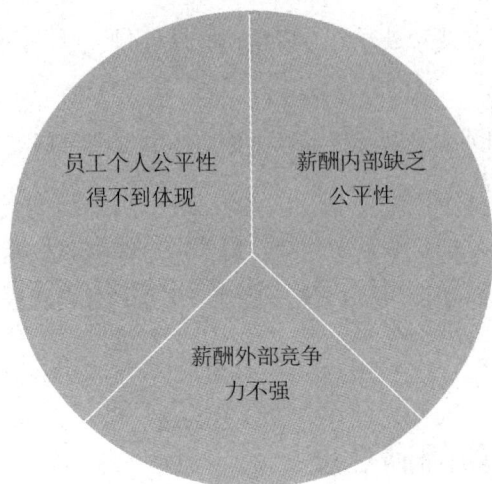

图3-22　不满情绪产生情况

（1）薪酬内部缺乏公平性

企业薪酬内部分配公平性欠缺是降低员工薪酬满意程度的主要原因。员工对内部薪酬公平性的关注是远远大于对薪酬外部公平性的关注的。员工不仅关心自己工作所得的薪酬，也会关注内部薪酬的分配，并与其进行比较。同时，员工会将自己对劳动的投入和获得与他人的进行比较，以此判断薪酬分配是否合理，当员工感觉自己所获的薪酬对自己不公平时，他的满意程度就会下降，心理就会产生消极的心态。

（2）薪酬外部竞争力不强

员工在企业内部进行比较的同时，也会将自己的薪酬水平与外部同行业、同地区、同类型的岗位的人员进行比较。如果薪酬水平低于外部市场薪酬的平均水平，则员工的不满情绪也会增加。

（3）员工个人公平性得不到体现

即使是在同一岗位的员工，其技术水平、工作能力、熟练程度、为企业创造的价值也是不相同的，因此当员工认为自己的薪酬水平与业绩不相符的时候，也会对薪酬制度产生不满。

员工认为，薪酬应该与企业的经营效益同步，在企业效益上涨的情况下，如果员工的薪酬没有随之上涨，或者企业业绩较好，但是薪酬的上涨幅度远远低于效益上涨的幅度，则也会引起员工的普遍不满。当薪酬的分配程序、方式使员工觉得不合理时，员工对薪酬的满意程度也会大大降低。

3.5.2　进行薪酬满意度调查

人力资源管理部门可以经常性地进行薪酬满意程度调查，通过内部调查，了解员工对薪酬福利水平、薪酬结构、薪酬的决定性因素、薪酬的调整以及发放方式的看法、意见，及时了解员工对企业薪酬管理的期望以及评价，了解员工的真正需求，从而将薪酬管理体系调整为员工普遍认可的形式。

3.5.3　通过岗位测评评估岗位价值

岗位评价是根据员工所处岗位的职责大小、难易程度、技能要求等方面进行测试评估，以明确各个岗位的相对价值，并且根据岗位相对价值和对企业的贡献程度，划分出职位等级，确定各岗位之间的相对工资率和工资等级。

要保证薪酬体系能够准确地反映各个岗位之间的薪酬水平差异，企业就需要具备一套完整的、规范的、合理的岗位评估体系和程序，通过严格而科学的岗位测试评价，使各个岗位之间的相对价值得到公平的体现，从而解决员工的内部公平问题。

具体岗位评估流程，如图3-23所示。

1.准备	2.培训	3.评估	4.结果处理	5.提交审批
确定评估因素及重要程度； 确定评定岗位基准； 确定评估小组成员	对小组成员进行培训； 熟悉各因素及岗位划分； 掌握评估方法	实施评估； 发现并解决问题	汇报评定结果； 通过数据处理形成岗位排序和等级分布	提交高层审批； 确定岗位等级划分矩阵

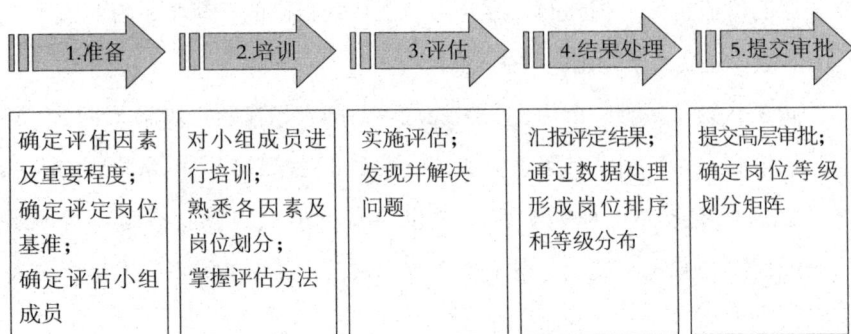

图3-23　岗位评估流程图

3.5.4　合理设计薪酬结构

各类员工之间的横向公平可以通过采用多模块薪酬体系体现，即不同类别的员工采用不同的薪酬体系。各个薪酬水平进行叠加，既能防止员工之间的盲目比较，又能够让员工感受到薪酬的晋升空间。另外，还可以使用较宽的薪酬幅度，上下不同等级之间有一定量的叠加，这样薪酬体系才能具有相对较大的激励作用。

3.5.5　将薪酬与技能相联系

人力资源管理部门可以建立个人技能评估制度，将员工的薪酬与其能力相关联，即以员工的能力为基础确定其薪酬，薪酬标准由技能高低划分不同的等级。基于技能的薪酬制度在调换岗位和引入新技术方面具有较大的灵活性，当员工有能力证明自己能够胜任更高级别的工作之后，他们所获得的薪酬也就随之提高。

此外，这种薪酬制度模式还能改变管理导向。实行按技能支付薪酬后，管理的重点将侧重于最大限度地利用员工所拥有的技能，使其完成与其能力相对应的工作内容。

3.5.6　参与薪酬制度的设计与管理

薪酬管理制度的制定过程，应该越来越多地让员工参与进来，使员工参与薪酬制度设计的每一个过程，这样有助于更适合员工需要以及更符合实际的薪酬制度的形成。在参与制度设计的过程中，针对薪酬政策以及目的可以进行及时的沟通，能够加强管理人员与员工之间的相互信任，使薪酬体系更加贴近员工，更趋向于完善、有效。

3.5.7　建立完善的绩效考核体系

岗位测试评价针对的是各个岗位的价值，并不针对个人；但是绩效考核是由员工的个人业绩决定的，与岗位无关。建立科学、完善的绩效考核体系，对员工的实际贡献进行客观评价，并将考核业绩与薪酬相关联，使绩效高的员工薪酬增加、得到肯定与激励，绩效不高的员工的收入随之降低，从而起到鞭策的作用。这样做有利于提高员工对薪酬制度的公正感与满意程度，有利于降低员工对薪酬内外比对后所产生的不公平感。

绩效考核是实现薪酬价值的重要环节。公平、公正、公开的绩效考核体系会提升薪酬的激励作用。但是绩效考核是有利弊两个方面的，如果使用不得当就会造成相反的效果。因此，在做绩效考核的过程中，人力资源管理部门需要及时与员工进行沟通，并做好双方的反馈工作。

3.5.8　提高意外性收入

普遍来说，具有规律性的薪酬以及奖金发放会大大降低薪酬的激励作用，因此，运用"绩效薪酬"的方式，让员工的薪酬有一定的浮动，或者是将年终奖化整为零，能获得更好的效果。

另外，薪酬管理方面还可以为员工偶尔增加一些特殊的福利项目，给员工制造一些惊喜，使员工能够感受到企业的真诚，以此获得更多的安全感。

3.5.9　建立有效的企业文化

想要提高员工对薪酬制度的满意程度，就要考虑建立良好的企业文化。任何制度的设计与实施都离不开企业的文化导向，企业关注什么，价值观是什么样的，在绩效考核、岗位测评等制度上都会有较为突出的体现，薪酬制度也不例外。例如，如果公司的企业文化推崇和谐、平均，那么在薪酬方面就会侧重保障性，差距就不会过大；如果企业文化倡导的是绩效、创新、进度，则薪酬方面也会侧重于激励性，会将员工之间的薪酬差距拉开。

开放性的企业文化有助于在管理人员和员工之间建立沟通渠道，使员工能够参与企业建设和管理的过程，增强企业与员工之间的信任度，保证员工与企业方面的充分沟通，从而提高员工对薪酬管理的满意程度。

3.5.10　了解薪酬沟通方式

在实施薪酬管理的过程中，及时与员工进行沟通可以保障薪酬目标的实现。企业与员工在薪酬问题上若没有进行沟通，薪酬管理过程就会不健全，甚至会不断产生矛盾。薪酬沟通主要是由人力资源部门负责，采用多种方式相结合的形式。

常见的沟通方式有两种。第一种是书面沟通，就是人力资源管理部门将薪酬设计的理念导向，也就是薪酬的价值导向、薪酬设计原则、薪酬框架体系以及薪酬修改方案以书面的形式公布，或者是以内部通知的方式告知员工。第二种就是面谈交流的方式，各级管理人员在书面通知的基础上，可以通过与下属员工个别谈话的方式进行薪酬交流。交流内容可以包含员工的薪酬调整意见以及员工想要获得的职业发展等。

3.5.11 把握薪酬沟通要点

在进行薪酬沟通时，要注意与员工进行沟通的一些要点，该要点可以围绕几个方面进行，比如：可以与员工围绕企业的薪酬战略进行讨论，是领先于战略、落后于战略，还是跟随战略。从这里就可以引出企业的薪酬战略，因为薪酬战略是依据发展战略而进行的；还要明确企业薪酬方面想要达到的目标，是吸引、保留还是激励。之后，可以使员工明确企业付薪的要素是什么，是依据岗位、资历还是业绩。薪酬标准是如何制定的也需要明确地给员工进行讲解，要让员工了解企业是如何将付薪要素设计到薪酬体系中的。

薪酬沟通方面不能仅仅局限于薪资水平和涨、降的幅度，还要引导员工站在企业发展的角度，用长久的眼光看待薪酬体系，认识行业的大环境和发展方向，了解外部市场的人才情况和薪酬管理状况，并能够理智地对待薪酬变化。站在员工个人发展的角度上，企业要引导员工认识到自身的发展是如何与企业的发展紧密联合在一起的。同时需要与员工强调的是，薪酬不是一成不变的，如果个人的能力与绩效提升了，那么薪酬也会随之提升。

采用举行会议沟通的办法也是很好的选择，一般沟通会议会在薪酬沟通的末期举行，目的是对整个薪酬方案进行讲解。在典型的薪酬沟通的会议上，企业一般会就薪酬方案的各个方面进行讲解。其中包括：工作岗位评价、市场数据调查与分析、薪酬等级的确定、奖金的发放方案以及绩效评价计算体系的运行等涉及薪酬管理各个方面的问题。

需要注意的是，如果企业的策略不同，那么提供信息的详细程度也是不同的而且会存在较大的差异。

3.5.12　薪酬沟通中的误区

薪酬沟通中常见的误区如图3-24所示。

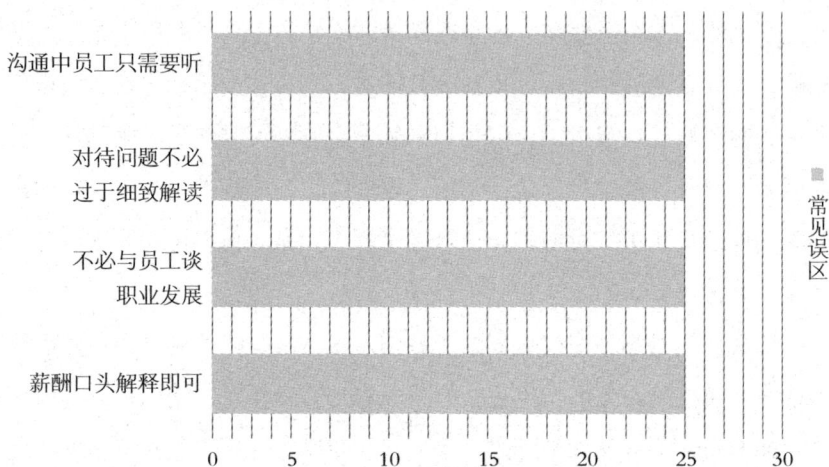

图3-24　薪酬沟通常见误区

误区1：薪酬口头解释即可

许多人存在这样的误区，认为在中小企业，薪酬或者奖金体系并不复杂，没有必要形成书面文字，只需要对员工进行口头解释即可。但是在实际操作中，这样的做法会给员工带来不确定和不稳定的感觉，使员工没有安全感。员工在为企业工作的同时产生很大的疑惑，比如不清楚下一次的评定方式会不会发生变化，也不确定以后还有没有这项奖金等。如果员工长期存在这种疑惑，那么沟通就是必然的了。

口头上的解释和承诺是不能够给员工带去安全感的，因此，无论企业薪酬结构是否复杂，在薪酬管理方面企业都应该形成一定的管理模式，形成书面制度模式，从而使员工能够安心为企业的发展创造价值。

误区2：不必与员工谈职业发展

在与员工进行薪酬沟通时，许多管理者容易陷入这样的一个误区，就是只对员工取得的成绩进行点评，很少或者不提及员工未来发展的话题。正确的做法应该是，与员工开诚布公地进行交谈，不仅谈及取得的成绩，也要指出员工未来的发展方向，最好能够与员工一起探讨如何共同开创未来，使员工能够明确自己在企业中所处的价值，明确自己未来能够获得的提升空间，无论是在能力方面还是在薪酬方面。这样才能使员工努力工作，从而与企业形成一种双赢的结果。

误区3：对待问题不必过于细致解读

许多管理人员在与员工进行沟通时都是敷衍了事的，他们认为当员工提出薪酬的问题时，不必过于细致解读，实际问题可以在发生后再根据情况实际解决。这种想法完全是一种不负责任的态度。人力资源管理应当尽力避免这类情况的发生，对每一个员工的无论多么微小的问题都应当详细解答，使员工没有疑惑。

误区4：沟通中员工只需要听

有效、合理的沟通都是双向的，薪酬方面的沟通也不例外。在沟通交流的过程中，员工不能仅仅听取管理人员解释，管理人员也不要自己滔滔不绝，而应该鼓励员工表达自己的想法，耐心聆听员工的困惑，帮助员工持续改进，同时还要真诚地与员工交流有关个人发展的问题。

第4章
薪酬管理体系设计

科学的薪酬管理体系能够降低人员流动率，防止人才流失，减少内部矛盾，使企业在市场范围内获得较强的竞争力。因此，合理设计薪酬体系对企业的发展至关重要。

4.1 薪酬体系设计的原则

薪酬体系设计的原则包括公平原则、竞争原则、激励原则以及经济原则。

简单回顾，公平原则不仅是指薪酬结果的公平，而是指薪酬过程的公平；也就是说需要薪酬具有丰富的意义，与员工的绩效相关联，保证薪酬在计算过程中是公平的。

还有一种企业与企业之间的薪酬公平，称为外部公平；企业员工之间的薪酬公平，是指内部公平；在相同工作岗位上的薪酬公平，即个人公平。由于不同员工在绩效、技能、潜力的发挥上存在差异，因此，在公平原则下，同种工作岗位上的不同员工，所获得的公平性的报酬在实际上也是有差异的。

竞争原则是指企业的薪酬标准在人力资源市场上甚至是整个社会中，要做到有竞争力与吸引力，从而能够以较为突出的优势战胜竞争对手，招聘到人才并长久地留住他们。在此原则下，尤其是对于本企业较为关键的人才，薪酬水平的设定标准，至少要等于市场上行情。

激励原则强调的是企业内部各类、各级职务之间的薪酬标准要适当地拉开距离，防止出现平均化。要充分利用薪酬的激励效果，提高员工的工作热情。

经济原则是说，高标准的薪酬水平能自然而然地提高企业薪酬的竞争性与激励性，但是企业的成本也会随之上升。因此在设计薪酬制度时，既要考虑薪酬的对外竞争性，又要考虑对内的激励性，同时还需要考虑企业的财力。人力资源管理部门需要找到其中的最佳平衡点，使薪酬制度在企业中达到一种竞争优势。

4.2 薪酬管理体系设计的目标

从公司的角度来看，科学的薪酬管理体系设计能够降低人员流动率，防止具有竞争力的人才流失；能够吸引优秀人才，使企业在市场范围内获得较大的竞争力；短期激励与长期激励的结合，更容易吸引高级人才。合理的薪酬体系还能够减少内部矛盾，由于薪酬涉及每一位员工的切身利益，合理的、能够让员工感受到公平的薪酬制度可以减少员工之间的内部矛盾。科学的薪酬设计能够实现短期激励效应，满足员工生存的需要；还能够实现长期激励，也就是满足员工的发展需要，在一定程度上对员工的保留具有积极意义。

总的来说，科学、合理的薪酬设计是围绕一些目标的确立而展开的。薪酬管理体系设计首先要符合企业整体的战略需要，为企业的发展服务；其次，薪酬管理体系设计要能够保证企业的薪酬规划具有竞争性，保证企业在整个市场范围内形成一定的竞争优势；再次，科学、合理的薪酬管理体系设计也是为了建立公平分配薪酬的整体体系，以此达到人力资源管理的管理效力；最后，薪酬管理体系设计提供了薪酬决策的管理工具，使薪酬的计算与发放都能够有一定的来源和依据。

4.3 薪酬制度设计过程

设计薪酬管理体系制度，是一个及其细致而烦琐的过程，在一般情况下需要按照以下几个步骤进行设计：（1）需要明确本企业的人力资源概念，制定薪酬原则与策略，撰写企业文化以及策略文件；（2）制定符合企业期望的薪酬策略以及付薪原则；（3）进行企业内部的职务设计与分析，进行组织结构设计，编写工作说明书；（4）进行岗位评价与测试，确定付薪的办法及方式，明确其中相关因素，选择评价方法；（5）对市场内同行业的薪酬水平进行调查，确定本企业薪酬的级别，也就是需要明确企业新人入职时的薪酬总额以及中高层人员的薪酬金额；（6）进入薪酬结构化设计；（7）定义具有相关工作经验的薪资水平；（8）确定经理人员的薪资水平；（9）确定年终奖的发放制度；（10）明确调薪政策的执行方式、方法；（11）明确加薪考核方式；（12）对薪资上限进行控制；（13）形成企业内部薪酬规范的规章制度；（14）薪酬制度执行；（15）进行薪酬制度日常的评估、反馈以及调整。

薪酬制度设计过程如图4-1所示。

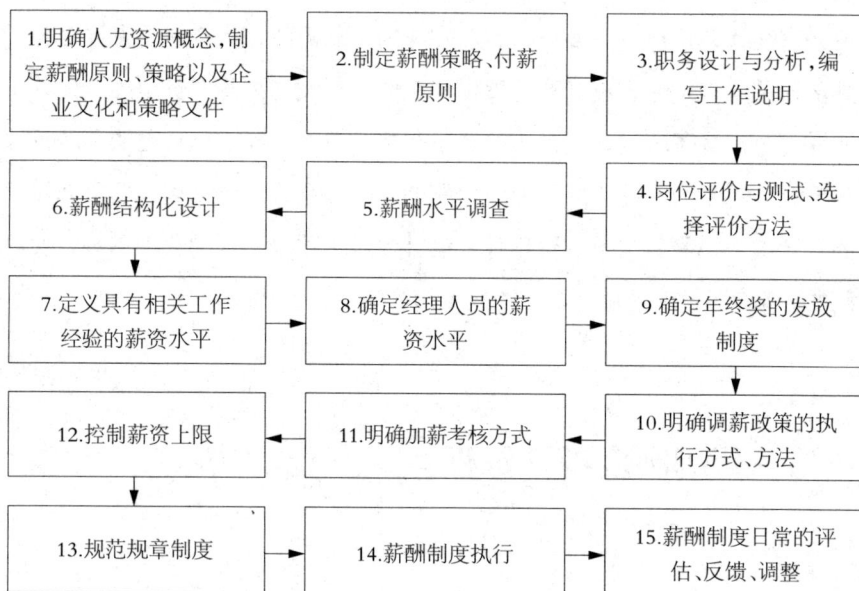

图4-1　薪酬制度设计流程图

4.4 不同所有制企业薪酬管理特点

企业按照其所有制的性质可以划分为不同的所有制种类，有国有企业、民营企业、外资企业三大类。不同所有制的企业在薪酬方面需要呈现不同的薪酬管理特点。因此在进行薪酬管理体系设计前，需要明确不同类型的企业在薪酬管理上的性质特点。

4.4.1 国有企业薪酬管理特点

国有企业在我国一直占有大部分的经济份额，中国企业前五百强绝大多数都是国有企业。国有企业的所有权为国家所有，因此，在管理方面与民营企业、外资企业相比存在较大的差异性，在薪酬管理方面也存在很大的不同。国有企业薪酬管理主要有以下几个特点，如图4-2所示。

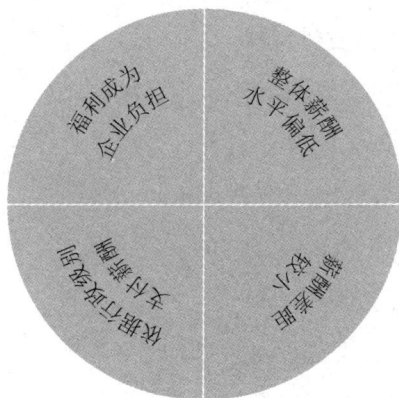

图4-2 国有企业薪酬管理特点

（1）整体薪酬水平偏低

国有企业由于在社会范围内承担了较多的社会责任，因此在薪酬水平方面设计得较为死板、不够灵活，欠缺员工的退出机制。薪酬水平普遍低于一些较为有实力的民营企业和外资企业。尤其是将国有企业的领导者与民营企业、外资企业的领导者相比较，薪酬收入往往相差很多。因此国有企业在薪酬方面的竞争力是不足的。

自2014年起，国家出台的相关政策规定央企的相关领导岗位实行年薪60万元封底的政策，使国有企业的领导岗位与市场上经理人的薪酬制度相脱节。在民有企业或者外资企业中，职业经理人的薪酬水平往往在年薪几百万元，有的甚至可以达到几千万元。

相比之下，国有企业的竞争优势明显落后。

（2）薪酬差距较小

国有企业由于受计划经济的影响，在薪酬设置方向上留下了较深的传统国有企业的烙印，因此平均主义十分严重。无法拉开员工之间的薪酬差距，一方面核心人才与优秀人才的优势没有突出，另一方面普通员工的薪酬又趋向于稳定化，导致企业无法利用优势吸引核心人才。

（3）依据行政级别支付薪酬

国有企业大部分采取依据行政级别支付薪酬的方法，也就是说行政级别越高，薪酬水平越高。这里不得不提到的就是"官本位"的思想，说白了就是指"官"越大，薪酬水平也就越高。因此国企中的大部分人容易过度追求行政级别的提高，而不注重自身的工作效率和对企业的贡献。

（4）福利成为企业负担

国有企业在福利方面的投入比例是比较高的，这方面远远高于民营企业，甚至还高于外资企业。但是有些情况下，这部分的福利不一定会起到激励员工与保留员工的作用。因为在福利项目中，有一部分是得不到员工的认可的。福利费用的支出往往会使员工产生收入降低的感觉，因为员工对薪酬的感知主要还停留在直接经济薪酬上。

此外，国有企业薪酬管理方面还存在很多问题，归结起来有以下几点，如图4-3所示。

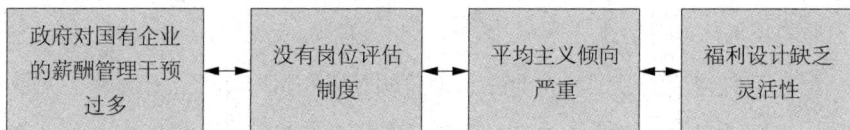

图4-3　国有企业薪酬管理的问题与弊端

（1）政府对国有企业的薪酬管理干预过多

在我国，国有企业的分配主体地位还没有根本确立起来。虽然大部分国有企业已经拥有较大的内部分配自主权，但为了实现社会公平，大多国有企业的薪酬资金总额决定权仍由政府有关部门掌握。政府通过行政手段对企业实行"工效挂钩"或"工资总额包干"的办法。有的地方政府，不但控制企业的薪酬总额，而且还会对企业内部的具体薪酬比例进行干预，甚至直接影响企业的具体管理制度办法。

（2）没有岗位评估制度

岗位评估是依据员工个人所处的岗位，对其劳动技能、劳动强度、劳动责任、劳动条件等四要素进行规范的评价，区别出员工所处的不同的劳动位置，制定出不同薪酬水平。由于没有明确的岗位评估制度与岗位测评方法，国有企业一直存在无论工作艰苦程度的大小、技术要求的高低，薪酬水平都处在较为平均的状态，薪酬差别不能合理拉开，导致员工的积极性不高，考核等相关工作也仅仅是流于形式。

（3）平均主义倾向严重

许多国有企业在薪酬分配上都具有平均主义倾向。国有企业在运作过程中，企业管理者很少深入基层了解情况。这样既不能对员工的实际工作成绩进行客观的评价，也不能了解员工的真正想法与心理需求。

这就造成了在对员工进行劳动成果测评时没有合理而明确的标准。国有企业往往凭借以往经验以及主观感觉确定薪酬，这就使得员工的投入和产出之间产生严重的失衡，造成人为的不公平，因此很容易使员工失去了工作的积极性与主动性。

在这种情况下，国有企业在制定薪酬等级和薪酬标准、计算奖金发放时，仍然按照旧制度，其实是对实际状况缺乏分析。另外，国有企业还会存在管理者贪污受贿、以权谋私、权钱交易和任人唯亲的现象，这都很难让员工感受到企业的公平，而且还会让员工渐渐对企业失去信任感。

在薪酬决定因素中，工龄和资历占主要地位，而受教育程度却于此没有较大关联。企业员工薪酬以外的收入基本是以补贴和奖金的形式平均发放的。同时，企业对经营管理者的激励与约束机制不健全，一方面，企业经营管理者的报酬收入水平偏低；另一方面，对企业家的报酬激励方式比较单一，常由基本工资加奖金、年度奖励等构成。

（4）福利设计缺乏灵活性

我国国有企业员工的福利还停留在计划经济体制下的传统福利，如医疗保险、住房补贴、加班费、子女入托补助，等等，缺乏一些像西方国家的较为人性化的诸如顾问服务、教育培训福利计划、家庭关爱福利、家属福利等福利项目。此外，我国企业提供的福利都是固定的，员工可选择的很少，福利设计并没有真正让员工参与进来，缺乏灵活性和人文性。

因此，针对以上问题，可以采用一定的改进办法，如图4-4所示。

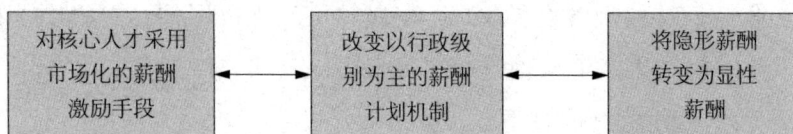

对核心人才采用市场化的薪酬激励手段	↔	改变以行政级别为主的薪酬计划机制	↔	将隐形薪酬转变为显性薪酬

图4-4 改进方法

对核心人才采用市场化的薪酬激励手段。在国有企业中，薪酬的市场化程度很低，同岗位的薪酬水平往往低于市场上相关岗位的平均水平。因此，想要吸引核心人才，提高企业的人力资源竞争力，就应该对核心人才实行薪酬市场化标准，并结合企业的实际情况采取相对应的薪酬策略。

需要改变以行政级别为主的薪酬计划机制。以行政级别为主的薪酬机制不能够体现人才的知识水平、职业技能等相关潜力，也无法激励员工以更高的标准要求自己。因此，企业应该转变薪酬机制，采取以职位价值为主的薪酬机制才是较为合理的。行政级别相同的岗位之间存在价值差异，如果同一行政级别员工的薪酬水平是相同的，那就无法体现部门之间的差别，而以职位价值为主的薪酬支付方式能够真实地给职位价值高的岗位支付相对较高的薪酬。这样便于企业与市场接轨，人才的引进也会更加顺畅。

将隐形薪酬转变为显性薪酬。国有企业的福利比重过大，福利变动的灵活性较小，员工身处其中基本没有选择的机会。其实，可以保留一些必要的福利，而将一些不必要的福利项目费用转换成员工薪酬收入的一部分，增加员工的现金收入。这样的变更即为将隐性薪酬转变为显性薪酬。

4.4.2　民营企业薪酬管理特点

民营企业在改革开放三十多年的时间里面临着前所未有的机遇，是我国经济增长的重要支柱。在我国，民营企业数量所占比重最高，但相对于国有企业来说规模是比较小的，大多是中小企业，但他们经营机制灵活，与其他企业相比有较强的产业优势，生产成本较低且产品种类丰富。因此民营企业的市场化程度较高，体制是比较领先的，在薪酬设计方面受到的约束较少，其薪酬管理制度主要呈现以下特点，如图4-5所示。

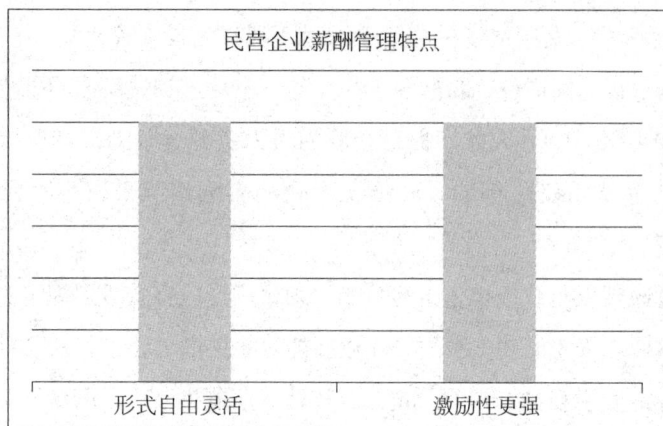

图4-5　民营企业薪酬管理特点

　　形式自由灵活。由于民营企业在薪酬方面不会受到国家的限制，给付方面都呈现较强的市场化趋势，形式也较为灵活、多样。企业可以灵活给予核心高层管理人员股权激励，也可以给予稀缺人才薪酬补贴。形式较为灵活的薪酬管理模式支持着民营企业的运营。

　　激励性更强。民营企业在激励方面强调实用主义，不像国有企业过于注重内部公平，也就是说，哪一类员工可以给企业带来业绩，就给予这些员工奖励。如果员工无法给企业创造利益，那么就很有可能面临被企业淘汰的风险。

　　民营企业的薪酬管理制度虽然具有一定的优势，但是也具有不足之处，主要体现在以下几个方面，如图4-6所示。

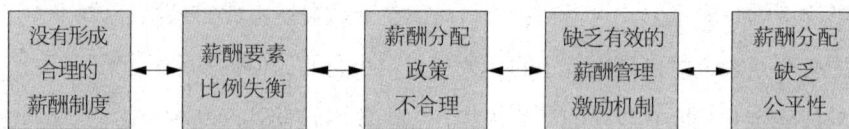

图4-6　民营企业薪酬管理问题与弊端

（1）没有形成合理的薪酬制度

在我国，大多数的民营企业尚未建立合理的薪酬机制。薪酬制度不完善往往会影响人力资源方面各个制度的有机结合，不能充分发挥企业人力资源各个制度的功能，甚至发生矛盾，大大影响了人力资源系统的运行。由于民营企业老板大多是个人，有时他们仅仅是凭借谈判情况与以往经验确定员工的薪酬水平，缺少科学性，致使企业员工薪酬标准不统一。在进行薪酬决策时，主观因素占据大部分，不具有科学性及合理性。

这主要是由于在大多数民营企业中，经营者还没有意识到建立薪酬管理体系制度的必要性。因此，企业中也往往缺少从事人力资源管理的专业人员。目前，大部分民营企业为了节约成本，使非专业人员充当人力资源管理专员，结果造成很多弊端，使管理力不从心。

（2）薪酬要素比例失衡

企业薪酬一般由基本工资、绩效工资、奖金和福利、津贴等几部分组成。多数民营企业往往对福利这一薪酬要素缺乏重视。企业员工在薪酬方面会有不同的需求，薪酬要素结构不合理往往会影响企业的薪酬体系在运行中的灵活性，无法形成对员工的激励效果。很多中小民营企业，没有进行自主福利的设计，致使激励效果很差。有些企业绩效薪酬比例过低，而固定薪酬比例过高，这样会影响薪酬激励作用的有效发挥。

（3）薪酬分配政策不合理

受企业规模的限制，中小民营企业员工的薪酬水平整体上低于市场的平均水平。多数民营企业往往为了降低成本而对薪酬加以控制，在薪酬分配的过程中没有将员工对企业的实际贡献作为分配标准，致使中小型民营企业在人力资源市场上缺乏竞争力，很难招收或留住优秀的人才。

（4）缺乏有效的薪酬管理激励机制

绩效薪酬制度是中小民营企业普遍采用的薪酬管理制度，但是实际上员工的薪酬并没有完全与员工的绩效相符。因为缺少科学、合理的绩效考核标准，薪酬与绩效的不匹配使员工的工作效率下降，工作积极性不高。同时，中小民营企业认识不到人力资本的增值潜力，忽视了人力资本的长期性投入，因此导致薪酬制度缺乏长期激励机制。

（5）薪酬分配缺乏公平性

大多数的民营企业没有建立全面、完善的薪酬管理制度体系，导致员工的薪酬来源于同老板谈判的结果。老板往往凭借自己的经验与喜好决定员工的薪酬，主观随意性比较大，致使企业内部员工薪酬标准不规范。民营企业内部薪酬管理体系的不规范现象，造成了企业内部同工不同酬或者同酬不同工的问题，使员工感到不公平，没有认同感与归属感，从而严重影响员工工作的积极性。

民营企业在薪酬管理方面需要得到系统的优化与管理。完善薪酬管理体系，可以从以下几点入手，如图4-7所示。

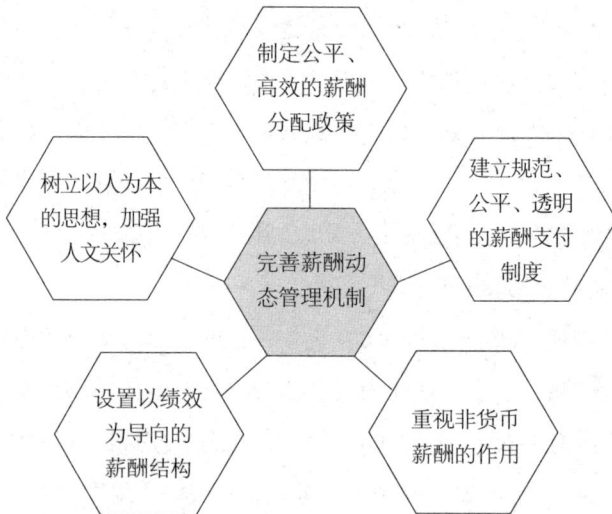

图4-7　民营企业薪酬管理的优化方法

（1）树立以人为本的思想，加强人文关怀

中小型民营企业想要在竞争的浪潮中谋求发展，很重要的一个因素是要拥有优秀的人才。因此，中小民营企业要树立以人为本的管理思想，薪酬方面要展现出企业的人文关怀。

企业在以人为本的薪酬管理制度下，要处处体现对员工的关爱及关怀，以满足员工的需求为出发点。在企业内部，不同员工的心理需求是不同的，有的员工对奖金的需求较大，有的员工则更为看重自己是否能得到职位晋升以及个人的发展机会等。想要管理好企业，就要管理好人才，做到以人为本，以员工为中心，了解员工的多元化需求，并根据员工的需求制定相应的薪酬制度措施，建立以人为本的薪酬管理体系，从而最大限度地激发员工的工作积极性。

在福利方面也是如此，一方面要确保法定福利是严格按照国家制度进行缴纳的，另一方面也要在补充福利方面给予员工相应的福利待遇，体现企业对员工的关怀，适当在节假日给予员工一些礼物、礼品、节假日补贴或集体旅游，在员工生日当天赠送礼物等，这些都能够满足员工心理上所预期的人文关怀，从而增强员工的认同感和归属感。

（2）制定公平、高效的薪酬分配政策

企业在制定各个制度时，公平思想是最为根本的，薪酬管理制度要达到相应的激励目的，就必须以公平的分配薪酬为前提。公平、合理的薪酬分配政策是企业吸引人才的重要途径。

对员工来说，公平的薪酬分配政策是努力工作的动力。企业只有保证薪酬政策的公平，才能使员工明确工作成果与薪酬回报是对等的关系，否则员工就会丧失工作的积极性。

薪酬分配方面需要体现公平与效率的原则，薪酬政策的平等不是指薪酬平均分配，而是指企业员工获得的薪酬应该和自己对企业的贡献成正比。公平的薪酬政策允许企业内部薪酬分配适当拉开差距。

由于工作岗位重要程度不同，人员知识结构与工作能力不同，员工所处的位置不同，因此给企业带来的效益也是不同的。在这种情况下，企业就需要适当调整不同岗位的薪酬分配比重，以发挥薪酬的激励作用。对一般岗位的员工，可以根据市场供求确定薪酬。对企业贡献较大的员工、企业高级管理人员，企业可以将他们的薪酬定位在市场的平均水平之上，以吸引和保留人才，确保在人才市场的竞争力。

（3）建立规范、公平、透明的薪酬支付制度

科学、合理的薪酬制度要求薪酬支付信息公开、透明，企业管理层需要保证薪酬分配信息渠道畅通，将准确信息传递给员工，使员工对企业的薪酬制度和职级，也就是每一级的起薪点和顶薪点都做到心中有数。这时需要摒弃保密的薪酬支付制度，避免员工之间不必要的猜测和矛盾，否则将影响员工的工作积极性和企业内部的团结。

企业需要制定薪酬实施细则，同时，必须让员工参与到薪酬制度制定的工作过程当中，让员工充分了解到自己薪酬变动的原因，并提出自己的意见和建议。

在薪酬制度实施了一个阶段后，企业还要与员工进行交流，开设员工交流信箱，随时解答员工的疑问，随时改善薪酬政策的不足之处，确保企业薪酬信息透明。

随意定薪是企业最需要杜绝的薪酬支付制度，企业可以依据一定的付薪理念进行薪酬的设计，使得薪酬真正体现职位的价值、员工的能力和绩效。

（4）设置以绩效为导向的薪酬结构

合理的企业薪酬结构设计往往会对企业员工的行为起到积极的导向作用，更会使员工的行为满足企业的需要。薪酬有保留和激励两大功能，固定化的薪酬制度虽然增强了薪酬的保留功能，但是削弱了薪酬的激励功能。在中小民营企业中，这种现象更为普遍。

因此，民营企业在设计薪酬管理体系时，需要着重注意的是设计绩效

薪酬，充分发挥薪酬的激励功能。绩效薪酬的设置原则是根据岗位级别、岗位所承担的责任调整绩效薪酬比例，确保企业各级员工的薪酬收入由工作绩效决定。对企业员工工作绩效可以实行量化考核，根据考核结果确定绩效薪酬数量，以保证薪酬对企业员工起到正面的激励效应。

（5）完善薪酬动态管理机制

薪酬的动态管理机制也同样需要明确体现，对薪酬的调整程序进行规范化处理，使员工明确企业的薪酬调整程序。

（6）重视非货币薪酬的作用

在大多数民营企业中，员工关注的不仅仅是自身在货币薪酬方面的实际所得，他们往往更为注重的是自己在企业中是否能够获得发展。也就是说，在货币薪酬得到一定程度的满足以后，员工会更加重视自己未来发展的前途、职业生涯的规划等非物质条件。

因此，民营企业想要更好地在市场上获得竞争优势，就必须将货币薪酬与非货币薪酬紧密结合起来，只有这样才能使整个薪酬管理系统发挥最大的激励作用。

4.4.3　外资企业薪酬管理特点

外资企业具有很多国有企业与民营企业不具备的优势，其先进的管理思想、管理理念、管理方法与管理技巧在中国大部分企业中处于领先的水平。尤其是在薪酬管理方面，外资企业往往能够与国际先进的薪酬管理体系水平相对接，成为中国企业学习的榜样。

外资企业在薪酬管理方面主要呈现以下的特点，如图4-8所示。

（1）依据市场水平支付薪酬

在薪酬管理体系设计方面，外资企业比较注重的是市场薪酬水平的比较。在设计薪酬时，通常会进行市场范围内的调查，会依据市场标准进行薪酬标准的评估与计算，从而确定企业的薪酬设置。

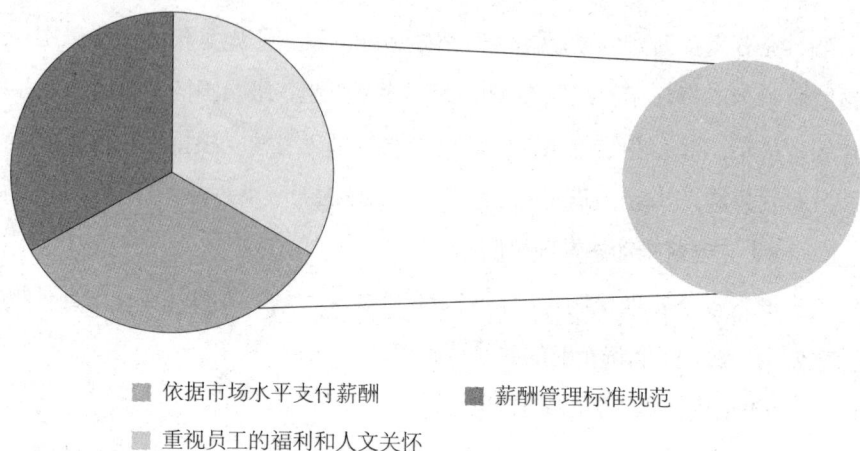

依据市场水平支付薪酬　　　薪酬管理标准规范

重视员工的福利和人文关怀

图4-8　外资企业薪酬管理特点

（2）薪酬管理标准规范

外资企业的薪酬管理体系相比较来说是非常健全的，在薪酬的调整与变动方面也十分的明确、严谨、规范，流程清晰、明确，过程公正、透明。

（3）重视员工的福利和人文关怀

外资企业在员工福利方面是做了较大投入的，在福利设计方面与国有企业不相上下，区别仅仅在于外资企业的福利更加注重的是人文关怀，处处体现对员工的关心，不仅满足员工的心理需求，也能够较为灵活地给予员工菜单自助式的福利选择方式。

从市场的大环境来看，国有企业在薪酬管理体系设计方面的能力与水平与外资企业相比还存在较大差距。目前，国内一些优秀的民营企业在薪酬管理方面正在逐步地向外资企业看齐。随着市场大环境的不断进步，薪酬管理体系设计会越来越受到重视，未来会有越来越多的企业在薪酬管理方面做得更好。

4.5　不同行业薪酬管理特点

市场上已有的行业，一般可以分为房地产行业、高科技行业、金融业、消费品行业、医药行业等多种不同的行业类型。依据这些行业的主要特点，可以将这些行业归结为三种类型，分别是资金密集型、劳动密集型和知识密集型。行业的类型不同，所需要的薪酬管理体系也是不同的。

4.5.1　资金密集型企业的薪酬管理特点

资金密集型企业主要有银行、房地产以及投资控股等金融企业。这类企业运营需要雄厚的资金，所以在薪酬管理方面主要呈现以下特点。

薪酬成本在整个企业的经营收入以及支出中所占的比重很小。资金密集型企业的资金实力较为雄厚，在薪酬管理方面，人工成本所占的比例是很低的，比如房地产行业人力资源中人事的费用使用率仅占3%~4%，而劳动密集型企业的人事费用率则会高达50%左右。这就决定了资金密集型企业在人才的引进方面，具有极高的薪酬吸引力。

资金密集型企业在薪酬管理结构方面是比较简单的，管理水平却比其他行业的要求高。高水平的薪酬管理往往能够掩盖很多人力资源管理方面存在的问题。

资金密集型企业由于有大量的资金作为后盾，因此薪酬方面存在的问题往往被员工忽视。因此，简单、粗暴的薪酬管理方式也只是为了掩盖存在的一些问题，一旦企业在其他方面出现问题，薪酬方面的问题就会在企业薪酬福利管理制度中突显出来。

【案例分析】

某房地产企业薪酬结构不合理导致人才流失

某房地产企业在对企业中项目人员进行薪酬设计时，采用的是基本薪酬加项目奖金的方式。项目奖金占年收入的比重极高，达到了70%。但是在某一时刻，企业的项目出现了中断，由此导致项目人员在几个月的时间段内没有项目可做，因此获得的薪酬是十分少的，很多员工都提出了离职。几个月过后，项目重新启动，但是项目人员方面却没有承接，公司由此承受了重大的损失。这不仅是资金的流失、项目的流失，也是人才的流失以及企业信誉的流失。

从上述案例可以看出，资金密集型企业在薪酬管理体系设计方面往往不注重细节方面的设计，在薪酬策略、薪酬结构、薪酬带宽等方面没有很好地规划，无法体现公司的战略导向。这就要求企业不能仅考虑在正常经营情况下的薪酬设计，各个方面的情况都应该考虑到。企业尤其是要将非正常情况下的情形都分析清楚，针对不同情况设计薪酬体系的不同执行办法，使得薪酬能够在任何情况下都发挥吸引、保留、激励人才的作用。

4.5.2　劳动密集型企业的薪酬管理特点

劳动密集型企业主要包括纺织、服装、玩具、皮革、家具等制造业。这类企业的特点就是，一线生产劳动类员工所占的比重大，而且员工素质偏低。

这类企业在薪酬管理方面主要呈现以下特点。

薪酬在整个企业的经营收入与支出中所占的比重很大，薪酬成本的管理和控制一直是劳动密集型企业关注的重点。在过去很长一段时间内，劳动密集型企业违法拖欠工人薪资的状况出现得很普遍。但是随着《劳动合同法》的出台，员工的维权意识普遍增强，法律不断完善，劳动密集型企业在薪酬成本方面将面临更大的压力。

另外，近些年来，全国各个地区的最低工资标准都呈现上涨的趋势，不少城市最低工资标准的增长幅度是很大的。但是劳动密集型企业中大多数员工的薪酬是随着市场最低工资标准而变化的，最低工资标准的不断上涨，给企业带来了较大的压力。

加班薪酬的支付也是劳动密集型企业薪酬成本中所占比重较大的一部分。劳动密集型企业的一线员工较多，工作的时长往往超过标准工作时间，某些企业通常不支付加班薪酬或者克扣加班薪酬。但是随着《劳动法》逐渐被大众所了解，员工的法律意识不断增强，企业对加班薪酬的支付变得越来越规范。因此，提高员工的工作效率成为减轻企业薪酬压力的一种方法。

在从前的劳动力市场，企业一发出招工的信息，就能收到大量的简历。但是随着社会经济的发展，更多的企业面临的是"招工难"的问题。用工关系的变化，使招不到工人成为许多企业面临的巨大难题，企业之间争抢工人的现象时有发生。因此，企业不得不提高自己在人力资源市场的竞争力。哪个企业可以在薪酬支付方面给予更为优厚的待遇，哪个企业就可以招到更为优秀的人才。

对劳动密集型企业来说，企业在薪酬管理方面要做到未雨绸缪。一方面要正视未来企业人工成本会越来越高的发展趋势，及早做好应对策略，比如将工厂从一线城市搬迁到二三线城市，减少人工成本或者是运用机器设备代替人工；另一方面可以注重提高人工使用效率，招聘一些技术能力较强的工人，并能够在企业内部组织员工参加技能培训，使其技术得到提高，由此达到提高员工效能的理想效果。

4.5.3　知识密集型企业薪酬管理特点

知识密集型企业主要包括软件、科研院所以及高精尖科技等产业。这类企业在薪酬管理方面呈现以下特点。

研发类人才是企业的核心技术人员，在薪酬支付方面的竞争较为激烈。行业内部对这一类知识技术型人才的争夺一直在持续，因此有资金实力的企业往往在薪酬方面对核心技术人员给予倾斜，以便保留核心技术人才，确保企业在市场的竞争中有较强的实力和竞争优势。因此，市场上出现的很多猎头公司在技术人才的竞争中充当先锋的角色，使得技术人员对人力资源市场薪酬变化的敏感程度很高，一旦外部的薪酬水平高于他们预期时，他们就会蠢蠢欲动，使得行业内部在技术人员方面形成一种恶性竞争的局面。

企业之间对人才的争夺除了短期的薪酬激励以外，长期的薪酬激励也被很多企业所采用。例如一些上市公司往往对核心人才给予股权激励，这样就会实现长期激励作用。因为股权激励是一种对人才产生长久激励效应的激励方式，所以这种方式往往可以吸引大批的优秀人才，也可以保留大部分的核心技术人才。

对知识密集型企业来说，企业应该提高薪酬的规范性。随着人们对市场薪酬水平的关注越来越多，企业在薪酬方面的调整也越来越及时，这样可以确保企业在薪酬市场上有较强的竞争力。同时可以运用股权激励等中长期的激励手段，让核心人才长期为企业服务。

4.6 构建"3P+1M"现代薪酬支付理念

薪酬支付是薪酬管理中一项比较受关注的问题，因此，说到薪酬管理体系设计，就不能忽视薪酬的支付理念在其中起的重要作用。可以说，薪酬支付理念是薪酬设计的灵魂，任何薪酬设计都需要有薪酬支付理念做支撑。

在计划经济时代，企业往往依照行政级别支付薪酬，在上面也提到过，这种薪酬支付方式不能体现薪酬公平，因为只要行政级别是一样的，薪酬的结构、水平都是一样的。职位不同，其对企业的贡献不同，但是如果依照行政级别支付薪酬，那么薪酬的支付就很不公平。

随着时代的改变，传统的薪酬理念逐渐被时代淘汰，现代付酬理念已应运而生。新的付酬理念归纳起来就是"3P+1M"的薪酬支付理念，如图4-9所示。

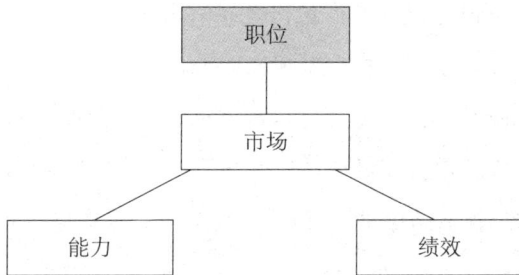

图4-9 "3P+1M"薪酬支付理念

"3P+1M"的薪酬支付理念包括以职位为主的付酬理念、以能力为主的付酬理念、以绩效为主的付酬理念和以市场为主的付酬理念。由于职位、能力、绩效三个词的英文首写字母都为"P"，而市场的英文首写字母为"M"，因此合起来称为"3P+1M"的付酬理念。

这种形式的薪酬结构理念较为科学、合理，不仅能够体现内部付薪公平，也能够使外部公平得到体现。

4.6.1 以职位价值为主的付酬理念

以职位价值为主的付酬理念，就是指主张支付薪酬依据职位价值大小而定薪酬，它的前提是每一个岗位都有明确的工作职责。这些工作职责决定了这个岗位在企业的价值。以职位价值为主的付酬理念有两个特点，如图4-10所示。

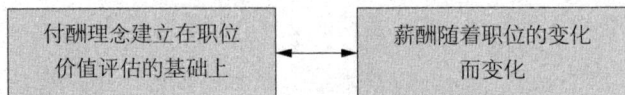

图4-10　职位价值付酬理念特点

（1）职位付酬理念建立在职位价值评估的基础上

这也就是说员工薪酬的多少是根据职位评估出来的。无论是怎样的员工，身处在这个岗位上，其所获得的薪酬就要符合这个岗位职责上的薪酬水平。在对一个岗位进行职位评估后就会明确这个岗位的薪酬，比如一个服务员岗位的薪酬评估结果是1 500元，则无论是谁身处这个岗位，其所获得的薪酬都是1 500元。

（2）薪酬随着职位的变化而变化

就像在刚才的例子中，一个员工在服务员的岗位上获得的薪酬始终是1 500元，在过了一个阶段后，该员工想要进行薪酬调整，但如果一直在服务员的岗位上，那么薪酬是没有办法改变的，他只有寻找更适合自己能力的岗位。在这之后他的薪酬就会随着岗位的变化而改变。

在实际运营中可以发现，以职位价值为主的付酬理念适合那些职位职责相对比较稳定的传统企业。

以职位价值为主的薪酬体系主要有以下优点，如图4-11所示。

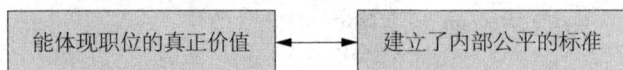

图4-11　以职位价值为主的薪酬体系的优点

（1）能体现职位的真正价值

以职位价值为主的薪酬理念，是在对企业现有的职位进行评估后确定薪酬的。这样就使得每个职位都明码标价，有能力的员工自然会选择与自己能力相匹配的职位就职，所获得的薪酬也就符合自己相对应的职位与能力。

这种薪酬支付方式与传统的以行政级别为依据的薪酬支付方式相比有了很大的进步。其具有较强的公开性，能力越高、对企业贡献更多的员工会获得较高的薪酬。

（2）建立了内部公平的标准

通过职位价值评估，每个职位都能得到一个职位评估的结果，即职位的级，同样薪级的职位的薪酬是具有可比性的，这样就建立了内部公平的标准。把不同部门的职位进行比较、同一部门不同职位进行比较，以职位的价值为基础的薪酬就能体现内部的公平性，这样可以避免员工之间的盲目攀比，有助于企业内部的稳定、和谐。

同样，以职位价值为主的薪酬体系也存在一些缺点，这些缺点主要表现在以下几个方面，如图4-12所示。

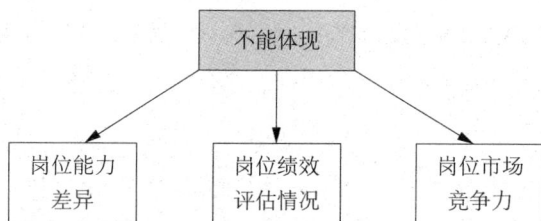

图4-12　以职位价值为主的薪酬体系的缺点

（1）岗位的能力差异在薪酬中得不到体现

以职位价值为主的薪酬体系，是依据职位确定员工的薪酬水平，但在这个过程中也仅仅是强调了职位的价值，员工自身价值的差异性往往被忽略了。

简单来说，从事同样一个职业，有的人能力高一些，工作效率也会高一些，为企业创造的价值更大；而有的人虽然也可以胜任，但由于能力之间存在差异，这个员工的工作效率有可能是不如另外一个人的。不同的员工在相同的岗位上表现出来的工作质量是不可能完全相同的。

但是在以职位价值为主的薪酬理念中，这种差异是无法体现出来的。

（2）岗位绩效的评估情况在薪酬中得不到体现

以职位价值为主的薪酬理念指的是，无论员工工作质量高还是低，在薪酬上都没有任何的差异体现，只要职位价值一样，都是拿一样的工资。

这样就会造成激励效果下降的后果，员工不再注重自己身处本职位时的工作质量，而片面地追求职位的高低。这样也就使薪酬管理体系达不到预计的激励效果。

（3）岗位的市场竞争力得不到体现

以职位为主的付薪理念，使得员工的薪酬没有与市场上同职位的薪酬进行对比，从而不能有效地激励员工，也体现不出对一些核心员工的激励性。

4.6.2　以能力为主的付酬理念

以能力为主的付酬理念主张薪酬依据能力大小而定。在现代社会中，传统的依据职位的高低确定薪酬的理念已经很难适用于一些具有高知识、高技能员工的企业中了。在有的企业中，同样是高科技企业研发部门的工程师，由于知识能力的不同，有些工程师只能解决一般性质的问题，但是有的工程师就可以解决比较难处理的问题。在这样的情况下，如果依据职位给予双方同样的薪酬，那么对能力较强的任职者来说就是不公平的了，这样就很容易造成企业核心人才的流失。

现如今，核心能力已成为企业的一种核心竞争力。企业与企业之间的竞争主要是核心能力与核心人才的竞争，因此，越来越多的企业在做薪酬管理体系的时候会考虑员工能力方面的差异。也就是说，在企业为员工设计薪酬时，员工的能力决定了其创造的价值，能力越强，其创造的价值就越高。

以能力为主的付酬理念主要有以下几个优点，如图4-13所示。

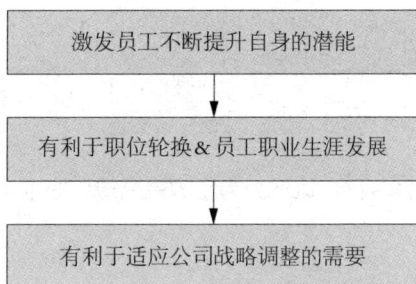

图4-13　以能力为主的付酬理念的优点

（1）激发员工不断提升自身的潜能

由于员工的薪酬水平是与其能力相挂钩的，因此员工想要获得较高的薪酬就必须具备较高的能力。员工想要提升自己的薪酬，也就需要不断完善自己，使自己的能力达到可以获得较高薪酬的水平。这样无论是对员工个人还是对企业的经营都是比较好的，员工的潜能不断被激发，员工的薪酬也随之增加，同时企业在市场中的竞争力也随之提高。

（2）有利于职位轮换与员工职业生涯发展

这里所说的职位轮换以及职业生涯发展是指员工可以通过轮换岗位确定自身的发展方向，因为以能力价值为主的薪酬支付方式只看重能力，所以员工在轮岗后只要能力出色一样可以拿到更高的薪酬。这样不仅能使企业了解每一位员工更适合的岗位，也有利于员工发展全方位的能力。

（3）有利于适应公司战略调整的需要

由于员工的薪酬是以能力为主的，也在某种程度上淡化了职位的概念。当企业的经营战略进行调整时，员工的职位是不需要进行调整的。这样做有利于企业在经营的过程中及时地调整自身，以适应市场大环境的改变。

同样的，以能力为主的薪酬理念也存在一些不足，这些不足主要有以下几点，如图4-14所示。

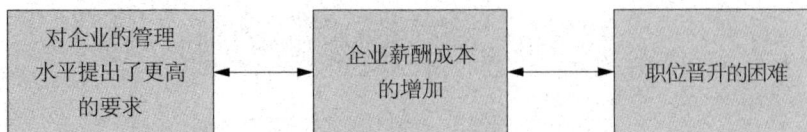

图4-14　以能力为主的薪酬理念的不足

（1）以能力为主的付酬理念对企业的管理水平提出了更高的要求

企业需要对各种能力进行明确的界定，并且有相应的工具和标准对这些能力进行细化和评估。否则，以能力为主的薪酬理念便无法兑现和实施。

也就是说，如果对员工的能力评估不准确或者是使员工觉得评估不公平，员工就会对企业产生不满。

（2）以能力为主的付酬理念容易造成企业薪酬成本的增加

以能力为主的付薪理念是指能力越强的人，能给企业带来的作用就越大，投资回报就会越高。但是有一些企业却没有评估出本企业需要的人才的具体能力标准，这样就会造成如下的状况，只需要花20万元聘请一位技术人员就可以解决企业范围内的大部分技术问题，但是企业却选择聘请一位100万元能力值的高级技术人员，这样不仅浪费了人才，也浪费了企业的薪酬成本。

（3）以能力为主的付薪理念容易造成职位晋升的困难

在我国，职位晋升对员工来说也是一种相当重要的激励手段，尤其对知识员工或薪酬达到一定水平的员工来说更是如此。但是以能力为主的付酬理念在职位的设计方面偏向扁平化，使得职位晋升的机会很少，员工很难获得晋升的机会，甚至一辈子都在同一个岗位上工作。这样会造成员工缺少职位晋升带来的成就感，也会造成企业失去对员工的长效激励。

4.6.3　以绩效为主的付酬理念

以绩效为主的付薪理念主张薪酬依据员工绩效的大小。这种依据绩效支付薪酬的理念通常适合营销类的岗位。

以绩效为主的付酬理念的优点，主要体现在以下两点，如图4-15所示。

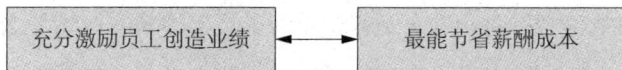

图4-15　以绩效为主的付酬理念的优点

（1）能够充分激励员工创造业绩

以绩效为主的付薪理念主要是突出员工的工作成效以及工作业绩，起到了鼓励优秀、鞭挞落后的积极作用。

在这样的付薪制度下，员工努力工作与不努力工作所获得的薪酬是有明显差距的。以绩效为主的付薪理念能够激励员工在工作中付出努力，从而使员工获得更高的薪酬。

（2）以绩效为主的付酬理念最能节省企业的薪酬成本

以绩效为主的付酬理念是基于员工的绩效好坏付酬的，员工如果绩效表现很差，则可能只能拿到较少的工资，这就大大降低了企业的薪酬成本，为企业节省了不少的开支。员工想要获得更好的薪酬，就必须在工作中为企业创造较高的价值。企业的经营效益好，员工薪酬自然会高；企业经营效益不好，是由于员工没能给企业创造更高的效益，所获的薪酬也就少。相对来说，这种方式是能够为企业的人力资源节省成本的。

但是以绩效为主的付酬理念，往往也存在一定的局限性，其局限性主要表现在以下两个方面，如图4-16所示。

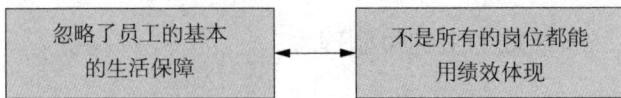

图4-16 以绩效为主的付酬理念的局限性

图4-16 以绩效为主的付酬理念的局限性

（1）忽略了员工从事一份工作的基本的生活保障

在以绩效为主的付酬理念下，企业给予员工的基本薪酬是比较低的。员工的大部分薪酬取决于业绩的高低。对员工来说，这样是十分没有安全感的。一旦业绩不好，可能获得的薪酬就没有办法维持自己日常的生活。这样就会使员工认为公司不能给予员工基本生活保障，因此离开公司。

（2）并不是所有的岗位都能用绩效体现

在企业中，有一部分岗位是不能用绩效计算薪酬的。例如一些职能类岗位，业绩的好坏是没有办法用绩效的计算方式衡量的。另外有些企业的绩效体系并不是很成熟，这样会造成薪酬的不公平，也会造成员工的流失。

4.6.4 以市场为主的付酬理念

以市场为主的付薪理念，主张薪酬的水平依据市场的平均水平确定，并且依据企业的承受能力范围采取不同的薪酬策略。

以市场为主的付酬理念主要有以下几个优点，如图4-17所示。

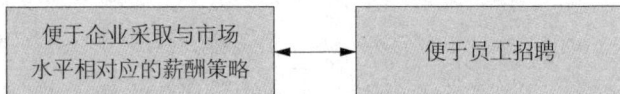

图4-17 以市场为主的付酬理念的优点

（1）薪酬的数据跟市场进行了对比，便于企业采取相应的薪酬策略

企业在确定员工具体薪酬时，会先收集市场上同一职位员工的薪酬数据，然后根据市场水平明确本企业对该职位的定位，确定采取跟随策略、竞争策略，还是滞后策略。这样就有利于准确结合企业的实际情况采取与企业战略目标相一致的薪酬策略。

（2）以市场为主的付薪理念便于员工的招聘

由于以市场为主的付薪理念是根据市场的薪酬而设计的薪酬，因此在招聘员工时，就能够具有针对性，对于核心人才能够根据市场薪酬的变化给出具有竞争力的薪酬。

同样的，以市场为主的付酬理念也存在一些缺点，这些缺点主要表现在以下两点，如图4-18所示。

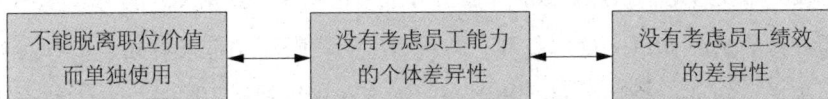

图4-18　以市场为主的付酬理念的缺点

（1）以市场为主的付酬理念不能脱离职位价值而单独使用

在这种薪酬理念的指导下，企业在为员工设计薪酬时是按照市场定的，但是企业中员工的数量有可能是比较多的，那么进行市场标准调查就会十分困难。如果能够把职位价值的概念引入进来，薪酬设计就会十分方便，就可以把企业上千个职位全部放入一张职位等级矩阵表中，只需要参照市场上各个职位的职级薪酬的市场水平即可。

（2）以市场为主的付酬理念没有考虑员工能力的个体差异性

以市场为主的付酬理念只是得到了这个岗位市场的薪酬数据，员工个体之间的能力方面是不容易平衡的。比如我们知道某个职位在市场上的薪酬水平，我们也选择了相应的薪酬水平，假如最终选择的是20万元的年收入。那么是否就会设定所有担任这个职位的员工都是20万元的年收入。但是这样的做法很明显是不合理的，有的能力强，可以给到比20万元高的年收入；有的能力弱，可能给出比20万元低的年收入。这需要企业结合员工能力的个体差异设置薪酬区间。

（3）以市场为主的付酬理念没有考虑员工绩效的差异性

员工绩效的好坏应该在薪酬中有所体现。以市场为主的付酬理念忽略了员工绩效好坏的差异。无论干好还是干坏，都拿一样的薪酬，会打击员工工作的积极性，使部分员工没有危机感，造成企业绩效的下降。

4.6.5 打造"3P+1M"为一体的薪酬体系

综上所述，我们能够发现，其实每种付酬理念都有其优势和局限性，但是我们可以采用将上述方式相结合的方式，也就是最开始提到的"3P+1M"为一体的薪酬体系。这样有利于各种类型的薪酬要素取长补短，发挥各自的优势，弥补自身的不足；使企业在进行薪酬管理体系设计时，充分考虑职位价值、能力、绩效与市场方面等综合因素，使薪酬体系更加完善。

第5章
薪酬设计具体方法

薪酬设计的流程主要包括职位分析与职位序列划分、职位价值评估、薪酬调查、薪酬现状分析、薪酬策略与水平设计、薪酬结构设计、薪酬带宽与薪档设计、薪酬测算与实施以及薪酬的动态管理等，其中每一个环节都特别强调企业与员工的双向沟通。

企业在进行薪酬设计的过程中，需要遵循一定的流程，具体过程主要分为以下几个步骤进行：职位分析与职位序列划分、职位价值评估、薪酬调查、薪酬结构设计、薪酬策略与水平设计、薪酬现状分析、薪酬带宽设计、薪酬测算及实施、薪酬的动态管理机制。以上流程如图5-1所示。

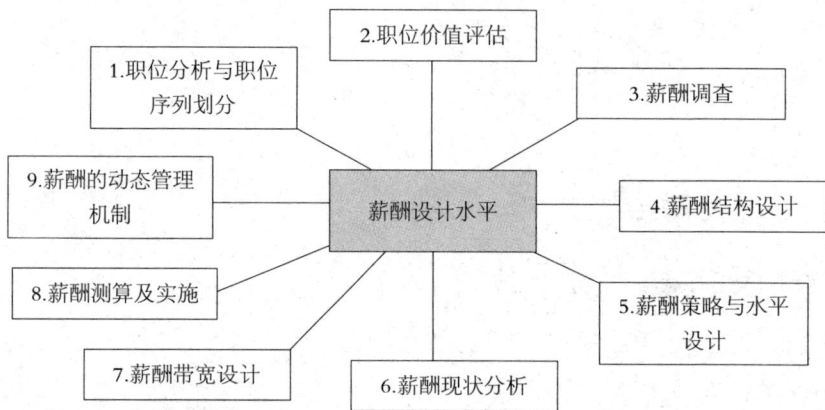

图5-1　薪酬设计具体方法

5.1　职位分析与职位序列划分

　　职位分析就是通过对企业内部现有的职位及职责进行系统整理，确定企业内部的职位类型，形成较为完整的职位说明书。这样做的主要目的是为进行职位价值评估做好前期准备。

　　职位分析需要在前期做好充分的准备工作，要了解各种职位分析方法的优点和缺点，结合不同的职位特点选择适合执行与实施的职位分析方法。在进行职位分析的过程中需要员工与部门的管理人员共同参与。目的是形成完整的职位说明书。

职位序列的划分主要是对企业内部所有职位进行类别的划分，不同的职位类别在薪酬设计中的策略是有所不同的。一般情况下，以高科技为主要经营内容的公司会比较重视技术人才，因此在进行薪酬策略设计时，就会对照市场上的平均薪酬水平，更多地考虑在技术职位上选择具有激励效应的方法。

5.1.1　职位分析

职位分析是人力资源管理中较为基础的工作，是指对企业中各项工作的职位特征、职位规范、职位要求、工作流程等方面以及对完成此项工作需要员工达到的素质水平、知识能力、技能要求进行梳理并规范描述的过程。

职位分析是薪酬管理的基础。在进行薪酬结构设置时必须要明确企业内部的职位构成，因为如果连最基础的职位管理都不清晰，那么必定会造成人力资源管理的混乱。因此，依据职位价值进行付酬的理念，要求企业具有清晰、明确的职位说明，这样才能对各个职位进行价值评估。职位分析就是在进行职位评估之前，人力资源管理部门进行的一项较为基础的工作。

5.1.2　职位分析方法

在进行职位分析时，不是没有方法可寻的。在实际操作中，可以采用如下的职位分析方法。

（1）观察法

观察法是指人力资源管理部门通过观察职位分析的对象在平时工作中的状态，并进行记录的一种方法。在这个过程中，对观察者的能力要求是比较高的，需要观察者对企业中员工的工作性质比较熟悉。

观察法主要适用于从事体力劳动的工作人员。因为体力方面的劳动较为简单，一般都是重复性较强的工作，观察者比较容易观察员工的具体工作内容，也更容易分析员工的任职资格。

观察法不太适用于脑力劳动者，尤其是科技创新方面。因为从事脑力劳动的工作者，在工作过程中，主要是依靠头脑中的思考进行的。观察者在进行工作状态观察时，是很难观察出脑力劳动者的实际工作量的。

观察法也不适用于循环周期较长的工作岗位。因为循环周期长的岗位在完成一定的工作量时需要较长的工作周期，这就需要观察者进行持续的观察，这样做不但占用了观察者较多的时间，还不一定会达到预期的观察效果。

（2）面谈法

面谈法主要是人力资源管理者通过与任职者进行面对面的交流，从而获取任职者在岗位上的工作感受等基本信息的一个过程。

面谈法主要适用于对企业制度及日常书面条例在理解上具有困难的员工。其优点是人力资源管理部门通过与员工进行直接的交流，可以获得足够量的信息，信息来源比较灵活。

同时，面谈法也存在一定的缺点。采取交流的方式，会受到任职者主观因素的影响，在交谈过程中，员工一般都会尽量谈及一些对自己比较有利的信息，其实在这一点上，是会影响信息采集的真实程度的。同时，面谈法对面谈者的要求也是比较高的，面谈者对任职者的基本岗位信息是比较熟悉的，而且善于捕捉任职者各方面的信息，在进行交谈的时候能够进行持续的追问。

（3）问卷调查法

问卷调查法就是指人力资源管理部门根据企业现有的职位类型进行初步分析，然后整理出对每一个岗位上的员工所需要了解的内容，制定出相应的问卷。主要的特点就是方便、快捷、成本较低、不会影响工作。问卷调查法用途广泛，可以应用在全企业范围内，不存在职位差别上的局限。但是，问卷法也存在一定的缺点，问卷法需要对问卷中的问题进行详细的说明，否则就会影响任职者对问题的理解程度，有可能会造成偏差。

（4）工作实践分析法

工作实践分析法是指在进行调查的过程中，人力资源管理人员亲自到需要分析的职位中进行实践，从实践中总结关于这个职位的相关信息。工作实践分析法适用于短期可以掌握的工作岗位，不适用于那些需要工作一段时间才能够掌握的工作内容，也不适用于危险程度较高、难度较大、需要专业人员才能完成的工作。

（5）关键事件分析法

关键事件分析法是指记录员工在工作过程中关键事件的一种方法，并对关键事件进行分析。关键事件分析法的缺点是很容易遗漏一些员工在工作中不显著的行为，而这些不显著的行为很有可能对员工的工作造成很大的影响，从而忽略了工作的整体效应。

综上，对常见的职位分析方法进行比较，结果如表5-1所示。

表5-1　常见分析法对比表

方法	特点	适用	不适用
观察法	对观察者要求较高	体力劳动工作者	脑力工作者
面谈法	灵活、能够获取足够信息；信息真实性不高	理解文字有困难的人员	——
问卷法	便捷、成本低、用途广、节省时间；容易出现理解偏差	所有员工	——
工作实践分析法	分析人员参与	短期可掌握的工作	长期才可掌握的工作；危险性工作
关键事件分析法	记录并分析关键事件，易遗漏		

5.1.3 职位分析要点

在进行职位分析过程中，有一些要点是需要及时把握的，其中需要注意的要点如图5-2所示。

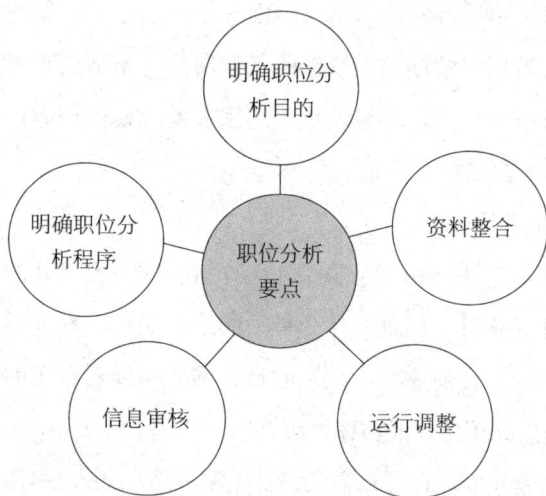

图5-2 职位分析过程中的要点

（1）明确职位分析的目的

职位分析有多种目的，有的是规范职位的工作内容，有的是适应企业薪酬战略调整。在进行职位分析之前，人力资源管理部门需要明确自己想要达成的目标，不能为了分析而分析。

在实际操作过程中，有的企业完全是为了应付上级的检查，没有认真地进行分析和说明，只是在形式上做一些简略的职位说明，却没有针对这些职位与任职者进行沟通。当检查完毕后，职位分析也就终止，职位调查说明书也没有发挥功能。这样其实是在做无用功。

（2）明确职位分析的程序

职位分析也是具有固定的流程以及标准的，在做职位分析时需要遵循一定的流程，才能够确保职位分析的准确性及专业性。

前期需要做好充分的准备。企业在明确展开职位分析的调查后，就需要成立相应的职位分析小组，确定相应的职位，将工作环节进行分解，制定职位分析的制度与规范。

在实际的设计阶段，企业需要选择信息的来源，明确在进行调查过程中的信息是来源于岗位上的员工还是来自于员工的上级管理者。同时，企业还要选择较为专业的人员承担职位分析工作，必要时可以请外部顾问专家进行指导。最后，企业还需要根据实际情况选择具体的、合适的职位分析方法。

（3）资料整合

在进行调查的前期以及在调查的进行阶段，企业是需要编制各种调查问卷以及制度提纲的，对工作内容、责任者、工作岗位、工作时间、操作流程、目的等相关信息进行收集，因此会产生大量的资料，这就需要对资料有一个较为规范的整合，以避免在进行分析时发生混乱的情况。

（4）信息审核

在前期准备以及调查阶段的工作完成后，就进入了实际的分析阶段。在这个过程中，要求人力资源管理者能够对已经收集的各种信息进行审核，分析职位名称是否符合标准；分析工作任务、工作关系、工作责任、劳动强度等相关的工作规范信息；分析员工实际工作时所处的物理环境、安全环境以及社会环境等；分析员工在岗位上的实际必备条件、必备经验、必备的操作能力以及心理素质等。

（5）运行及调整

在一系列的工作结束后，人力资源管理部门就需要促进职位分析结果的使用，并且关注在薪酬管理方面的实际运用。在薪酬管理制度运行了一定的阶段后，如果组织的经营环境发生变化，那么企业的经营战略也会随之调整，这些都会对职位分析结果产生影响，这时对职位分析结果也需要进行相应的调整。有些企业在发展的过程中还会删减或者增添职位，在这种情况下，之前的岗位评价与分析结果也需要随之进行改变和调整。

5.1.4　职位分析常见误区

在职位分析的过程中，并不是每一个企业在按照如上的要点进行运作之后都会形成成功的职位分析体系。在根据失败的原因进行分析时，可以发现很多管理者的分析方式都存在一定的误区，这些误区主要体现在如下几个方面。

（1）缺乏高级管理者的支持

在部分企业中，职位分析失败是由于企业高层领导人员对职位分析工作没有做到完全的支持。企业高层管理人员的支持是职位分析有效开展的关键。如果缺乏高级管理人员的支持，任职者就不会对职位分析的事宜给予足够的重视，甚至是敷衍了事；如果企业高级管理人员重视职位分析的作用及价值，那么任职者在进行职位分析时也会更加重视。

（2）数据收集手段过于单一

在进行职位评价的实际操作中，很多人力资源管理人员只选择其中的一种方法进行数据的收集，但是实际上，只利用一种方式进行数据采集很容易造成收集的结果有失真实。因为需要针对不同的职位、不同岗位上的员工采取不同的方式进行信息收集，同时应该辅助其他方式，确保信息准确。

（3）职位分析过程的设计缺乏参与度

这里所说的参与度实际上就是指，在进行职位分析过程的设计时，人力资源管理部门没有邀请主管人员以及工作岗位的实际承担者参与其中。如果岗位上的任职者参与度不高，任职者的上级管理人员也没有参与，那么在进行职位分析时就缺乏准确性，分析获得的结果也不会使人满意。因此，在进行职位分析的过程中，需要职位上的工作承担者以及上级管理人员实际地参与其中。

（4）混淆了"人"与"岗"的区别

在做职位分析时，很多人力资源管理人员将任职者的工作能力与职位的相关要求相混淆。这样就会出现这样的情况：某个岗位的任职者能力不足，相关经验缺乏，学历及文化水平也比较低，因此就会得出对这个岗位的要求很低这样的结论，但实际上是不能够根据一个人的实际能力来定位一个岗位实际需要的工作能力的。

（5）对岗位员工没有进行系统地培训

在进行职位分析之前，对工作者的培训与激励是必需的。在进行培训的过程中，需要使员工明确对自己所在岗位分析的目的和意义，职位分析与能力的评价是没有关系的，这样就避免了员工为了自身的利益而隐瞒工作的真实情况。

（6）职位分析过程的时间不足

很多企业存在这样的误区，就是当自身的薪酬管理出现了问题之后才考虑改革，才考虑进行职位分析。但是薪酬改革迫在眉睫，这就导致了薪酬管理人员在进行职位分析时是比较仓促的，甚至前期的准备工作都没有做好，就盲目进行分析。给予分析者与被分析者的时间都很少。这样做不仅草率，而且会浪费人力资源的管理时间。

5.1.5 职位分析常见问题解析

在职位分析的过程中，依照不同的企业以及不同的经营策略，分析方法及分析过程常会出现一些问题。针对产生的问题，可以采取相应的办法进行解决。

（1）职位名称混乱

在进行职位分析时，比较常见的一个问题就是职位名称出现混乱。职位名称混乱有很多种表现形式，常见的有以下几种。

职位名称过于笼统，不能体现职位的具体工作内容。例如有的企业把员工全部统一命名为专员，无论从事什么样的工作，都统一称为专员。这样当听到职位命名的时候就没有办法判断这个职位究竟是做人力资源的、做采购的还是做财会的。这样的名称不能体现该职位工作内容的大体类别。

职位名称的命名标准不统一。这种情况是比较普遍也比较容易理解的。比较常见的是部门负责人的叫法，有的叫部长，有的叫经理。

还有一种就是将职位名称与职称的概念相混淆，造成了职位名称混乱。职位名称是与薪酬相关的概念，不是职称。职称是指对一个人的业务能力所达到水平的评价，例如，助理工程师、工程师及高级工程师。职位名称是每一个员工都具有的，但是职称并不是人人都有的，如果一个职位名称对应多个职级，就容易造成管理上的混乱。因此，通常情况下都是一个职位名称对应一个职位级别。企业需要通过职位价值评估，对所有职位名称进行重新排列，从而形成较为规范的职位价值表。

（2）解决职位名称混乱的问题

在解决职位名称混乱时，可以运用以下几种方法。

确定职位名称命名原则。可以选择与国际上的命名惯例接轨的办法，遵循国际化原则；也可以选择标准化原则，就是要做到对职位命名时选择同一个标准、形成统一风格。

遵循规范化原则，这就要求人力资源管理部门建立职位命名称谓的统一规范。

前瞻性原则，这就要求人力资源管理部门充分考虑企业的未来发展，为企业中潜在的更高级的职位预留空间。

在职位命名方面，国际上已经形成了几种不同的命名标准和命名习惯。我国企业在为员工进行职位命名时，常是在参考国际命名的基础上，尊重行业内部的习惯。具体命名方法如表5-2所示。

表5-2　国际职位命名法

国际	日韩	中国台湾	中国香港	中国国企
首席执行官	会长	董事长	总裁	总经理/厂长
总裁/总经理	社长/副社长	总裁	副总裁	副总经理 副厂师 三总师
副总裁/COO/总监 总裁/总经理	专务取缔役	执行长	总监	处长/副处长 部长 主任
部门经理	常委取缔役	总经理	助理总监	科长/副科长
高级经理	总经理	协理	高级经理	科员
经理	副总经理	副总经理	经理	
主管	部长/副部长	经理/副经理	助理经理	
员工	科长/副科长	襄理/副襄理	主任	
	组长/副组长 系长/系长补 主任/主任代理	主任/副主任	专员	
	班长/线长/担当	科长/副科长	员工	
	作业员	专员/副专员		
		组长/副组长		
		普通员工		

　　国际上较为成熟的职位名称，按照职级高低有：首席执行官、总裁/总经理、副总裁/COO/总监总裁/总经理、部门经理、高级经理、经理、主管、员工。这种命名方式已经成为国际上主流命名方法的参考方式，除了欧美企业以外，被大多数跨国企业使用，在中国也被很多企业沿用。

日韩企业的职位名称主要有：会长、社长/副社长、专务取缔役、常委取缔役、总经理、副总经理、部长/副部长、科长/副科长、组长/副组长、系长/系长补、主任/主任代理、班长/线长/担当、作业员。由于日本文化与中国文化接近，日本多采用汉字形译的方式，在中国这种命名方式仅存在于日韩企业中。这种命名方式比较注重等级、年幼顺序以及传统的终身雇佣文化，因此层级比较多。一些跨国的日韩企业的职位命名方式已经逐渐与欧美职业命名惯例相接轨。

中国台湾企业的职位名称主要有：董事长、总裁、执行长、总经理、协理、副总经理、经理/副经理、襄理/副襄理、主任/副主任、科长/副科长、专员/副专员、组长/副组长、普通员工。中国台湾企业的职级名称命名方式主要受到了日资企业的影响。

中国国有企业的职位名称主要有：总经理/厂长、副总经理/副厂师/三总师、处长/副处长、科长/副科长、科员。大部分国有企业保持了传统的与政府部门相类似的行政级别方式，在命名上沿用了政府部门采用的方式。随着市场环境的变化，这种命名方式已经随着企业的改制正逐渐被淘汰。

中国香港企业的职位名称主要有：总裁、副总裁、总监、助理总监、高级经理、经理、助理经理、主任、专员、员工。中国香港企业主要是借鉴了欧美企业的命名标准，虽然有所不同，但是已经逐渐形成自身统一的、相对规范的形式。

（3）职位职责不清晰

人力资源管理部门在对职责进行描述的时候，如果过于笼统，就会造成混乱，例如，出现一些较为模糊的词语，比如"负责""搞好"。这样的说明往往会使员工感到混乱，究竟"搞好"到一种什么样的程度，这条职责的目的又是什么以及企业想要员工在工作中达到一种什么样的工作效果，都是不清楚的。

针对上述问题，应该采取较为规范的方式书写职位职责。在对工作职责进行描述的过程中，可以将叙述内容分为三个部分，首先需要明确工作范围内员工应该完成的行为，采用制定、组织、建议、检查、确保、监督等词语；其次还要明确工作完成后所要达到的目的，也就是工作本身应该达到的程度；最后也就是员工在完成工作任务后应该产生怎样的效果。

（4）职责出现重叠

职责出现重叠的情况是指岗位与岗位之间的职责范围有重叠的部分。主要表现有两种。其一是不同部门之间出现某些岗位职责重叠的现象。例如行政部的行政专员有采购办公用品的职责，而采购部的采购专员也有采购办公用品的职责，这样就造成了职责浪费。其二就是在同一个部门之间出现岗位职责的重叠，比如人力资源部门的招聘专员具有发布招聘信息的职责，但是同时人事专员也具有发布招聘信息的职责。

无论是哪一种职责的重叠，都会造成员工之间的职责混乱，有时甚至会造成员工之间推诿、拖延工作的现象，因此在职位管理的过程中，应该避免发生这种情况。

在出现职责重叠现象时，可以采用一些对策进行解决。这就需要在做部门职责梳理时明确部门之间的具体职责，注意部门之间的职责是否有重叠的部分，要确保部门职责不相重叠。在对部门职责进行分解时，也要注意某些职责的设定不能够超过部门职责规定的范围，这样就可以确保不同部门之间的职责不重叠。

当出现部门之间职责重叠的情况时，解决的办法就是按照《部门职责分配表》，将部门的职责分配给员工。

（5）职责出现空白地带

在人力资源管理的过程中，还会有职责出现空白地带的情况发生。职责出现空白地带主要是指有些职责应该由某个岗位承担，但是没有在职责中体现。出现职责空白主要有两个原因，一方面是由于部门职责中没有做出描述，导致岗位职责在分解的过程中也没有体现；另一方面是由于部门职责中已做出描述，但是在岗位分解的过程中被忽略了，因此没有分配到具体的岗位上。

在职责出现空白地带的情况下，首先要检查部门职责，审核部门职责是否有疏漏的地方。其次在确保部门职责没有疏漏之后，再对部门的岗位职责进行检查，看部门的每一条职责在岗位中是否有所体现，如果发现有部门职责没有在岗位中体现，就应该及时对岗位职责进行补充，避免职责空白地带的出现。

5.1.6　职位序列划分

职位序列的划分是企业薪酬设计的基础和前提。

职位序列划分主要具有以下四个目的。

便于对企业中职位进行分类管理。当企业中的职位较多时，为了方便管理，需要根据不同类别的岗位进行分类。

优化选择人才的标准，便于人才能力素质模型的建立。不同类型的岗位对能力素质的要求是不同的，对员工的实际要求也是不同的，将不同序列的岗位区分开，能够优化选择人才的标准，不仅能够使企业选择到更适合此岗位的优秀人才，也便于员工在从事岗位工作时充分发挥自己的能力。

建立更具有针对性的激励模式。不同岗位对激励的需求不同，例如销售岗位上的人员、管理层面的人员与知识技术岗位上的人员的职位特点不同，因此对激励的诉求也不一样。

具有区别性的薪酬设计管理，可以确保薪酬的外部竞争性和内部公平性。企业会根据不同岗位对企业实际发展战略所做出的贡献程度的不同进行薪酬方面的设计，会适当采取薪酬倾斜式的设计。对需要重点激励的具有竞争性的岗位，企业会选择更为有效的长效激励方式。

在进行职位序列划分时需要注意以下原则，如图5-3所示。

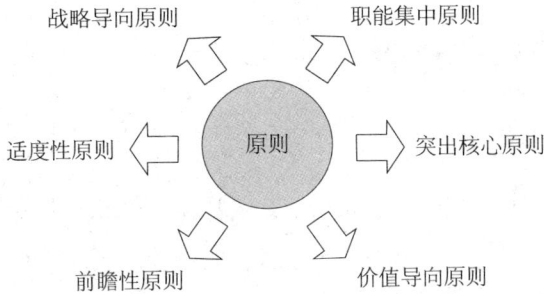

図5-3 职位序列划分原则

战略导向原则，是指在进行职位序列划分时，建立的由上级管理部门进行指导，员工的潜力得到有效发挥以及给予员工充分的发展通道的一种战略方式。战略导向原则有利于员工在企业中获得较为理想的发展，从而使员工产生对企业的归属感。

职能集中原则，是指在进行职位序列划分时，需要根据员工所处职位的工作性质和承担职能的不同，进行职位序列划分。

价值导向原则，就是需要确保相同职位序列内的员工在职业发展上具有共同的价值导向的原则。

突出核心原则，是通过职位序列划分的方式，确保企业核心价值链上的职位在管理模式、职业发展、激励和薪酬政策上得到优先发展的原则。

前瞻性原则，是指在进行职位序列划分的过程中，要将眼光放得更为长远，要能够根据企业未来的发展，为人才的引进和内部系统的升级预留足够的空间，以便使企业在市场中具有足够的竞争优势。

适度性原则，是指在进行职位序列划分的过程中，管理部门既需要满足分类管理的需要，又要避免由序列划分过于细致带来管理成本上升的情况。

5.2 职位价值评估

职位价值评估就是根据职位所需要的技能、职责的大小、决策的影响力、工作的难易程度以及重要性等因素对职位进行综合评价的过程，也是确定职位在组织内相对重要性并进行评估、排序的过程。

5.2.1 行政级别与职位价值的区别

在传统的薪酬管理制度上，大多数国有企业采取的就是以行政级别为基准的薪酬管理制度，而且薪酬级别的设计也是依据行政级别而定的。以行政级别为划分依据的薪酬管理制度与以职位价值为主划分的薪酬管理制度有较为明显的区别。

以行政级别为主的薪酬管理制度主要是指企业在制定薪酬管理制度时，主张同一行政级别的员工，无论所处的职位如何，默认其薪酬水平都是相同的。

而以职位价值为主的薪酬管理制度强调的则是虽然在同一级别，但是由于不同岗位对公司价值贡献的大小不同，因此薪酬的支付标准也有所不同。

在企业进行薪酬管理的过程中，职位价值评估要真实反映出企业中职位价值的大小。

5.2.2 进行职位价值评估的优势

职位价值评估对企业的人力资源管理部分起到了不可忽视的作用，这些作用主要体现在以下几个方面。

职位价值评估不仅是员工进入职级系统时的重要依据，也是建立市场化的、与绩效挂钩的薪酬制度的基础。

职位价值评估是科学、公平、公正的评价职位的价值，是合理、有效和优化安排以及发挥岗位员工作用的有力工具。

职位价值评估是绝大多数企业人力资源部门认为最科学、公平、公正的界定企业员工职级水平的重要依据。

职位价值评估是发达国家中大多数企业进行薪酬管理制度体系设计时普遍采用的一种方式。

5.2.3　职位价值评估常见方法

进行职位价值评估需要遵循一定的方式和方法，常见的方法有岗位排序法、岗位分类法、因素比较法、点数法等。其中岗位排序法以及岗位分类法是定性的评估方式，而因素比较法与点数法则是定量的评估方式。具体的操作方法如下。

（1）岗位排序法

岗位排序法是根据各种岗位的相对价值或者它们对组织的相对贡献由高到低进行排列的职位价值评估方法。

首先，需要选择工作评价者和需要评价的具体工作岗位；其次，根据调查形成工作岗位说明书；最后，根据工作岗位说明进行职位评价排序。

这种方法的优点主要在于操作简单、容易实行、耗用的时间与资源较少。由于这种方法是根据职位的"总体情况"而不是根据一系列细节的评价因素而排列的，因而岗位说明书在岗位排序法中并不像其他方法一样重要。

而岗位排序法也存在一定的弊端，这种方法只能够得出职位的高低顺序，但是对两个相邻职位之间的实际差距的大小是很难判断的，因此这种方法在使用的过程中就显得过于主观、精确程度不够、缺少说服力。

这种方法主要适用于规模较小的企业，因为规模较小的企业往往缺少时间与精力去开发或采用比较复杂的但是又相对精确的体系。

（2）岗位分类法

岗位分类法是将各种岗位与事先设定的一个标准进行比较，最后确定岗位的相对价值。首先需要明确企业中所有岗位类别的数目，其次对各岗位中类别的各个级别进行定义，最后将被评价的工作岗位与之前设定的标准进行比较，将这些岗位定位在相应的岗位类别中的合适的级别上。

这种方法的优势在于能够在运行的过程中，对岗位级别下具体的定义。但这种方法不能完全地将职位评估的结果进行量化，对级别的定义也会比较主观。

这种方法同样比较适用于规模较小的企业，在小企业的环境下，管理者对岗位是十分熟悉的，有利于岗位分类法的实际应用。

（3）因素比较法

因素比较法是岗位评价方法中的一种具有量化功能的方法，实际上也是对岗位排序法的一种改进方法。这种方法与岗位排序法的主要区别是：岗位排序法是从整体的角度对岗位进行比较和排序；而因素比较法则是选择多种报酬因素，如工作责任、工作强度、任职要求、工作环境等方面，并按照各种因素分别进行排序。

这种方法在1926年由高速交通股份公司的E·J·本奇和他的助手们最先提出，他们在试图完善评分法时创立了因素比较法的最初形式。由此看来，因素比较法仍然体现着评分法的一些原则，但是两者之间又会存在一定的差异，主要区别在于因素的分配形式和工作等级转换成薪酬结构的方法不同。其实在操作中可以发现，这种方法实际上是将岗位排列法与岗位评分法相结合的一种新的模式。

因素比较法是不需要关注具体岗位的岗位职责和任职资格的，它是将所有岗位的内容抽象成若干个要素。根据每个岗位对这些要素的要求不同，而得出岗位价值。比较科学的做法是将岗位内容抽象成下述五种因素：智力、技能、体力、责任及工作条件。

评估小组将各因素区分成多个不同的等级，然后再根据岗位的内容将不同因素和不同的等级对应起来，等级数值的总和就为该岗位的岗位价值。

首先，需要选择标准岗位，这些岗位能表现出工作岗位的等级，并充分显示每一因素重要程度的不同等级；同时在确定的范围内能够准确地给予定义。

其次，需要选择企业中普遍存在的岗位因素作为标准化比较基准。之后将标准岗位按照选定的因素进行排列，在这里需要将所选定的因素按相对重要程度依次排列，然后依据排列顺序制定标准工作分级表。排列工作由评定小组的每一个成员分别进行分级，然后将分级结果提交给评定小组做综合分析。

最后，在对标准岗位进行排列之后，因素比较法会直接对每一个岗位确定薪酬，即根据每个因素在该工作中的重要程度，按一定比例确定其相应的薪酬，并据此对工作重新进行排列。对企业中尚未进行评定的其他岗位，需要与现有已进行评价的标准岗位进行对比，如果因素相近，就按照相近的条件进行薪酬计算，累计得到的就是该岗位应有的薪酬水平。

该方法主要具有以下优点。

评价结果较为公正。因素比较法是把各种不同工作岗位中的相同因素进行相互比较，然后再将各种因素的薪酬进行累计计算，这样就避免了管理人员在进行评价时加入更多的主观因素。

消耗时间少。用因素比较法进行评定时，所选定的影响因素是固定的，从而避免了重复性工作，简化了评价工作的内容，缩短了评价时间。

减少了管理人员的工作量，提高了工作效率。因素比较法是先确定标准岗位的系列等级，然后以此为基础，分别对其他各类岗位进行评定，从而使工作量变少。

但是因素比较法也存在一定的缺点，在计算各影响因素的相对价值在总价值中所占的百分比时，是完全由评价比较人员凭借经验和感觉进行直接判断的，这样就会影响评定的精确度；操作起来相对比较复杂，而且很难对员工进行解释，尤其是给因素标准确定价格的时候很难说明理由；这种方法的精确程度虽不是很高，但对一般规模不大的企业来说，是很有效的，因此它主要适用于中等规模以上的企业。

（4）点数法

点数法也称评分法或者因素评分法，是指对职位的各要素进行打分，用分数评估职位的相对价值，并按照各个标准对岗位的重要程度给予相应的重视程度，是目前大多数国家最常用的方法。

这种方法首先需要在准备阶段预先选定若干因素，并估算出一定的价值用以表示某一因素。其次按事先规定的衡量标准，对现有岗位的每个因素逐一评比、估价、求得分值，进行因素值叠加累计计算。最后得到各个岗位的总分值，以此确定薪酬。

在实施过程中，首先需要选择岗位的影响因素。因为确定岗位的影响因素是进行点数法的基础。需要注意的是，所选择的因素必须具有大多数工作人员和管理人员公认的特征，并能对工作之间的重要程度进行区分。

一般情况下，企业不同，其选择的因素也不尽相同，可将选择因素归纳为五大类，即劳动责任、劳动技能、劳动强度、劳动环境和劳动心理。在确立五大因素后，要根据实际需要，再进行因素细分。因素数量的多少应根据需要决定，但是因素的选择不宜过多，如果选择大量的因素进行评价，就会给评估的过程带来很大的难度，也较为浪费时间。

在进行因素选择后就需要选择评级标准，并进行定义，也就是因素定义。如果在一个方案中，使用的因素比较多，但是又没有将这些因素划归为总因素，就有可能出现因素之间的交叉，有时还会产生一定的矛盾。在这一情况发生时，需要明确所有因素的准确定义。对于抽象因素，如独立工作能力和劳动条件，更需要明确解释，当对所有的标准定义准确后，就可以解决因素交叉的问题。

确定各种评价因素标准的重要性。因素定义都是根据岗位的性质和特征进行的。例如，技能是指岗位必须具备的能力和应掌握的知识，包括教育、经验、主动性、创造性。在确定岗位评价的主要因素及因素的定义之后，为了提高评定的准确度，还应对各评定因素区分出不同级别，并赋予一定的分值。

确定分值等级是一个比较重要的过程，如果对等级的确定不合理，就会影响对岗位相对价值的评价。对因素重要程度的评估是没有科学或现成的方法的，主要依靠主观判断。

一般需要从实际效果出发，并且因素重要程度的变化取决于该企业的工作情况、目的和人事政策的变动。因素权重是按照重要程度将因素进行排列，用百分比确定每一因素的重要程度。也可以将几种不同的权重方案在标准工作上进行试验比较，逐步确立因素之间的相对重要程度。

点数法的优点主要体现在具有较强的公平性和准确性；它的缺点就是实施的过程比较复杂，周期较长，所消耗的人力、财力都是比较大的。点数法主要适用于一些规模比较大的企业。

对上述方法进行比较，结果如表5-3所示。

表5-3 职位价值评估常见方法对比表

方法	优点	缺点	适用
岗位排序法	操作简单	不精确	规模较小企业
岗位分类法	对岗位级别下定义	主观	规模较小企业
因素比较法	公正、耗时少	操作复杂	规模中等以上企业
点数法	公平、准确	复杂、周期长	规模较大企业

5.2.4 实施职位评估

职位评估的实施也需要按照一定的流程进行，在每一个环节开始时都需要注意与上一个环节的紧密结合。在前面提到的几种职位评估方法中，点数法比较准确、公平，也比较容易为员工所接受。

下面是以点数法为例，介绍实施职位评估的具体流程以及操作方法，流程如图5-4所示。

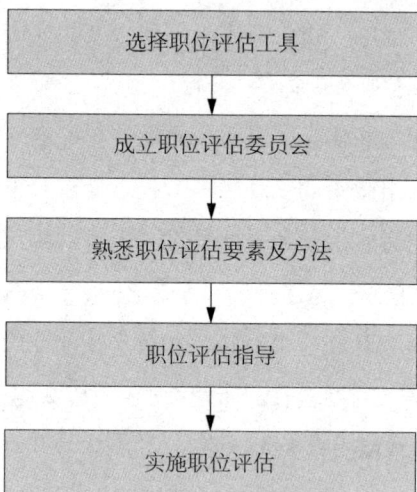

```
┌─────────────────────────┐
│      选择职位评估工具        │
└─────────────────────────┘
            │
            ▼
┌─────────────────────────┐
│      成立职位评估委员会        │
└─────────────────────────┘
            │
            ▼
┌─────────────────────────┐
│     熟悉职位评估要素及方法       │
└─────────────────────────┘
            │
            ▼
┌─────────────────────────┐
│       职位评估指导          │
└─────────────────────────┘
            │
            ▼
┌─────────────────────────┐
│       实施职位评估          │
└─────────────────────────┘
```

图5-4　职位评估流程图

（1）选择职位评估工具

职位评估是一个需要进行测量、计算的过程，因此在进行职位评估之前需要对工具进行选择。职位评估的方法主要有定性和定量两种，通常情况下，定量的职位评估方法是比较常见的，而且在定量评估方法中，点数法的准确性相对而言比较高。使用点数法的职位评估工具有很多种，国际上通用的职位评价工具主要有美世的IPE、合易的HAY职位评估。在国内，很多的咨询公司都具有自己的职位评估工具，例如太和顾问、正略钧策等。

企业在选择评估工具的时候，可以将几种常见的工具进行对比，再根据企业本身的实际情况设计符合企业经营战略的个性化的职位评价工具。

（2）成立职位评估委员会

在实施职位评估的过程中，企业需要成立相应的职位评估委员会。首先需要确定评估委员会成员的职责、任职资格以及具体的组成人员。评估委员会的主要职责是对职位评价工具进行审核，熟悉职位评价工具的具体使用方法，了解评估工具各个要素及分级量表的描述。其次，还要能够推进职位评估的实施，对职位评估过程中出现的相关问题进行商议。最后，在职位评估结束后，还要审核职位评估的最终结果。

职位评估委员会成员是否具有任职资格，主要考察其是否熟悉公司的业务运作流程，是否了解公司中各个岗位的具体工作职责和任职要求。所以，一般情况下，职位评估委员会的组成人员是企业中的高级管理人员和优秀的员工代表。

评估委员会需要审定基准职位的任职说明书，明确该岗位的相关职责以及任职要求；收集整理与职位评估相关的资料，以此作为评估操作的指引。

（3）熟悉职位评估要素及方法

职位评估委员会要在评估之前对职位评估的每一个要素的定义进行详细的解读，熟悉对具体等级的相关描述；熟练掌握职位评估的方法以及操作要点；明确职位评估流程中的相关步骤；明确在每个环节运转的过程中需要把握哪些关键点以及需要注意的事项。

（4）职位评估指导

在职位评估的过程中，一般需要注意两点。第一，职位评估的对象是相应的岗位，并不是员工；简单来说就是评岗不评人，要能够将岗位的工作职责与员工处在职位上进行的具体劳动内容相分开。第二，进行职位评估时，应该按照职能、层级顺序依次进行。也就是说，在对某一个部门的全部岗位进行评估时，可以从部门的最高领导岗位开始，其下面的岗位则可以根据内部实际的汇报关系进行依次评估。这样做是为了找到内部岗位评估的相应规律，从而提高岗位评估的效率。

评估模型测试，是在进行职位评估时需要对评估的模型进行相应的测试，并能够与评估结果进行对照，看是否能够较为真实地反映职位价值之间的差异性。在这个过程中如果觉得评估模型不能真实反映职位价值的结果，则可以重新对职位评估工具的相关因素、权重进行相应的调整，直到评估模型测试达到相应的要求。

在评估测试的过程中，要对发现的问题进行及时的调整，如果对某个因素的描述不够清晰，或者某个因素在评价的过程中，对其相关因素的设置过于看重，那么都需要进行及时、合理的调整，以免在后面进行具体薪酬设定的过程中发生矛盾。

（5）实施职位评估

实施职位评估的过程中需要挑选基准职位作为评价的标准。一般情况下，中层岗位需要选择基准职位的80%，基础性岗位需要选择基准职位的40%，要能够确保在各个层次中都有基准职位。评估的过程中还需要注意，评估是针对某一个岗位展开的，不是根据员工或者实际的工作内容展开的。在进行职位评估的过程中，在将评估结果汇总给评估委员会后，如果对评估结果具有较大的争议或者出现较大的差异，那么就需要进行讨论。一般情况下，针对同一个岗位，如果不同的评估者评估的差异在一到两个级别之间，一般就是比较正常的；但是如果差异达到了三级，那么就可能是评估者在评估的过程中对职位定位的理解出现了偏差，或者对评估标准的理解出现了差异。这就需要评估者能够重新进行谈论，从而获得较为准确的结论。

5.2.5　职位二次评估

在进行职位评估之后，有时评估的结果并不是最终采用的结果，因为企业中有一些特殊岗位是难以通过普通的职位价值评估进行评价的，这样就需要进行二次评估才能够得出真实的职位等级结果。

需要进行二次评估的岗位主要是任职者比较多的岗位，这些岗位通常是某一个团队或者是分支结构的负责人，而类似的分支机构又有很多，其管理范围、经营收益等情况都具有差别，因此有时通过职位价值评估工具是没有办法区分这些细节的。

5.3　薪酬调查

随着社会经济结构的改变，市场环境也不断发生变化，中国人口红利逐渐消失，人才变成了人力资源市场上的稀缺资源，人才的竞争也变得更为激烈。企业为了争夺人才必然会开出具有市场竞争力的薪酬，一些问题也随之发生，那就是企业究竟应该如何设定员工所处岗位上的薪酬才能在人才市场上获得竞争优势。因此企业开展薪酬调查就显得非常有必要。

5.3.1　薪酬调查的目的和意义

进行薪酬调查主要是为了获得竞争对手的薪酬信息，同时也涵盖其他的目的，具体体现在如下几个方面。

为企业调整员工的薪酬水平提供重要依据，在这里不得不提到的是，企业每到年底、年初都要对员工的薪酬标准进行调整，但是这种调整往往依据的是人力资源管理部门的主观意识。这种做法主观性强，很难体现出对员工的公平性原则。因此薪酬的调整需要市场上的薪酬数据进行支撑，这样不仅可以使员工明确市场上的薪酬水平是什么样的情况，也有利于企业在支付员工薪酬时有一个参照标准。

进行薪酬调查，也是为企业调整员工的薪酬制度奠定基础。薪酬制度是企业薪酬调整的依据，只有弄清楚市场薪酬的规律，企业的薪酬制度才能做到在合理的范围内进行上下浮动；也只有进行薪酬调查，才能明确薪酬调整的幅度、薪酬调整的频率以及薪酬调整的具体标准。

薪酬调查还有利于企业及时掌握薪酬在市场范围内的新局势。通过薪酬调查可以发现，哪些岗位在哪一个时期薪酬标准是比较高的，也会明确在未来的发展阶段上，又会有哪一个岗位更加升值。在了解了这些情况后，企业就会在人力资源管理方面采取相应的应对措施。

薪酬调查还有利于控制劳动成本，增强企业的实际竞争力。通过对薪酬进行调查，能够针对不同类型的员工采取不同的薪酬策略：对企业的核心人才需要采取具有竞争力的薪酬设置；对非核心人才，可以采取跟随或者滞后的薪酬策略。如果企业没有进行薪酬调查，那么很有可能会对一些非核心的岗位给予较高的薪酬，这种情况实际上是对劳动力成本的一种浪费。企业为了保持竞争实力，其实应该将劳动力成本倾斜于一些具有核心竞争力的岗位。

5.3.2　薪酬调查的流程

在薪酬调查的开始阶段，首先应该确定期望调查的目标企业。在一般情况下，薪酬调查所涉及的企业主要有以下几类。

（1）同行业中同类型的其他企业

同行业中同类型的企业是企业在进行薪酬调查时首先应该考虑的对象，这样能够便于企业直接获取同行业同类型企业的薪酬数据。举例来说，做房地产方面的企业，想要招聘一名财务经理，那就需要调查房地产企业中财务经理的具体薪酬数据。

（2）其他行业中有类似岗位或者工作的企业

有些岗位不仅在同行业中存在，在其他的行业中也存在，那么这一类型的岗位的薪酬数据也是十分重要的。比如某个做房地产方面的企业想要招聘一名财务经理，那么不仅要对房地产行业的财务经理的薪酬水平进行调查，也需要调查其他行业中财务经理的薪酬水平。

（3）与本企业聘用同类人，构成人力资源竞争的企业

这类企业主要是指一些岗位既可以被划入这个行业，同时也可以被划分为另外一个行业的企业。那么对从事这一岗位的人员来说，薪酬的高低就是其选择的重要因素。因此企业必须同时了解这类企业的薪酬数据，只有这样才能为吸引人才做准备。

（4）本地区在同一人力资源市场上招聘员工的企业

本地区的企业也是需要调查的对象，因为在同一个地区范围内，不同企业的薪酬水平会互相影响。例如，在这个地区范围内，其他企业给予员工的薪酬是每月2 500元，但是本企业给予员工的薪酬为2 000元，那就失去了相应的竞争力。在这种情况下，企业就必须改变竞争策略，以应对市场环境的整体趋势。

（5）经营策略、信誉、薪酬水平和工作环境在一般水平上的企业

这类企业之所以要纳入调查的范围中，是因为这类企业的经营范围比较广，因此薪酬水平会对整个市场的薪酬水平造成一定的影响。

对企业来说，适当选取上述案例企业的薪酬水平作为调查对象是比较合理的。但是如果调查成本比较高，则尽量选取本企业比较关注的企业进行调查即可。

在选取了需要调查的企业之后就需要考虑对调查岗位的确定。一般来说如果选好了需要调查的企业类型，那么需要调查的岗位也就基本上形成了。经济条件较好的企业在实施薪酬调查之前可以将企业中所有的基准岗位都进行一遍调查。经济条件较为一般的企业，可以只调查核心的岗位。但是，如果企业进行市场薪酬调查的目的主要是对核心人才进行激励，那么对普通员工与职位的关注度可能是比较低的。

在确定了需要调查的岗位后，就要进行职位匹配。这是因为企业的职位与调查的职位尽管名称相同，但是有可能从事的工作内容是不同的。这

个时候就需要企业在调查的过程中做职位匹配，确保进行调查中的职位与市场上通用的职位及职责是相符合的，这样产生的薪酬数据才是较为真实而准确的。

上述流程的具体步骤如图5-5所示。

一般来说进行薪酬调查主要有以下几个方面。

| 1.确定要调查的企业 | → | 2.确定要调查的岗位 | → | 3.职位匹配 | → | 4.确定薪酬调查方式 | → | 5.数据处理 |

图5-5　薪酬调查流程图

企业之间的相互调查主要是通过人力资源管理部门间的交流，在建立了某种联系之后，组织各个企业的人力资源交流会，共享各个企业的薪酬数据。这样的形式能够有效地节约成本。企业在进行薪酬调查时还可以将调查委托给专业的薪酬公司，这种方式对企业的成本支出要求是比较高的。此外，企业还能进行公开信息的调查。公开信息主要是指政府、社会、学会公开提供的一些信息以及媒体方面公开的信息。但是这些信息由于来源较为分散，因此信息的针对性往往不强，而且信息较为零星、片面，在浪费人力、财力的同时可能不会对调查起到很大的作用。另外，可以通过应聘者进行调查，在与应聘者进行面试交流时，可以记录应聘者过往的薪酬。当信息形成一定的量时，就能够进行系统的分析。这种方式的局限性就在于应聘者提供的信息的真实性是没有办法确定的。此外，还有一种常见的方法就是问卷调查法，这种方法主要适用于对大量、复杂的岗位进行调查，问卷调查所占的比例在25%左右。一般情况下，调查问卷主要包括企业的基本信息与员工薪酬的详细信息两个方面。

上述方法在实际操作中各有利弊，企业需要根据自身实际情况进行选择。

5.4 薪酬现状分析

企业的薪酬现状是否合理、薪酬体系是否具备激励性，是企业关注的焦点问题。下面从企业经营的角度分析薪酬现状是否合理。

5.4.1 从销售额利润的角度分析薪酬现状

企业可以通过近几年的销售额与利润率分析企业发展情况的走势，如果企业盈利状况良好，则可以适当让利员工，提高员工的待遇，增强企业的向心力与凝聚力。如果企业的营业额一直呈现上涨的趋势，但是员工的薪酬却没有发生变化，那么员工就会产生抵触情绪，使企业失去向心力和凝聚力。

在企业经营状况不断发生变化的时候，如果企业薪酬支付能力较强，但是薪酬成本没有上升，则说明企业在薪酬支付方面没有太多的投入，这样会使企业竞争力下降，尤其在以高科技为主要竞争力的企业，核心技术人才是企业的竞争关键，在薪酬支付方面也需要向高科技人才倾斜。

5.4.2 从组织效率角度分析薪酬现状

在企业的人均人工成本和人均销售收入都高于市场平均值的时候，才能够达到企业与员工效益共享、利益双赢的平衡局面。企业的营业额较好，员工获得更好的薪酬回报，这样的经营状况才能使企业的盈利局面保持在一种相对稳定的平衡状态。

5.4.3　从人事费用率的角度分析薪酬现状

人事费用率是指企业的人工成本占企业实际销售额的比例。这里所说的人工成本不仅包括薪酬成本，而且包括一些企业在人力资源管理过程中产生的人事成本，比如招聘费用、培训费用等。每个企业由于所处行业不同，因此产生的人事费用也是不相同的。同时，企业规模的大小也会影响人事费用率的变化。不同行业人事费用率对比结果如图5-6所示。

不同行业人事费用率

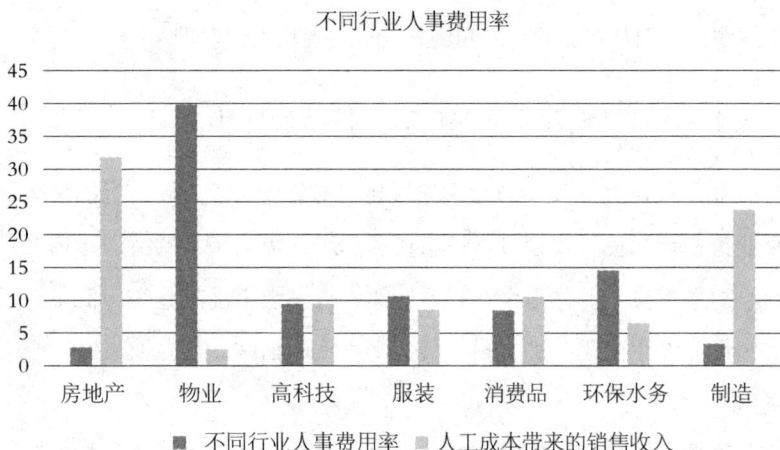

图5-6　不同行业人事费用率对比图

在进行人事费用率分析时，企业需要与市场上同类型的企业进行横向比较，如果该企业的人事费用率偏低，那么就是说企业在薪酬方面缺少吸引力；如果该企业的人事费用率在市场范围内达到了一个较高的水平，那就说明企业在整个大环境中，薪酬方面还是具有一定竞争力的。

5.4.4　从人员规模与营业额角度分析薪酬现状

在实际的市场调查分析中，一些企业员工结构不合理，也就是说人员的规模与营业额不相匹配。产生这种情况的企业往往是经营项目不稳定，在项目较多的情况下，企业需要较多的员工，但是项目较少时，企业又不能进行裁员，由此导致人均产出比较低。这样企业的薪酬水平普遍不高。人员过于冗杂也会对企业的薪酬支付形成一定的制约，导致企业在招聘的过程中，员工的上岗资格低于正常水平。

对这样的企业来说，更好的做法是裁撤多余的员工，在招聘员工方面选择一些能力较强的人员，在薪酬支付方面也适当提高薪酬水平，以此吸引更为优秀的人才，这样才能够使企业的整体水平不断提高。

5.4.5　薪酬内部公平性分析

企业薪酬设计方面的好坏，一个很重要的评判标准就是薪酬的结构体系是否可以体现薪酬的公平性。在一些薪酬水平普遍很高的企业，员工的离职率也同样比较高。实际上，一些员工在跳槽之后，薪酬不一定比原企业高，但是通过对员工离职原因的调查可以发现，员工普遍认为薪酬水平高，但是觉得很不公平，心里觉得不舒服。跳槽后虽然薪酬不如原来的高，但是薪酬给付公平，让人觉得开心。从这里可以看出，相对于单纯的薪酬水平高，员工更愿意选择薪酬结构具有内部公平的企业。因此，对薪酬内部公平性的分析也显得尤为重要。

薪酬的内部公平性主要体现在岗位价值的公平性、实际能力的内部公平性、绩效的内部公平性以及薪酬调整程序的公平性四个方面。

（1）不同岗位之间的差异

在薪酬设计的过程中，不同岗位对企业的贡献价值是需要有一个层次的体现的。因为员工在实际工作的过程中，会做一种隐形的比较。如果员工觉得自己所在岗位的价值比另外一个岗位的价值高，但是实际的薪酬水平却并不如另一个岗位的高，那么员工的内心就会觉得不公平。

这种情况在一些没有进行职位价值评估的企业中表现较为明显。员工有的时候在进行比较的过程中是比较盲目的，也常是比较主观的，因此在进行衡量时会产生一定的偏差。这种认知上的偏差，往往会使员工感到不公平。

例如人力资源经理与行政经理，虽然都是经理层级，但是由于具体工作内容不同，岗位职责不同，因此两者对企业的实际贡献是不同的。但是在一些制度较为传统的企业，按照层级划分薪酬，将两者的薪酬水平定位在同一个水平上。实际，人力资源经理的价值是比行政经理高的。相同层级都采用同样的薪酬水平，这就伤害了对企业贡献较大的员工。

想要解决这种不公平的现状，最好的办法就是在企业内部实行职位价值评估。对企业内已有的岗位进行统筹划分，对职位的具体等级进行比较和分析，使员工明确岗位之间的价值差别。以这种划分标准进行实际的薪酬体系设计，消除员工的不公平感。

（2）能力差异的体现

在企业中还会存在这样的问题，员工所处的岗位相同，但是工作能力的差异使得二者对企业的贡献不同，这时如果二者薪酬水平相同，那么必定会使其中一方产生不公平感。比如，在设计师这个岗位上的两名设计师，其中一名能力很强，能够帮公司解决一些疑难问题；另外一名的能力并不是很突出，只能承担一些难度不大的工作。在薪酬设计方面，由于两人都处在设计师的岗位，因此薪酬水平相同。在这样的情况下，能力较高的那名设计师就很有可能会选择跳槽到薪酬水平较高或者薪酬结构方面趋向公平的企业。

综上可以得出，企业在薪酬设计方面除了要考虑岗位之间的差异外，还要重视同岗位中不同员工之间的差异。采取相同的薪酬水平对能力较强的员工是不公平的。在进行薪酬体系设计管理时，企业应该在每一级薪酬的基础上分为不同的档次，根据员工能力的不同，进行薪酬的分档设计。

（3）绩效差异的体现

在企业中，做同一个工作的员工由于表现不同，其实际为企业创造的价值也是不同的。例如，在企业中，同样是在服务岗位，某个员工表现良好，就会得到客户的认可，面对客户的投诉也会尽力解决；而另外一个员工，由于解决问题的能力不如前一位强，因此就可能会造成客户的反复投诉，这样就影响了企业的信誉。但实际上，两位员工所获得的薪酬是一样的。这样会使表现较为优秀的员工产生不公平感，导致产生懈怠心理或者是选择到薪酬水平更为公平的企业就职。

企业在设计薪酬体系的过程中，需要考虑员工绩效表现的差异性，对绩效表现良好的员工给予薪酬倾斜。同时薪酬也要随着员工的层级浮动采取合理比例的分配，这样可以对员工产生激励作用。

（4）薪酬调整程序的公平性

企业在员工工作一段时间后就会对员工的薪酬进行调整。但在能力相同的情况下，薪酬调整幅度的不同会使员工产生不公平感。因此薪酬调整程序的设定，也需要体现企业薪酬的公平性。只有这样，才不会造成员工的不满。

5.4.6　解决内部公平性问题

企业想要在薪酬体系设计的过程中体现薪酬的公平性，需要做好以下工作，具体工作如图5-7所示。

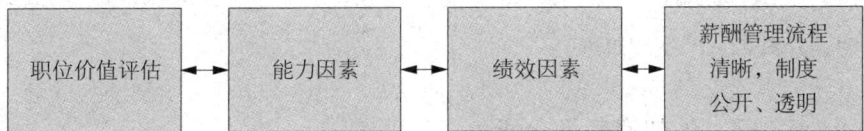

图5-7　薪酬体系设计公平性

（1）职位价值评估

企业在进行薪酬体系设计之前，需要确保各个岗位上的薪酬设计都是有依据的。运用职位价值评估的方式，可以避免企业对不同岗位的价值认识不清的问题。企业在进行职位价值评估时可以通过统一的标准进行评估，其评估标准也比较能够被员工接受，使员工在可理解的范围内认识不同岗位之间的差异。

（2）能力因素

在进行薪酬设计的过程中，员工的实际能力方面往往很容易被忽略。为了达到薪酬公平，企业可以在进行薪酬设计时，根据员工能力方面的差异设计不同的薪酬级别，从而鼓励员工不断提升自己的工作能力。

（3）绩效因素

除了对员工的基本薪酬进行设计外，还需要考虑员工在绩效方面的因素。这部分属于员工在基本薪酬之外的浮动性薪酬。对于绩效方面的设计，企业需要设置浮动范围。以此激励员工为企业创造更高的业绩。

（4）薪酬管理流程清晰，制度公开、透明

企业在薪酬制度设计完成之后，需要明确薪酬管理制度，从而使员工明确企业的薪酬管理原则、薪酬调整程序、薪酬给付依据。企业管理方面需要严格按照制度执行，使信息公开化、透明化，不能进行暗箱操作，避免造成员工的不满。

员工对薪酬制度的公平性只是一种心理上的感知，只有将这种感知转换为具体的制度后，员工才能够不盲目比较，也才会对企业制度形成认同感，并对企业产生归属感。

5.4.7　外部竞争性分析

企业希望薪酬能够对员工发挥较大的激励作用，因此在进行薪酬设计时，往往需要对市场上的薪酬水平进行较为全面的调查、了解，以确保自身的薪酬水平具有外部竞争力。企业在对整体薪酬状况进行分析时，需要明确整体的竞争状况，也需要分析自身偏离程度。

企业在对薪酬现状进行分析时，一般情况下都会注重内部与外部的公平性，将内、外部公平性分开进行分析，然后再将两者进行组合分析。

薪酬的外部偏离程度是员工的薪酬与市场上的薪酬水平偏离的程度。由于企业选取的对照标准不同，因而实际获得的外部偏离度也会不同。

企业需要根据自身的偏离程度进行薪酬体系的调整。

5.5　薪酬策略与水平设计

5.5.1　薪酬策略的影响因素

企业在进行薪酬设计之前，需要明确企业的薪酬策略，并以此作为薪酬设计的依据与准则。企业的薪酬策略能够反映企业在薪酬设计方面的总体定位，也决定了企业的薪酬设计在市场上的竞争力。

薪酬策略从广义上讲，主要包括三个方面的内容。第一，薪酬水平策略，是针对薪酬的对外竞争力而言的，企业在选择薪酬制度体系时，主要需要考虑自身要选择怎样的薪酬策略。主要的薪酬策略分为领先型策略、跟随型策略、滞后型策略及混合型策略。第二，薪酬激励策略，主要是针对不同的员工群体采取不同的激励方式。第三，薪酬结构策略，主要是指针对不同的员工类型采取不同的薪酬结构方式。薪酬结构较为固定、浮动程度比较低的是稳定型薪酬结构；而固定程度比较低、浮动性比较高的为高弹性薪酬结构。

5.5.2　薪酬策略类型

薪酬策略主要包括四种类型，有领先型策略、跟随型策略、滞后性策略以及混合型策略。

（1）领先型薪酬策略

这主要是根据市场高位水平确定本企业的薪酬定位的一种做法。采用这种薪酬策略的企业通常规模较大，产品在市场上的竞争者较少。因此投资回报率较高，薪酬成本在企业经营总成本中所占的比例是比较低的。

（2）跟随型薪酬策略

这种薪酬策略是根据市场的平均水平确定本企业的薪酬水平，企业实施这种薪酬策略是希望自己的薪酬成本和产品能够与竞争对手保持一致，从而不至于在产品市场上处于不利的地位，同时也希望自己能够有一定的吸引和保留员工的能力。

（3）滞后型薪酬策略

这种薪酬策略是根据市场上低位的薪酬水平进行本企业的薪酬水平设计。这种薪酬策略主要适用于规模较小的企业，这种企业往往处于竞争性产品市场，利润率较低，成本承受能力较弱。

（4）混合型薪酬策略

这种策略是指在确定薪酬水平时，根据职位的类型或者员工的类型分别制定薪酬水平策略，而不是企业中的所有员工都采取同样的薪酬策略。

对上述策略进行对比，结果如表5-4所示。

表5-4　薪酬策略类型对比表

薪酬策略类型	特点描述	适用范围
领先型	薪酬水平高 吸引和保留优秀人才 人工成本高	实力较强的企业 需要大量人才的企业
跟随型	薪酬水平根据竞争对手或市场水平确定 确保竞争力 对人才具有一定吸引和保留的能力	大多数企业
滞后型	市场低位水平 不利于人才吸引和保留	资金不充裕的企业
混合型	根据职位类型确定	不同员工策略不同 薪酬总额受限制

5.5.3　企业战略与薪酬策略

每一个企业都具有生存发展周期。在企业发展的不同阶段，薪酬策略也会有所不同。

（1）成长策略

企业在创始初期，往往需要投入大量的资金进行产品和服务方面的生产和销售。该阶段产品和服务质量一般是不稳定的，生产成本比较高，产品的知名度较低，市场的占有率也比较低。这个时候，企业的资金处于一种流动状态，有许多不确定因素，也会有一些难以预估的风险因素。企业的任何一种风险因素都会直接或者间接地转化为企业对投资增加的需求。

因此，在企业的初期成长阶段，薪酬设计方面往往具有以下的特点：首先在薪酬水平方面具有较强的外部竞争性，其次是减弱内部公平性。因为在这个阶段，企业的流动资金比较紧张，为了减轻企业的财务负担，薪酬策略方面应该降低刚性要求。在进行薪酬设计时，基本薪酬以及福利所占的比例需要低一些，绩效奖金方面所占比重需要高一些。最后，企业通常会向员工承诺，在企业逐渐起步之后，以股权、未来收益或者未来职位等长期激励方式代替当前的高薪酬模式。

（2）快速成长策略

企业在发展逐渐趋向稳定后，就慢慢进入了快速成长阶段。在这个阶段，企业产品的销售量急速增长，市场占有率逐渐提高，企业在市场上逐渐具有了知名度。在这种状态下，薪酬设计方面往往具有以下特点。在这个阶段，企业重视内部公平，也强调薪酬的外部竞争性。由于市场销售方面逐渐成熟，资金流动速度加快，企业可能会出现净资金流入的状况，因此企业的现金存量就会比较宽裕。这个时候，企业一方面开始提高基本薪酬水平，增加福利的发放；另一方面，企业正在积极扩张，鼓励员工为企业做贡献。个人绩效的发放在薪酬中所占的比重逐渐增加。为了吸引优秀人才的加入，企业还应该强调长期激励的重要性。

（3）稳定策略与集中策略

企业进入成熟稳定期之后，规模、产品的销售和利润、市场占有率等都达到了最佳的状态。企业的营销能力、生产能力以及研发能力都处于一个鼎盛时期，企业在社会上的知名度逐渐提高。相应的，企业的薪酬策略也要随之变化。在这一阶段，企业需要更加注重薪酬的内部公平，外部竞争性不需要着重强调。处在成熟稳定期的企业，现金存量最多，这个时候企业支付给员工的基本薪酬很高，福利的支配也是最多的，但是同时，企业必须强调组织效率和团队方面的协作，要特别重视能够体现团队贡献的薪酬。

（4）收缩策略与精简策略

在发展进入低谷期的时候，企业的市场销售额急剧下降，市场占有率以及利润都大幅度下跌。随之而来的是财务状况恶化，负债增加。与此同时，员工的离职率增加，员工不公平感加强。这种情况发生后，企业往往采取收缩战略，控制成本，逐渐剥离亏损业务，同时有计划地培养新的增长点，使企业经济逐渐好转。

在这个过程中，企业的薪酬策略往往呈现以下特点：着重强调外部竞争性，甚至会在企业内部进行裁员。因为企业在这一阶段极有可能会去开拓新的业务领域，也就需要招聘适合该领域发展的人才，所以薪酬必须具有较强的市场竞争性。这样做也是为了保留老员工，因为在这一阶段优秀员工的离职意向比较强烈，如果企业的薪酬不具有市场竞争性，那么是很难留住人才的。在薪酬构成方面，企业通常会采取收缩策略，因此强调个人绩效奖金和长期薪酬的意义并不大，较高的基本薪酬和较好的福利政策是比较明智的选择。

5.5.4　经营战略与薪酬策略

企业在对薪酬策略进行设计时，必须考虑与企业的实际经营策略相配合。企业的薪酬策略与经营策略类型需要具有高度的相容性。企业的经营战略在一般情况下表现为低成本战略、差异化战略以及专一化战略。不同的战略类型需要与不同的薪酬制度相匹配。

低成本战略是指，企业采用较大规模的生产方式，通过降低产品的平均生产成本获得利润。推行此种战略主要是需要实现管理费用最低化，并且严格控制研发、试验、服务和广告等活动。在低成本战略背景下，企业的薪酬制度需要突出以下特点。

首先，较低的薪酬，这里主要采取雇员规模替代模式。在总体薪酬支出水平确定的情况下，企业可以选择雇佣较少的但是效率较高的优秀人才，或者是选择雇佣较多但是效率比较低的员工完成既定的生产任务。企业的雇佣成本不仅包含薪酬水平，而且包含员工福利和社会保险等多个方面，因此追求成本较低的企业会采用较低的薪酬，会雇佣较少的高效员工，这样做有利于节约总雇佣成本。

其次，企业会建立基于成本的薪酬决定制度，可以在确保产品质量与数量的前提下形成总成本包干制，也可以在核定的基本成本水平的基础上形成成本降低奖励制度。

差异化战略是指，企业通过采用特定的技术和方法，使本企业的产品或者服务在质量、设计等各个方面都能达到一个在市场范围内较为突出的位置。这样就可以通过提高独特产品的价格，获得更高的单位利润。差异化战略取得的关键是企业具有新产品的开发能力以及技术创新能力。因此，培养成熟的项目开发团队，产品设计包装团队以及高效、高质量的服务团队是企业实施差异化的重要途径。在这样的背景下，采用团队薪酬制度，是与之较为匹配的。可以将完善工作用品补贴和额外津贴等作为薪酬设计的重点考虑内容。

专一化战略是指，企业经营较为单一的产品或者服务，或者将产品服务指向特定地理区域、特定顾客群的经营策略。专一化战略的实施以专业化技术为前提，要求企业在特定的技术领域保持持久领先的地位。为了突出技术力量的重要性，企业要吸引人才的加入，这就需要企业支付给技术人员超过市场水平的薪酬，以提高企业对技术型人才的吸引度，减少人员的流失带来的招聘费用、培训费用的流失。而且对优秀人才的激励需要实施长期、有效的激励方式。

5.5.5　企业薪酬策略的确定

每一个企业都会面临薪酬管理方面的问题，这与企业的规模大小无关。有效的薪酬管理能够激励个人或者团队，从而达到改善组织绩效的目的。企业在实际运行的过程中，总是会出现各种各样的薪酬问题以及薪酬成本不断增加，但是却没有留住优秀的人才的情况。这是由于企业在进行薪酬策略的设计时，没有从企业的整体战略上进行考量。

薪酬设计需要与公司的发展战略相统一。只有基于企业发展战略之上的薪酬战略才能从根本上解决薪酬管理方面所面临的问题。任何抛开薪酬策略谈薪酬的做法，都会使企业的发展战略与薪酬相脱离，导致薪酬无法实现落地化实施。

有些企业在进行薪酬设计的过程中只是简单地进行所谓的设计。很多企业都明确地向员工表示，薪酬方面向技术研发类人员倾斜、向一线业务人员倾斜，但是在实际操作的过程中，并没有给予技术研发类人员高于普通员工的薪酬。还有很多小型民营企业，不知道薪酬策略究竟是做什么的，也不能理解薪酬策略为何要与企业的经营策略相配合，在确定员工薪酬时，完全依靠谈判，因此小型民营企业的薪酬策略具有极强的主观性与不专业性。薪酬策略也不可能是完全一致的，要区分对待。尤其是在国有企业，员工的薪酬差距过小，这样会使员工觉得不公平。因此，在对薪酬进行设计的时候，必须将企业的薪酬策略与经营策略紧密结合起来，以免出现各种各样难以解决的问题。

5.6 薪酬结构设计

每个企业都有自己独特的薪酬结构体系，有的企业薪酬项目较多，有的企业薪酬项目较为单一。但是，无论薪酬项目是简单还是复杂，薪酬结构大体都可以分为四个部分，即基本薪酬、补贴、变动薪酬、福利。

薪酬结构设计是根据企业自身的特点，对已有的四个部分进行细化，使每个部分选择合适的薪酬项目。

5.6.1 薪酬结构各部分的内涵

（1）基本薪酬

基本薪酬以岗位价值为基础，按照固定的时间周期支付给员工的固定收入部分，这一部分薪酬的发放是不与企业的经营业绩挂钩的。

（2）补贴

补贴指根据公司的实际规定，以现金形式发放的各类型的补贴。

（3）变动薪酬

变动薪酬是指在基本薪酬不变的情况下，公司根据企业的实际经营业绩以及员工的个人表现发给的薪酬部分。常见的变动薪酬有绩效薪酬和年终奖。

绩效薪酬是以员工的业绩表现为依据的激励性质的收入，是鼓励员工努力创造良好的工作业绩、实现工作目标、促进公司整体绩效提升的浮动部分的收入。绩效薪酬的高低是与员工的业绩评估结果直接相关的。

年终奖是由公司领导根据企业年度经营效益情况确定的奖金额度，并根据员工的年度考核结果进行分配的奖金奖励。

（4）福利

福利是指员工在岗位上任职，实际上获得的所有福利的费用总额，包括国家规定的法定福利以及企业补充的具有特色的企业福利。

5.6.2　薪酬结构中各个项目的作用

薪酬项目不同，其在吸引、保留、激励方面起到的效果也是不同的。在进行薪酬体系设计的时候，需要综合考虑每一个薪酬项目的作用，从而选择对企业各个阶段目标的实现具有重要效果的薪酬项目。薪酬中各个项目的效果具体可参照表5-5。

表5-5　薪酬项目效果对比表

薪酬类别	薪酬项目	吸引效果	保留效果	激励效果
基本收入	基本薪酬	○○○	○○	——
补贴	工龄补贴	○	○○	
	职称补贴	——	○	○
	岗位津贴	——	○	○
变动收入	绩效薪酬	○	○	○○
	基本奖金	○	○	○○○
	项目奖励	○	——	○○○
	股权激励	○	○○○	○○
福利	法定福利	○	○○	○
	特色福利	○○	○○	○

从对员工的吸引角度来看，基本薪酬对员工的吸引力是最强的。因为员工比较在意的是自己每一个阶段可以获得的基本的现金薪酬，即员工的无责任底薪。员工无论能力高低、绩效好坏，每个月都期望能够拿到固定水平的薪酬，以此作为日常生活的基本保障。

从对员工的保留角度来看，股权激励的保留效果是最好的。股权激励属于中长期激励，是将员工与企业捆绑在一起，使员工的利益与企业的长期利益达成一致。企业发展得越好，员工能够获得的收益也就越多。这样可以有效避免人才的流失。

从对员工的激励角度来看，绩效薪酬、奖金等激励效果是比较明显的。因为绩效薪酬、奖金是与员工的实际工作业绩相关联的，也就是说员工这部分薪酬的高低是取决于员工在某一个阶段的努力程度的。员工需要努力取得更好的业绩，才会获得较高的绩效薪酬或者奖金。

5.6.3　常见的薪酬结构模式

企业中常见的薪酬结构主要有全面型薪酬结构、固定薪酬＋绩效工资型薪酬结构、固定工资＋奖金型薪酬结构。

（1）全面型薪酬结构

在全面型薪酬结构模式下，企业给予员工的薪酬主要包括固定薪酬，还有就是浮动薪酬中的绩效薪酬和奖金。在全面薪酬的模式下，企业的薪酬相对比较全面，绩效与奖金都有所体现。

但是这种模式的设计也比较复杂，既需要考虑薪酬的保留作用，又需要考虑薪酬的激励作用。这种应用也较为广泛，适用于大部分的企业。

全面薪酬型结构如表5-6所示。

表5-6　全面薪酬型结构表

年度薪酬收入总额	固定薪酬	基本薪酬
		补贴
	绩效薪酬	
	奖金	

（2）固定薪酬+绩效工资型薪酬结构

在固定薪酬+绩效工资型薪酬结构模式下，员工的现金总收入包括固定薪酬以及浮动薪酬中的绩效薪酬部分，不包含浮动薪酬中的奖金提成。

在这种模式下，企业的薪酬结构是比较简单的，只有绩效工资需要进行设计与计算。同时在这种模式下，员工的薪酬水平相对稳定，能够起到有效的保留作用。固定收入在每一个相应的阶段都可以有所体现，绩效薪酬也在日常或者年终进行发放，会在很大程度上提高员工的安全感。这种薪酬模式主要适用于发展较为成熟的，具有较为健全的管理体系模式的企业。这样的薪酬模式也更适用于管理人员。

固定薪酬+绩效工资型薪酬结构如表5-7所示。

表5-7　固定薪酬+绩效工资型薪酬结构表

年度薪酬收入总额	固定薪酬	基本薪酬
		补贴
	绩效薪酬	日常绩效
		年终绩效

（3）固定薪酬+奖金型薪酬模式

在固定薪酬+奖金型薪酬结构模式下，员工的实际总收入包括固定收入和奖金，但是没有绩效方面的提成。

在这种薪酬模式下，由于没有绩效薪酬，因此其激励的导向性是最为明显的，激励效果也是最强的。这种薪酬模式比较适用于销售类的岗位，但是同时也会使员工很没有安全感，因为在企业的业绩不好、没有奖金发放的情况下，员工的收入会大幅度的降低。这样做容易造成人员的流失。

固定薪酬+奖金型薪酬模式结构如表5-8所示。

表5-8　固定薪酬+奖金型薪酬模式结构表

		基本薪酬
年度薪酬收入总额	固定薪酬	
		补贴
	奖金	

每一种薪酬结构模式的特点和适用的范围，总结起来如表5-9所示。

表5-9　薪酬结构模式特点对照表

薪酬结构模式	特点	适用范围
全面型	激励效果与保留效果兼备	适用于大部分企业
固定薪酬+绩效工资型	稳定性强，保留效果最佳	成熟型企业，主要适用于高管人员与职能部门
固定薪酬+奖金型	激励效果最佳	具有较强的激励导向性，适用于销售部门。 但是同时由于收入以奖金为主要来源，因此会造成员工的不安全感，对员工的保留效果最差

5.6.4　薪酬结构设计过程中常见问题

企业的薪酬结构设计实践过程常会出现一些较为典型的问题，这些问题主要有以下几个方面。

（1）薪酬补丁

不少企业在为员工调整薪酬的过程中，往往为了平衡不同员工的差异，习惯上给员工"打补丁"。举例来说，某企业由于某个岗位员工的工作内容比其他岗位的多，因此给该岗位上的员工每个月增加了一项补贴，这一项补贴是其他员工所没有的，也就是在薪酬结构之外打的薪酬补丁。过了一段时间，该企业在某个岗位上的员工兼做了其他额外的工作，因此企业又给予该岗位上的员工一项兼岗补贴。经过这样的设立后，企业无形中增多了各种各样的补贴，种类复杂，不利于日常管理，容易使企业的整个薪酬体系陷入混乱之中。

薪酬结构在设计的开始就应该把其中可能发生的各种情况都考虑进去，比如在员工工作内容增多后应该给予怎样的薪酬补偿，也需要考虑这种工作量的增加是临时性质的还是长期性质的。对于长期性的，企业就需要考虑是否应该招聘人员专门从事这项多出来的工作。如果是临时性质的，则可以通过给员工支付加班工资或者是采取员工调休的方式对员工进行额外补贴，而不是不断地增加薪酬补丁。兼岗也要按照具体情形采取不同的办法，如果是在工作时间内的兼岗，则可以按照岗位价值高的职位给员工支付薪酬。如果需要在上班时间之外的时间完成，那么就需要给员工支付加班工资或补贴。

（2）工龄工资成为负担

有一些企业为了保留员工，给予员工较高的工龄工资。但是这很有可能会给企业造成负担。因为随着员工工龄的不断增长，有些能力不足的员工凭借工龄在企业中鲜少作为，就会对企业造成一定的压力。

因此，企业可以在设置工龄工资时，选择适当的金额，不宜过多，而且要上有封顶，不可以无限制的增加。

（3）工资之外的红包

在大多数民营企业中，老板每年都会额外给高级管理人员发放一定数量的红包，这个红包是在工资标准体系之外的。而且除了老板本人，也没有人知道红包的金额。这样的做法存在很大的风险。因为老板下发的红包有些是没有依据的，标准也不清晰。这样就会造成员工盲目迎合老板喜好的现象，也会导致企业内部公平性不高，也比较容易造成人员的流失。

5.6.5　薪酬固浮比设计

在明确了企业所要采取的薪酬结构模式后，就需要进行薪酬固浮比的设计。薪酬固定部分主要是指基本薪酬与日常给予员工的补贴。浮动薪酬是指绩效工资和奖金部分。

（1）低固定＋高浮动

在这种薪酬结构下，企业在薪酬支付方面压力是比较小的，因为薪酬浮动化较高，就是企业将压力转换到员工身上。员工只有通过努力为企业获得利润才能够拿到较高的绩效薪酬。企业这样设计可以缓解人工成本支出的压力。但是对员工的吸引力是不够的，很难招聘到较为优秀的员工。这种模式主要适用于企业的初创期，也适用于实力不是很强或者在资金方面有较大压力的企业。

（2）中固定＋中浮动

在这种薪酬结构下，企业给予的固定薪酬处于中等水平，不高也不低。这种模式下员工的薪酬是比较稳定的，避免了固定薪酬过低的弊端，也避免了浮动薪酬激励性不高的弊端。但是这种模式下薪酬的吸引力和激励性不强。这种模式主要适用于处于成长期的企业，企业的实力相比初创期有了一定的提升，资金压力也有所缓解，能够适当地调动员工的积极性。

（3）高固定＋低浮动

在这种薪酬结构下，企业给予员工较高的固定薪酬，浮动薪酬方面是比较低的。这种模式下员工的薪酬有很大的保障性，在招聘员工的过程中对员工具有较大的吸引力。但是薪酬方面的激励不大，容易使员工忽略企业经营效益的好坏。这种模式主要适用于处于成熟期的企业，并且在市场上形成了很强的品牌效应。这个时候企业的业绩增长不再仅仅取决于员工个体的努力，更多的是要依靠企业的品牌以及企业内部的管理机制。

5.6.6　薪酬固浮比设计的影响因素

（1）管理层级

在薪酬固浮比设计的影响方面，对于管理层级来说，职位越高，其工作业绩的变化对企业的实际影响就会越大，因此固定薪酬比例就会越低。

（2）工作性质

员工的工作成果显现比较直接的、评判标准比较简单的，固定薪酬的比例也会比较低。

（3）企业战略

企业的发展时期不同，其固浮比的设计也会有所不同，在企业的初创期固定薪酬所占的比例不会很高，因为需要鼓励员工提高绩效，所以薪酬的浮动会比较大。在企业过渡到发展时期后，为了能够有效吸引人才，固定薪酬的比重会逐渐增大，以给予员工一种安全感。当发展到成熟期，企业往往会将固定薪酬的水平提高到一个程度，因为在这个时候，企业不再仅仅依靠员工为企业创造业绩，更多的是希望形成一种相对稳定的经营模式，所以会选择用较高的固定薪酬留住人才。

（4）企业文化

企业注重个人的发展还是注重团队的协作决定了薪酬结构的变化。如果企业比较注重团队的协作，那么在进行薪酬设计时，会将固定薪酬的比例提高。企业的发展策略是偏向于稳定还是偏向于变革也会影响薪酬结构的设计。如果企业倡导的是稳定的经营策略，那么固定薪酬所占比例会很高；如果企业倡导变革，那么浮动薪酬的比例就会相应增加。有的企业会比较注重外部竞争，这个时候固定薪酬的比重也不会很高；但是如果企业注重的是内部公平，那么固定薪酬所占的比例就会比较高。

5.6.7 有关年终奖的问题及解答

每到了年底，企业就会面临年终奖发放的问题。发放年终奖，对员工来说是一件高兴的事，但是对企业来说却是一件比较纠结的事情。因为如果年终奖发放得不多，员工就会产生不满的情绪。奖金发放得足够多，但是当员工与其他同事进行比较发现差别时，还是会有不满情绪。怎样发放年终奖才能平衡员工的心态，成了许多企业到了年底比较头疼的问题。下面针对年终奖发放的常见问题进行解析。

（1）是否发放年终奖

很多企业存在这样的困惑，既然年终奖发放不好会引发员工不满，那么企业可不可以不发放年终奖呢？应该思考的是，年终奖对员工而言是意味着什么。其实从现实意义上来看，年终奖是企业保留人才的一种手段和重要工具。因为，员工会将年终奖这件事情在市场范围内进行对比。如果身边的人都有年终奖而自己没有，或者是自己所在企业的年终奖水平很低，则都会使员工感到不平衡。正确利用年终奖的激励作用，可以使员工产生对企业的认同感和归属感。但是如果年终奖的水平很低，让员工觉得心理不平衡，那么就很有可能会造成人才的流失，尤其是优秀员工的流失，这样有可能会给企业造成巨大的损失。

因此如果企业不是经营业绩十分差、无法承受年终奖的薪酬成本，那么还是应该将企业的经营效益成果与员工共享的。

（2）年终奖的发放比例应该如何确定

企业在设计年终奖时首先需要确定年终奖发放的总额，明确年终奖占员工年度现金总收入的比例。从现实情况来看，许多企业对年终奖有不正确的理解。

很多企业把年终奖作为薪酬之外的一种额外薪酬，其实这是对年终奖的一种错误的认识。员工的薪酬包括基本薪酬、补贴、浮动薪酬以及福利四个部分，年终奖就属于浮动薪酬的一部分，因此年终奖其实是在员工年收入范围内的。

在有的企业，尤其是国有企业中，部分员工的大部分薪酬都是在年底以年终奖的形式发放的。员工的年终奖很高，但是平时的基本薪酬是比较低的，实际上在这种情况下，年终奖对员工的激励作用并不是很高。

员工的年度现金总收入比较高、年终奖也比较高，对员工的激励性是最大的。因此，在对年终奖的发放比例进行设置的时候，需要考虑员工的年度现金总收入。

常见年终奖组合模式分为四种，如表5-10所示。

表5-10 年终奖组合模式表

模式	年度现金收入	年终奖	激励性
A	高	高	○○○
B	高	低	○○
C	低	高	○○
D	低	低	

在前面提到，企业的薪酬策略主要分为领先型策略、跟随型策略、滞后型策略以及混合型策略。企业在为员工设定年度现金收入时，往往会考虑自己要采用哪一种薪酬策略。因为在设计薪酬策略时，企业的实际盈利水平、发展阶段以及在行业中所处的地位都是相关的。只有合理的薪酬策略才能保证给予员工的年度现金收入具有竞争力，也就能够保证年终奖的实际设定具有一定的竞争力。

（3）年终奖比例设计的规律

企业在确定了薪酬策略之后就需要考虑薪酬的固浮比以及浮动薪酬中年终奖的实际比例。薪酬的固浮比设计具有一定的规律，在一般情况下，员工的职位越高，其工作成绩对组织的影响也就越大，固定薪酬的比例也就越低，浮动薪酬比例就相对高一些。从工作性质的角度来看，工作成果较为明显，显示程度较为直接，评判标准比较简单的岗位的固定薪酬的比例是比较低的，而浮动薪酬的比例是比较高的。从企业发展战略的角度来看，在初期薪酬固定比例较低，浮动比例较高；到了企业的发展期，固定薪酬比例占中等水平，浮动薪酬比例较高；到了企业发展的成熟期，固定薪酬的比例较高，浮动薪酬比例低。

年终奖是浮动薪酬的一部分。因此，在确定薪酬的固定浮动比之后，需要再从薪酬的浮动部分中确定绩效薪酬与年终奖的比例。年终奖分配的原则一般是按照层级划分，层级越高，所占的比重越大。层级较高的岗位需要通过较长的时间方能体现其绩效成果，因此企业的高管人员的年终奖占其浮动薪酬的全部。

5.6.8　年终奖发放的规则

（1）统一年终奖发放标准

有的企业在发放年终奖的时候，采用的标准不统一。这有时会使员工感到不公平。因此企业在制定年终奖发放的标准时，需要规定出统一的标准。

常见的发放标准主要有以下几种形式。

从浮动薪酬中提取一定的比例作为年终奖的发放标准。这是在民营企业中常见的年终奖比例设计方式。还可以将员工的月薪以及绩效薪酬的倍数作为发放年终奖的标准，在外资企业中常见的是将员工的月薪的一倍、两倍或者三倍作为年终奖发放的标准。还有一种就是从企业中提取一定的比例将行政级别作为年终奖发放的标准，这种方式在国有企业中较为常见。

其实无论采用哪一种方式进行年终奖的发放，只要能够有一个相对统一的标准，都不会使员工感到不公平。

（2）年终奖发放标准制定时间

有的企业在发放年终奖的时候，由于在一开始没有设定好年终奖的评定标准，到了年底要进行发放的时候才定下标准，这样时间跨度比较长，制定的标准得不到员工的认可。比如有的企业本来定了年终奖发放的基数，但是到了年底，老板以没完成目标营业额为理由给员工的年终奖打折，这样做会让员工感到气愤。

因此，年终奖发放的标准需要在一开始与员工约定好，并按照约定的标准执行。

（3）年终奖与绩效

虽然年终奖的发放标准是统一的，但是年终奖发放的具体金额与员工的实际表现差异还是具有一定的关联的。一般来说，绩效好的员工的年终奖会高一些，绩效较差的员工的年终奖的金额就会较低。不同层级的员工，其年终奖与绩效考核方式是相关的。

对于高级管理人员，企业一般会采用年薪制，平时每个月发放固定的薪酬，年终奖一般是与年度绩效考核结果挂钩的。企业应该根据考核的结果设置不同的等级，如表5-11所示。

表5-11 考核结果等级表

分数	91~100	81~90	71~80	60~70	<60
等级	A	B	C	D	E
系数	1.5	1.2	1	0.8	0.5

年终奖是企业激励员工的一种重要的手段，但是企业也需要结合自身的承受能力，不能够盲目。同时，企业需要提前设置年终奖的发放比例和发放基数，制定好相应的标准和规则，让员工在感受到公平的同时，还能够激励自身不断为企业创造业绩。

5.7 薪酬带宽与薪档设计

5.7.1 薪酬带宽设计

薪酬带宽与前面提到的宽带薪酬具有不同的概念。薪酬带宽是指薪酬的上下限的区间。宽带薪酬是与传统的窄带薪酬相对比的一个概念。

与窄带薪酬相比，宽带薪酬是一种新型的薪酬体系，它随着能力模型的逐渐流行而兴起。宽带薪酬背后的理论逻辑是员工薪酬支付主要是依靠能力方面的差异，在相同的岗位上，能力较强的员工能够获得比能力稍低的员工高的薪酬。

在确定薪酬的带宽之前，首先需要确定的是采用窄带薪酬还是宽带薪酬。宽带薪酬主要适用于一些高新的技术产业，而窄带薪酬比较适用于传统型企业。

薪酬的带宽设计会受到职位层级的影响，因为在企业中，随着员工层级的上升，带宽会逐渐加大。因为级别越高，员工之间能力的差异所带来的贡献价值的差异就会越大。

能力对工作影响越大的岗位，其带宽越大。比如在一些技术型岗位上，尽管员工的职位级别不是很高，但是其对于企业的实际工作业绩是具有一定的影响的，因此能力之间的差别对工作业绩的影响也会很大，在这种情况下需要适当地提高薪酬带宽。

职位的标准化程度越高，其薪酬带宽越小；标准化程度越低，其薪酬带宽越大。在企业中标准化程度比较高的职位，员工之间能够自由发挥能力的空间是比较小的，不同的任职者对岗位的贡献也不会有很明显的差异。

5.7.2　薪酬带宽设计常见问题

企业在确定薪酬带宽的实际操作的过程中，经常会遇见一些问题，比较常见的问题有以下两点。

（1）忽略薪酬带宽设计的基本原则

进行薪酬的带宽设计是要遵守一定的原则的。在实际操作的过程中，很多企业往往过于注重自身的实际状况，而忽略了薪酬带宽设计所要遵循的基本原则。在进行薪酬设计时，首先需要注重的就是公平原则，如果企业将同岗位之间的薪酬带宽设计得过大，就会造成员工薪酬差异过大的现象，不仅起不到激励作用，而且会使员工觉得不公平。

（2）带宽设计跨度过大

有些企业的薪酬带宽设计的跨度过大。带宽设计一般需要遵循循序渐进、逐步向上的原则；不宜设计较大的跨度，需要遵循现有员工的层级进行设计，每个层级之间的带宽是逐步上升的。

5.7.3　带宽薪酬的特点

带宽薪酬体系打破了传统的薪酬体系的弊端，因此越来越多的企业人力资源管理都对宽带薪酬设计很感兴趣，也投入了较多的精力。

宽带薪酬优、缺点如图5-8所示。

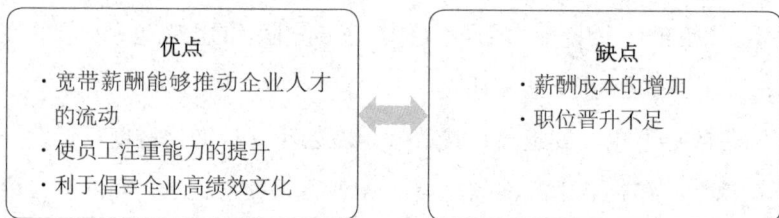

优点	缺点
·宽带薪酬能够推动企业人才的流动 ·使员工注重能力的提升 ·利于倡导企业高绩效文化	·薪酬成本的增加 ·职位晋升不足

图5-8　宽带薪酬优、缺点对比图

（1）宽带薪酬能够推动企业人才的流动

在传统的薪酬模式下，员工由于职位不同，薪酬等级也有所不同。因此职位变化的难度相对比较大，如果用宽带薪酬体系进行替换，过去不同职位、不同薪酬等级的员工很有可能会被划分到同一个薪酬等级之下，这样员工可以在职位之间进行横向的转换，也就是轮岗形式。这样做能够丰富员工的多岗位技能，不仅使员工的能力得到提升，而且能够充分发挥员工的实力，从而使员工获得更高的薪酬。

（2）使员工注重能力的提升

宽带薪酬注重员工之间能力的差异，同样的岗位上员工的能力不同，其薪酬水平也会产生较大的差距。这样就会使员工更加注重能力的提升而不仅仅是职位的改变。

（3）利于倡导企业高绩效文化

宽带薪酬鼓励员工提升能力和绩效，不再强调资历、学历以及职级等，而是看重员工的实际能力的强弱以及是否能够为企业带来较好的业绩。这样做不仅可以减少员工间的盲目比较和恶意竞争，而且有利于员工之间的协作，提高彼此的信任感和默契度，共同提高彼此的能力和绩效，为企业创造更大的价值，这也是企业倡导的高绩效文化。

宽带薪酬有不少优点，但是其缺点也是很明显的。如果忽略了宽带薪酬的弊端，那么同样也会给企业造成很多不必要的麻烦。因此，需要注意以下两个方面。

（1）薪酬成本的增加

由于宽带薪酬是以能力作为支付依据的，也就是说当员工的能力达到一定的程度时，企业就必须支付与其相匹配的薪酬，这样会使员工不断提升自己的能力，这在无形之中增加了企业的薪酬成本。

（2）职位晋升不足

宽带薪酬削弱了对职位的依赖，使员工长期都在同一个岗位上工作，随着能力的提升，员工可以逐渐获得比较高的薪酬，但是同时也缺少了职位晋升以及职位头衔的变化带给员工的荣誉感。

5.7.4　宽带薪酬适用范围

虽然宽带薪酬具有很多优势，但是并不是所有的企业都适合使用宽带薪酬模式。其实，宽带薪酬的适用范围是十分有限的。根据实际操作的状况来看，在市场范围内，有几种类型的企业是十分适合使用宽带薪酬模式的。

首先是高科技、知识密集型企业。在这类企业中，员工的知识密集度比较高，企业鼓励员工提高知识技能。知识技能是企业在市场上的核心竞争力，因此企业对知识技能的重视程度非常高。在薪酬支付方面也是以员工的能力为主要依据。

其次是组织结构偏向于扁平化的企业。这类企业大多数是为了适应外界环境的变化，将组织结构朝扁平化的方向设计。扁平化的组织结构没有过于严格的职位等级之分，员工之间的差异也以能力的差别为主要划分依据，因此在进行薪酬支付时，自然也以能力的差别进行划分。

由于宽带薪酬体系是在对员工能力评价的基础上建立起来的，因此宽带薪酬结构对企业内部管理体系的要求较为严格。宽带薪酬体系更加适用于管理基础比较好的企业。这就要求企业必须具备比较完善的能力评估系统和绩效评估系统，否则宽带薪酬建立的依据和标准就会不明确，使员工感到不公平。

5.7.5　宽带薪酬设计步骤

（1）确定需要进行宽带设计的具体岗位

在企业中，并不是每一个岗位都适合进行宽带薪酬设计的，人力资源管理方面需要选择一些真正适合并需要进行宽带设计的岗位进行薪酬的宽带设计。这类型的岗位通常是对知识技能要求比较高的岗位，这些岗位往往会因为员工能力的差异造成绩效的不同，像是研发类岗位以及销售类岗位。

（2）根据岗位构建能力素质模型

在进行管带薪酬设计之前，首先需要对薪酬的级别进行压缩，如果企业原来是窄带薪酬模式，那么在向宽带薪酬过渡时，可以将原有的窄带薪酬的几个级别合并成一个级别。其次需要设计合并后的薪酬上、下限，上限是能力最强的时候的薪酬水平，下限是能力最弱的时候的薪酬水平。宽带薪酬的上、下限的幅度一般在100%以上。最后需要人力资源管理方面建立能力模型，并对能力进行分级处理。宽带薪酬的前提与基础必须有清晰的能力分级标准进行支持，如果没有对能力的分级进行清晰的界定，那么宽带薪酬在实施过程中就很有可能会出现问题。

（3）套档

在对每一位员工的能力进行评估后，需要将评估结果套入具体的档位中，这样就可以明确每一位员工的具体薪酬数额。

综上，宽带薪酬与传统薪酬相比，对员工能力的提升和改善企业绩效有显著的优势，但是企业在建立宽带薪酬的过程中，需要打下良好的基础，注意宽带薪酬的适用性，不可以盲目设计与抄袭。

5.8　薪酬测算与实施

在进行薪酬策略、薪酬水平、薪酬结构以及薪酬带宽设计之后，需要对薪酬方案进行测算，这一步可以帮助企业发现薪酬设计中可能存在的问题。

5.8.1　薪酬总额与薪酬预算是否相符

对薪酬进行测算一个很重要的目的就是测算薪酬的总增长幅度是否在

薪酬预算的范围内。很多企业在进行薪酬设计之前都会有一个薪酬增长额度的参考数据，或者是对总薪酬进行一个限制。如果超过了预先的设定，那么就需要对薪酬体系进行重新设计。

薪酬测算就是对企业不同序列、不同职级、薪酬增长幅度进行反复测算，确保在薪酬总额小于薪酬预算的前提下实施。

任何一家企业在进行薪酬设计的过程中，都会遇到新方案代替旧方案的一个过渡的过程。在进行过渡时，常常会出现原来的薪酬高于设计薪酬的最高档的情况，或者出现原来的薪酬低于设计薪酬的最低档的情况。

这两种情况是不能避免的，差别只是多少的问题。在对两种情况进行分析的过程中，可以清楚地感受到企业薪酬存在的问题。接下来将从上述两种情况产生的原因以及解决的具体方法方面进行分析。

（1）原薪酬高于设计薪酬的最高档

一般出现这种情况主要有以下原因，如图5-9所示。

图5-9　原薪酬高于设计薪酬最高档原因

员工任职期较长。有一部分员工在同一个岗位上任职的时间较长，企业通常会进行薪酬的普遍调整，员工随着工作年限的增加，薪酬就会突破岗位价值的上限。还有一些企业习惯在薪酬支付中给予工龄工资，工龄工资的比例一旦放大，老员工即使职位不变，薪酬也会比同职位的其他人员薪酬高出很多。

优秀人才的激励办法。在企业中优秀人才属于稀缺人才，有时企业为了满足自身对核心人才的需求，会用高薪吸引优秀人才加入，不仅在薪酬的给付方面大大超出市场的平均水平，而且在保留优秀人才、激励优秀人才为企业创造价值的方法上常常采用薪酬激励的办法，由此就会导致薪酬金额超过限度的情况。

企业重组。企业在经营到一个阶段以后，有时会进行企业重组。重组会对有些岗位的职责进行调整，这样会出现一些岗位的职位价值被调低的情况，但薪酬依然是根据原来的岗位支付薪酬的。这样就会造成薪酬给付的不平衡。

岗位的重新配置。岗位进行调整之后，比如原来职级的岗位调整到低职级，就会导致低职级的员工拿高职级员工的薪酬，导致原薪酬高于设计薪酬的最高档。

谈判提高薪资。员工有时会通过工会与企业进行谈判来提高自己的薪酬水平，提出的水平可能会高出市场同岗位上的平均薪酬水平，从而使原薪酬高于设计薪酬的最高档。

出现这种情况时的调整方法主要有下面几种。

给予员工不包括在基本薪资内的一次性补贴，比如津贴、奖金等。一次性补贴相当于承认员工原有的价值，通过一次性补贴的方法，对员工的薪酬结构进行调整，之后可以按照新的薪酬结构标准运行。

递延薪资。通过将员工薪资进行递延的方式，将其薪酬拆分到未来几年支付。

职位晋升。通过将员工晋升到更高的职位级别，使其薪酬水平得到提升。这种情况只适合能力比较强的员工，同时也要看该员工是否符合晋升的条件。不要只是为了晋升而晋升。

不增长薪酬。在未来薪酬调整的过程中，对原薪酬高于设计薪酬的最高档的员工不给予涨薪，使其薪酬逐渐回归到薪酬设计标准。

给予更多的职责。使原薪酬高于设计薪酬的最高档的员工的职责丰富化，使其承担更多的责任。

（2）原薪酬低于设计薪酬的最低档

一般出现这种情况主要有以下原因，如图5-10所示。

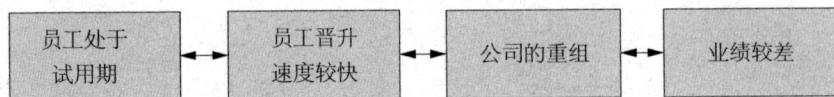

图5-10　原薪酬低于设计薪酬最低档原因

员工处于试用期。对企业新雇佣的员工来说，因为其还处在未被认可的试用期，所以薪酬刚开始不会很高。

员工晋升速度较快。有的员工因为晋升过快，而公司出于薪酬成本的考虑，并没有及时将其薪酬调整到新职位所应获得的薪酬。

公司的重组。公司通过重组会对有些岗位的职责进行调整，有些岗位的职位被赋予了更高的职位价值，但是薪酬还是按照原来的薪酬支付。

业绩较差。在每年的调薪过程中，有些企业甚至会对绩效差的员工降薪或者薪酬基本没有变化。随着时间的推移，这些员工的薪酬就会明显低于岗位价值所应支付的薪酬。此外，绩效较差的员工，实际拿到的绩效工资往往低于基准的绩效工资，致使其收入水平处于该岗位的较低水平。

出现这种情况的调整方法主要有下面几种。

明确员工试用期薪酬水平及试用期时长。给予新雇佣的员工一定的试用期，并合理设计试用期的薪酬水平以及试用期时长。对晋升的员工也要给予一定的新职位的试用期，试用期间如果符合职位管理规定，则应尽快进行薪酬调整。

提高至最低薪酬。提高员工的最低薪酬有两种方法。一种方法是一次性增长到位，但是增长幅度可能会比较大。另一种方法是分阶段增长，每年增加一定比例的薪酬，若干年后增加到理论上设计的薪酬标准。

降职或解雇。对于能力比较差的员工，我们可以通过降职使用，或者直接解雇的方法调整薪酬比例。

企业在进行新、旧模式的更替的时候，出现原薪酬高于设计薪酬的最高点和原薪酬低于设计薪酬的最低档的情况都是比较正常的，这个时候企业不能采取极端的做法。

一般这种情况都是在企业的发展历程中逐渐造成的，因此这种状况也不是可以在短时间内完全消除的。这是一个过渡的过程，需要逐步进行消除，一般企业都需要在2～3年才能够将这种情况解决，过于极端、激进不仅会造成员工的不满，而且会造成薪酬体系整体上的混乱。

5.8.2 薪酬的个别调整

在对薪酬进行整体的设计之后，每一位员工薪酬水平具体应该调整到怎样的位置是已经明确了的，但是在实际的操作中，企业还是要根据员工的具体实际情况进行一些调整，在薪酬实施的方案上也需要进行选择，这样才能够使实施的薪酬方案与企业的实际经营策略相符合。

在对每一位员工进行职位评估之后，员工的薪酬级别已经确定。员工根据套档模型进行套档之后，员工的薪酬也就随之确定。但是这种薪酬上的确定仅仅是理论上的薪酬数据，在实际操作过程中需要根据具体的情况进行调整。

一般常常需要进行薪酬调整的情况有以下几种。

（1）优秀的稀缺人才

在正常的薪酬设计体系下，优秀人才的薪酬增长一般在10%左右，但是由于在人才市场这类人才的稀缺程度比较高，为了保留人才，维持企业的竞争力，一般在对这类员工的薪酬进行设计时会突破薪酬增长限制。在这种情况下，薪酬支付的依据不仅是职位的价值、员工的能力、工作的业绩或者市场平均薪酬水平，而且是基于对稀缺人才的保留和激励，因此给予的薪酬调整也会突破一般水平的增长。

（2）贡献突出的员工

企业中存在对企业某一个发展阶段或者某一个项目贡献比较突出的员工，针对这一部分员工，在薪酬设计时需要进行及时的调整。

（3）应届毕业生的薪酬调整

应届毕业生的薪酬水平，一般在进入企业的前两年处于一种小幅度增长的状态，到了进入企业的第三年，会给予大幅度的增长。应届毕业生一开始进入企业，处于一种协助者的地位，对企业与职位来说都处于一种磨合的状态。应届毕业生进入企业1～3年的这个阶段，也是从协助者成长为企业骨干的重要时期，很有可能会被其他待遇更好的公司挖走。因此，在应届毕业生的薪酬调整方面，往往需要在三年内有一次大幅度的增长。这样不仅使其具有成就感，而且可以使他们加深对企业的认同感。

在对薪酬进行调整时，要以个别调整为主，需要将这种调整控制在一定的范畴之内，不能进行大面积个体薪酬调整。通常情况下可以将需要调整的权限分配到各个部门，要求部门在进行调整时在增长幅度方面进行控制。

5.8.3　薪酬实施方案

薪酬实施方案是指企业在进行薪酬设计之后具体执行的方案。一般情况下，薪酬的实施方案有三种形式可以选择。

第一种是激进式，薪酬按照设计中计划的薪酬调整方案进行调整，加薪和减薪都严格按照计划执行。

第二种是保守式，也就说在实施薪酬调整时，加薪的部分按照方案执行，该减薪的维持原有状况不变。

第三种是稳健式，该进行减薪的部分维持原有的状态不变，需要加薪的部分也不是一次到位，而是分步骤进行涨薪，控制每一年的涨薪幅度并设置薪酬增长的上限。

三种方法具体对比如表5-12所示。

表5-12　薪酬实施方案对比表

实施方式	优点	缺点
激进式	按设计体系实施；节省人工成本	易造成人员不稳定
保守式	实施阻力小	人工成本增加
稳健式	设置增长限度	不利于员工理解

将三种方式进行对比，其中激进式方法是完全按照薪酬设计体系实施的一种方案。其优点在于员工的职位价值与薪酬水平是完全相匹配的，可以节省人力资源成本，但是这种方式的实施阻力是比较大的，容易造成人员的流失，从而给企业的日常运营造成一定的压力。

保守式方法按照只升不降来实施，虽然实施的阻力是比较小的，也比较能被员工所接受，但是在这种方法下，员工的薪酬该升的正常升，该降的却没有降，会造成企业人工成本的增加。

稳健式的实施方法是根据企业的实际经营状况以及个体的实际情况进行调整的。可以按照只升不降进行，并将升幅控制在一定的范围内，分步骤进行涨薪。通常情况下企业会选择这样的方案进行薪酬调整，这样无论是对缓解企业压力还是在员工职位匹配上，都具有一定的实施优势。

5.8.4　常见问题及解决办法

如果薪酬设计方案经过测算在企业的薪酬预算之内，就可以进行薪酬的调整。但是在实际操作的过程中，总会产生许多之前没有考虑到的问题。

常见的问题主要有以下几个方面，如图5-11所示。

图5-11　薪酬调整常见问题

（1）人员高配问题

人员高配是指在某个岗位上任职的员工的实际能力已经远远超过了该岗位对员工的任职要求。在这种情况下，由于员工的能力比较高，但是在设计薪酬时是按照职位进行设计的，这样就会产生一定的矛盾。

比如某企业对某个岗位的评估是5级，设计薪酬在50 000元，但是由于在这个岗位上任职的员工能力很强，当前的薪酬水平在100 000元。这样来看，矛盾就产生了。这个时候企业往往会陷入一个误区，员工的100 000元的薪酬是比较合理的，那么为了使员工的薪酬与市场上的相匹配，就去提高该员工所在岗位的级别。

其实出现这样的情况，是由于企业将员工和岗位的概念相混淆。前面提到，对岗位价值的评估是针对具体岗位的，评估的是岗位的价值，而不是员工的实际工作内容。岗位是企业赋予员工的，也就是说无论员工的能力多么出色，因为其身处在价值50 000元的岗位上，其薪酬的增长幅度也必须在此岗位的薪酬价值范围内。遇到员工能力较强但薪酬不匹配的问题，可以通过对员工的职位晋升解决。

（2）人员低配问题

人员低配是指在岗位上的员工不能胜任该岗位，也就是通常所说的欠资格上岗。举个例子，某员工被企业提升为该部门的经理，但是该员工的能力比较弱，不能够完全胜任经理的职位。该员工原来的职级是8级，经理职位评估的职级是13级，但是经理的薪酬范围是22万～32万元，对这一员工来说，显然不能按照这个标准支付薪酬。针对欠资格上岗的情况，可以采用小幅度调整的办法激励员工尽快成长。

在员工晋升的半年里，给予其8万～22万元的薪酬，增长比例控制在50%之内，也就是调整薪酬为10万～12万元。这样不仅给了员工足够的加薪空间，也是对员工的一种激励。如果员工的能力逐渐提升，那么薪酬水平就可以逐渐调整到经理级别的13级上。

（3）新、旧薪酬体系过渡较为生硬

在制定薪酬实施方案时，一些企业的做法是比较生硬的，比如规定公司全体升薪幅度不能超过10%，尽管这个政策是公司制定的一个原则，但是应该允许部门对内部个别员工的薪酬进行超过标准的调整。因为处于关键岗位的员工，其薪酬水平原本就需要进行一个较高的调整，以便企业在市场范围内保持一定的优势。否则很有可能会造成人员的流失。

在新、旧制度进行交替的过程中，企业需要将普遍适用性与个性化相结合，对大多数员工采取同一个原则，但是针对情况较为特殊的员工也需要采取特殊的处理方式。

（4）薪酬调整实施的范围

有一些企业在进行薪酬测算之后，并不会马上在整个公司推行新的薪酬方案，而是选取几个部门先进行试点推行，经过实践检验之后再向全公司推行。

选取试点的部门一般是在企业中独立性比较强的部门，如果试点部门与其他部门的关联性较弱，那么就会产生相互比较的情况，容易造成企业内部不公平现象的产生。

5.9 薪酬的动态管理机制

5.9.1 薪酬动态管理的必要性

任何企业的薪酬制度都不应该是一成不变的。由于企业所处的大环境是不断变化的，具有很强的动态性，企业自身的发展也是不断变化的，因此对薪酬需要进行动态管理，如图5-12所示。

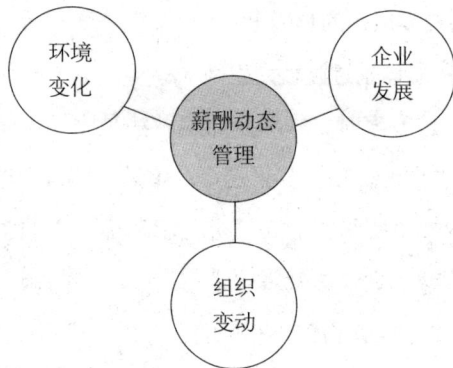

图5-12 薪酬动态管理

（1）环境变化的动态性

环境包括宏观环境，也包括微观环境，薪酬管理需要随时根据环境的变化进行必要的调整和改变，以便很好地适应环境的动态变化。

其中，宏观环境包括经济因素、政治因素、技术因素和社会因素。宏观经济环境的发展变化是影响企业发展的一个重要因素，像是国家GDP（国内生产总值）发生变化。如果国家的经济状况良好，就会影响企业的整体环境，从而影响企业的薪酬策略。

国际政治因素也是影响企业发展的一个重要方面。例如，近几年，中日关系较为冷淡，因此会对两国企业具有一定的影响。

技术因素方面，随着技术的进步与发展，技术科技不断更新换代，企业会受到巨大的冲击。对于技术密集型企业，每一次技术领域的革新都会对企业的创新能力提出更高的要求。对创新型科学技术人才的吸引和保留，应成为企业着重考虑的因素。

社会环境的变化也会对企业的发展产生一定的影响。社会环境的变化导致市场上对产品的需求产生变化，从而对不同的行业造成相应的影响。

微观环境包括行业因素、利益相关者因素、竞争对手因素以及市场供求因素等。

行业因素的影响主要体现在整个行业的发展态势决定了薪酬的调整，因此如何提供更有吸引力的薪酬进而在未来行业的转型升级中获得优秀的人才，成为企业发展的关键。

利益相关者因素主要包括企业的股东、高管、客户等群体。这些利益相关者因素的变动决定了企业薪酬管理也要随之发生变动。

企业在实际发展过程中，不可以忽略竞争对手因素。企业在进行薪酬管理设计的过程中，要考虑竞争对手采取了怎样的措施，而企业随之又应该采取怎样的应对策略。比如，同样是高科技行业，某企业给予应届毕业生的薪酬在7 000~9 000元，那么另外一家将毕业生薪酬定位在4 000~5 000元的企业就需要进行调整，以便在人才争夺的过程中，形成一定的竞争优势。

市场供求因素也是不能忽略的。市场供求因素是随时变化的，当市场供不应求时，企业薪酬支付的决定权是比较小的；当供过于求时，企业薪酬支付的决定权是比较大的。

（2）企业发展的动态性

企业所处的阶段不同，其薪酬管理的特点也是不同的。就像在前文提到的，企业的发展过程一般分为初创期、过渡期和成熟期。在企业初创时期，薪酬支付方面有固定薪酬比例相对较低、浮动薪酬比例较高的特点；当企业发展到成熟期以后，薪酬的给付又会发生相应的变化。在薪酬总额上，企业发展到成熟期，占据了一定的市场地位，因此企业将有实力给予员工更有竞争力的薪酬；在薪酬结构上也会与初创期相反，这个时候固定薪酬比例相对较高，浮动薪酬比例较低。

企业采取的经营战略不同，其在薪酬策略方面也会有相应的区别。企业的经营策略决定了企业所要采取的薪酬策略。

企业自身规模的大小对薪酬有重要的影响。当企业的规模较小时，薪酬的内部公平性等问题表现得就不是很明显，在企业的薪酬策略上也无法采用过高额薪酬水平；而当企业规模较大时，企业的薪酬支付能力提高，在薪酬策略方面会偏向具有竞争力的薪酬水平。

另外，影响企业薪酬设计与管理的一个重要因素就是企业的财务状况。当企业的财务状况不好时，企业的薪酬预算就会很有限，这样就直接影响了员工的薪酬水平。

（3）组织的变动性

企业在发展到一定的阶段后，部门与职责之间会进行相应的调整，也就是组织结构发生了变化。这就意味着部门、职位的职责也随之发生了变化；职位的价值会随着职责的变化而产生一定的改变，在这种情况下，薪酬也会随之进行相适应的调整。

当企业中的组织流程发生变化后，职位的职责有可能也会发生变化，职位的价值也会随之发生改变，而薪酬的设计是依据职位的价值而定的，因此，薪酬也会随着组织流程的改变而改变。

人员结构的变化对薪酬的设计也会产生较大的影响。例如高科技企业，为了增强科技创新，会引进大量的技术创新型人员，由于这类人才会增强企业的竞争力，因此企业在薪酬给付方面会向这一类人才倾斜。

员工的素质也会影响薪酬水平，这里所说的员工素质指的是员工的实际工作能力。能力高的员工薪酬水平高一些，而能力低的员工薪酬水平会相对低一些。企业需要进行员工能力素质的评估以及划分，当员工素质发生变化时，也需要及时进行薪酬调整。

综上，环境变化的动态性、企业发展的动态性、组织的变动性都影响着薪酬机制的变化，因此企业需要随时关注上述因素的变化趋势，并对员工的薪酬进行及时的调整，以保证企业在薪酬管理方面的优化程度。

5.9.2　薪酬调整

薪酬管理是一个动态的过程，企业需要依据各项目因素的变化及时对薪酬进行相应的调整。一方面，由于企业战略的调整，薪酬需要进行相应的调整，以适应战略调整后利益重新分配的需要，从而起到对员工的激励和保留作用。另一方面，由于物价、生活成本等诸多因素的变化，在开展薪酬调查工作的过程中，企业重点关注的角度不同，薪酬调整的类别也是不同的。

根据企业调整薪酬方面针对的对象不同，调整被分为个别化调整以及普遍化调整两种方式。

（1）个别化调整

个别化调整是针对员工个体进行的调整，主要有三种情况。其一，员工的职位发生变化，员工的岗位调整了，其薪酬也由原来的调整到新的岗位薪酬。其二，在员工工作业绩出色的情况下，为了对员工进行奖励，增加员工的薪酬。其三，员工的能力比较突出，对于能力突出的员工，可以在薪酬上进行调整。一般情况下，进行个别调整是部门负责人根据员工的工作表现、能力大小，对其薪酬进行相应调整。

（2）普遍化调整

薪酬的普遍化调整是针对企业内全员薪酬的调整。在一般情况下，企业每年会根据外部市场的情况及物价水平、政策方面的指导对本企业的员工薪酬进行调整。普遍化的调整一般是一年进行一次，有的企业是一年两次。

调整的过程主要分为以下几个步骤，如图5-13所示。

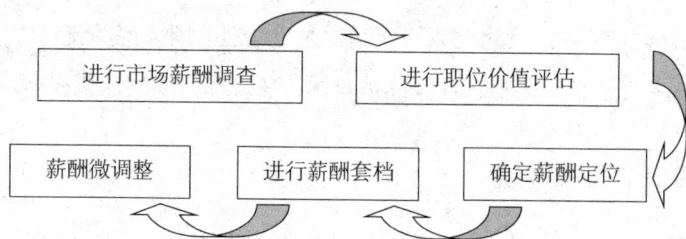

图5-13　薪酬普遍化调整步骤

第一步需要进行市场薪酬调查，根据市场上同行业同职位的薪酬水平进行本企业的薪酬调整，这样才会在市场范围内形成自身的竞争力。

第二步是进行职位价值评估，主要是针对企业内部岗位的价值进行评估，确保内部的公平。

第三步是确定薪酬定位，根据企业内部的经营战略对薪酬进行整体的设定。

第四步是进行薪酬套档，根据上面对职位进行分档后设计的薪酬水平，将员工与职位及其薪酬级别进行套档，明确每一位员工的具体薪酬数值。

第五步是薪酬的微调整。通过对薪酬的套档得到员工的薪酬表以后，再根据员工的实际情况在小范围内进行细微的调整，通常情况下薪酬的水平是就高不就低的。

从薪酬调整的内容上看，企业可以将调整分为薪酬结构的调整和薪酬等级的调整。

（1）薪酬结构的调整

薪酬结构的调整主要是对薪酬的构成进行重新设置，包括了对薪酬结构比例的调整和对薪酬结构内容的调整。薪酬一般是由固定薪酬、浮动薪酬、补贴和福利四个方面构成的。常见的薪酬结构的调整主要有调整固定薪酬与浮动薪酬的比例，或者取消现金福利的发放，并将这一部分转移到员工的基本薪酬中。这些薪酬结构的调整，能够对员工起到激励和保留的作用。提高固定薪酬的比例可以增强员工结构的稳定性，提高浮动薪酬的比例则可以激励员工努力创造更好的业绩，从而获得更高的奖金和绩效薪酬。

（2）薪酬等级的调整

薪酬等级的调整是指对薪酬的等级进行压缩或者增加的过程。随着企业组织机构越来越趋向于扁平化，薪酬的等级划分越来越简单。这样做是为了弱化职位之间的差异。随着薪酬等级的逐渐增加，员工能力方面的差异将会越来越突出，这样就形成了能力与职位并重的宽带薪酬体系。

5.9.3　薪酬调整的沟通方法与技巧

在进行年度薪酬调整之前，企业需要征求员工的意见，与员工进行充分的沟通。薪酬调整方案的设计完成并不意味着可以马上投入使用，与员工进行沟通是必不可少的环节。很多企业在这个时候选择给员工简单地发一个书面通知，而通知也仅仅是告知员工企业要进行薪酬调整，没有具体的内容。

在这种情况下，员工对企业的薪酬调整方案是否满意，对薪酬调整的预期，对企业新运行的薪酬机制、政策等都是不清楚的，这样不仅会使员工感到迷茫和困惑，而且会导致员工的不满，给薪酬调整计划留下很大的隐患。因此，进行年度薪酬调整之前的沟通是十分必要的。

（1）薪酬沟通准备阶段

由于薪酬涉及员工的切身利益，因此在进行薪酬沟通前，人力资源部门应该对各部门的负责人进行相关的培训，讲解薪酬沟通的一些方法和技巧，并提示负责人做好相关的准备工作，充分的准备工作可以使薪酬沟通变得事半功倍。

在薪酬沟通时需要注意以下几个方面。

首先应该提前与员工预约好沟通的时间。如果临时通知员工要进行薪酬沟通，就会使员工没有心理准备，而认为自己仅仅是作为信息的接受者，这样达不到沟通的目的。提前预约时间，可以给员工充足的时间进行准备，思考薪酬的调整是否符合心理的期待，付出与回报是否是相对应的，个人的绩效表现是否与调薪相吻合等一些问题。

在进行沟通前，需要收集员工在过去的一个阶段的绩效数据，因为通常情况下企业是根据绩效的表现进行薪酬调整的，在与员工进行沟通时，也需要确保绩效数据的客观真实，这样才更加具有说服力。

除了员工的绩效数据，还需要收集员工在过去一个阶段的关键事件，比如员工有没有受到批评，有没有收到客户的表扬。如果某员工经常收到客户的好评，那么在进行薪酬沟通时也需要对员工的成绩做出肯定，并鼓励员工继续努力。

人力资源部门与部门负责人还需要汇总公司调薪的政策、原则等，要在与员工进行沟通时进行讲解，使员工能够充分了解公司的薪酬原则以及薪酬的调整标准，这样才能使部门经理与员工的沟通更加顺利。

还需要明确调薪比例的依据是什么。为什么给予员工的调薪比例是这样的，这些问题首先需要部门负责人能够了解清楚。这方面也是员工最关心的问题，一旦解释不清楚，就可能使员工感到困惑，影响员工的工作积极性。

沟通准备阶段常见问题如表5-13所示。

表5-13　沟通常见问题表

常见问题	内容
A	是否与员工预约沟通时间
B	是否收集了绩效数据
C	员工的关键事件是否了解
D	员工的薪酬制度是否明确
E	员工调薪依据是否明确

（2）薪酬沟通进行阶段

虽然进行薪酬沟通的主体是部门负责人和员工，但是人力资源方面在薪酬沟通的整个过程中起着至关重要的作用。首先，人力资源部门是公司薪酬调整政策的组织者和薪酬调整制度的制定者，也是最熟悉薪酬调整政策的部门。其次，人力资源管理部门也需要承担辅导各部门开展薪酬沟通的责任，在进行具体的薪酬沟通时，还有许多问题是人力资源管理部门以及部门负责人需要注意的。

员工比较关心的问题是薪酬的调整政策以及影响因素，因此这两者在薪酬沟通中就显得尤为重要。讲解薪酬的政策和原则以及影响调薪的因素主要有两种方式，其一是将员工召集起来，进行薪酬政策的宣传讲解；其二是人力资源管理部门先对各个部门的部门经理进行讲解，再由部门经理在与员工进行薪酬沟通时进行详细的讲解。

无论采用哪一种方式，都需要做到政策透明、导向明确，需要清晰地介绍调薪的背景，比如企业的经营效益、薪酬整体调整的比例，让员工做到心中有数。

员工通常还会关注自己的调薪比例。这个时候部门经理需要结合企业的薪酬调整原则以及影响薪酬调整的有关因素对员工进行讲解，并且明确告知员工在过去一年中的实际绩效成果。部分员工在过去薪酬是比较低的，在进行薪酬调整时没有一次调整到位，而是在考虑原薪酬与市场上薪酬平均水平的差异后再对员工进行说明。

沟通过程中最重要的就是倾听员工的意见，倾听员工对本次薪酬调整的具体看法。在这之前需要告诉员工薪酬调整的理由和具体调整的依据，要给员工表达自己想法的机会。通常情况下员工可能会有两种态度，一种是表示接受和认可，另一种是表示失望和不理解。员工有的时候可能会对公司的制度调整有自己的意见，但不会主动表达，这个时候部门经理需要正确引导员工表达自己的观点，并能够逐渐了解员工的真实看法，从而分析员工产生这些看法背后的原因。

常见员工反馈表如表5-14所示。

表5-14　员工反馈表

员工姓名	
绩效	
原薪酬	
调整后薪酬	
沟通问题	员工反馈
1.对公司调薪制度是否明确	□明确　　□不明确
2.认为自己的付出与回报是否匹配	□匹配　　□不匹配
3.如何看待本次调薪	□认同　　□不认同
4.对个人绩效是否满意	□满意　　□不满意
5.绩效与薪酬是否匹配	□是　　　□否
6.个人能力的提升以及绩效方面需要公司提供哪些帮助	
具体意见：	

如果员工对薪酬方面不满意或者有疑问，则部门经理需要给员工及时解释清楚，并站在员工的角度思考问题，积极、耐心地引导员工。如果员工确实是由绩效表现得不够好造成薪酬偏低，那么经理可以以自身的经验，告诉员工自己是怎样通过努力达到现有水平的。可以与员工分析方法技巧和实际工作心得，这样会使员工减少或消除疑虑。

薪酬降低有可能是由于员工能力不足，被迫调换岗位；还可能是由于岗位晋升，但是所处的企业地位与原岗位不同。对能力较弱的员工进行培训指导，如果指导后依旧不能胜任，那么这时候员工就面临调职降薪的状况。在这种情况下，部门经理不能一味批评和责备员工的能力不足，应该多一些理解，鼓励员工在新的岗位上努力工作，并告诉员工新岗位的发展渠道和发展前景，给予员工工作的信心和动力。

当遇到由职位晋升造成的薪酬降低的情况时，比如员工原本从事技术工作，薪酬比较高，后来晋升到管理部门，虽然职位晋升，但这个时候薪酬反而不如原来高，员工可能会产生不满的情绪。这时候部门经理应该从职业发展的角度引导员工，让员工明确管理岗位更适合长远发展，不能局限于眼前薪酬的高低，应该立足长远。

同时需要注意的是，薪酬调整沟通的最终目的不是简单地告知员工薪酬调整的结果，而是要让员工了解薪酬调整对企业经营策略的管理导向，同时也让员工明确绩效表现优秀的员工能获得更高的薪酬。人力资源部门也需要在进行薪酬沟通的过程中引导并帮助员工改进绩效。

（3）调薪沟通常见误区

在进行调薪沟通的过程中，很多人力资源管理者和部门负责人由于不注重方法和技巧，往往会造成不必要的矛盾，这就需要避免薪酬调薪过程中常见误区的发生。需要注意的误区有如下几点。

对调薪沟通重视度不高。不少企业的人力资源管理者对沟通本身的重要程度没有认知，认为调薪沟通仅仅是简单地将制度告诉员工。其实在调薪沟通的过程中，更重要的是起到帮助员工改变绩效并鼓励员工的作用，这是需要引起人力资源管理部门重视的。

管理者盲目向员工做出薪酬承诺。员工加薪与否与企业的经营状况、员工的绩效表现密切相关。在未来绩效不确定、企业经营状况不明确的情况下向员工承诺加薪，容易造成承诺无法兑现的状况，由此引发员工的不满，造成员工工作积极性降低的状况。在实际中，不少企业的管理人员为了显示自己的权威地位，常常随意向员工做出加薪的承诺，而这样的加薪承诺是根本不符合企业的整体薪酬策略的。人力资源管理部门需要告诉各部门管理者，在进行调薪沟通的过程中，不能够随意向员工做出加薪方面的承诺。

不注意薪酬方面的保密性。通常企业实行的是薪酬保密制，部门经理在与员工进行薪酬沟通时，不能够将其他员工的薪酬透露出来，否则会造成员工之间的盲目比较，引发不必要的矛盾。

对员工过多批评和指责。有的员工由于绩效表现比较差，因此薪酬比较少，调薪后的涨薪幅度也很小。这个时候部门负责人没有必要对员工进行更多的批评与指责，而需要做的是鼓励员工努力工作，积极引导和帮助员工寻找提升绩效的方法。

综上，薪酬沟通是企业调薪过程中比较重要的环节，既需要做好前期工作，又要注意沟通方法，以便更好地激励员工更加努力地为公司创造业绩。

第6章
专门人员的薪酬体系设计

高级管理人员、销售人员、研发人员、生产人员以及外派人员是企业中的特殊人员，他们的职能与普通员工有所不同，因此在对上述人员的薪酬进行设计时，需要更多地考虑其岗位特殊性。

6.1 高级管理人员薪酬体系设计

企业中的高级管理人员是指副总级别以上的高级管理人员，他们是企业的核心力量，同时也是会对企业的整体经营状况产生重大影响的核心因素。

为此，企业在进行薪酬设计时往往会很重视对高级管理人员的薪酬体系设计。在进行设计之前，需要了解高级管理人员关注的是什么，他们自身具有哪些和普通员工不同的特点，如何才能对他们保持一种激励的状态，并保持其对企业的认同感。这些是人力资源需要在薪酬体系设计之前重点探究的问题。

6.1.1 高级管理人员关注点

（1）工作授权

高级管理人员作为公司的管理层人员，在一般情况下首先期望自己的工作能够得到较为充分的授权。他们希望自己的才能能够充分施展，而不是被条条框框所束缚。

高级管理人员都希望自己的工作有一定的自由度，即需要给予他们发挥才能的空间。有不少企业的高管因为没有自由度而离职。某企业聘请了一位财务总监，他曾在其他公司做过多年的财务管理工作，有非常丰富的经验，该企业也是因为看重其才能才将其聘请到公司的。但是当这位财务总监在该企业工作了一段时间后发现很多情况和自己预想的很不一样。首先，财务部做出纳的员工与企业的老板有直接亲属关系，在出账时从来不进行汇报，老板每次要花钱也都是让出纳直接转账。因此这位财务总监在做财务报表的时候总是缺失很多数据，最后因为自身价值无法得到体现而选择离职。

由上述案例可以看出，出纳和老板有亲属关系，导致财务总监的职位权限受困，由此没有办法施展才能，离职是必然结果。

自治性，是指高级管理人员都希望自己在企业中，尤其是在自己所管理的部门中能够有充分的话语权。高管们期望责权对等，这也是组织设计的基本原则，但实际上很多企业高管面临的处境是责任要高管全部负责，但是企业却没有给予对等的权力。这样高管实际上在下属中是没有充分的话语权的，仅是充当老板与员工之间的消息的传递者。这样不仅会打击高级管理人员的积极性，使其能力得不到很好的发挥，而且会造成人才的流失。

举例来说，某企业聘请了一位咨询公司的合伙人作为总经理，可是公司很多关键岗位上的员工都和老板有亲属关系，而这些亲属也都掌握着公司大部分的关键部门，根本不听从总经理的安排。这些部门的管理人员由于与老板有亲属关系，很多问题都直接向老板汇报，没有经过总经理。这样，该总经理的位置就形同虚设，其发挥能力的空间也被大大地压缩了，导致他的管理无法有效实施。遇到有关老板亲属抵制的问题，也常常得不到老板公正的处理。经过多次尝试调整没有结果之后，该职业经理人最终选择了离开。

从上述案例中可以看出，该企业聘请职业经理人对公司进行管理，却没有充分给予其话语权，导致其能力得不到发挥，身处总经理的位置却没法在公司的管理方面提出自己的意见。因此，其离职也是必然结果。

（2）薪酬机制

高级管理人员除了期望获得充分的工作授权，进而实施自己的才能之外，也期望在薪酬方面能够体现自身的价值。薪酬激励是对员工工作能力的一种肯定，但前提是薪酬的激励机制要公平、合理。

高级管理人员的薪酬机制主要体现在以下几个方面。

激励性，即高级管理人员在完成既定的管理目标之后，能够获得相应的奖励回报。在激励方面需要采取适当原则，要严格按照企业的薪酬激励政策执行。很多企业在制定高管的薪酬激励办法时，有时会发生将薪酬激励制定过高，以至于在执行时打折扣的情况，这样做的后果就是高管不再相信企业方面给予的承诺，甚至会造成高管消极怠工。

透明性，指薪酬机制的公开、透明，即薪酬制度中的各个项目必须是清晰、明了的，不能出现模糊不清的情况。高级管理人员也能够根据薪酬制度计算自己实际的薪酬。有不少企业高管不知道自己应该拿多少薪酬，有的甚至不知道浮动薪酬中自己的绩效是如何计算的，这样会使其失去努力的方向。

分享性，指高管与公司绑定在一起，即利益共享，企业的经营效益越好，高管获得的薪酬也就越高。公司愿意将经营成果与高管共享，因此核心人员也愿意将自己的利益与公司的利益绑定，这样不仅可以增强高管人员的认同感，而且能够起到激励和保留人才的作用。

竞争性，就是高级管理人员在市场上的竞争力，主要取决于企业的经济实力、所处的发展阶段、企业的经营策略等因素。

公平性（这里的公平性是建立在内部的公平性上的）是指高管之间的比较。其主要是评估高管之间的职位价值差异、能力差异以及绩效差异。

（3）成就达成

成就达成是指高管在企业中工作，企业给予高管成就感与归属感。

高级管理人员的能力相对于普通员工来说是比较高的，所以容易被别的企业挖走。这个时候就需要企业给予高管人员使命感与成就感，使其感受到如今从事的事业就是值得自己奋斗一辈子的事业，使员工认同这个事业，并对企业达成一定的认同感，这样才能够使企业留住员工。

员工对企业归属感的形成是一个相对较为漫长以及复杂的过程，但是员工一旦形成了对企业的归属感，就会产生自我约束力和对企业强烈的责任感，从而将内部驱动力转化为自我激励。归属感是一个由浅入深、渐进互动的过程。企业需要为高管创造条件，增强其对企业的归属感。

6.1.2 设计要点

在了解了高管人员在企业中实际关注的问题后就可以进行相应的薪酬设计了。在进行薪酬设计的过程中需要重点注意以下几个方面。

（1）确定清晰的高管人员薪酬策略

首先需要对现有的高管人员的薪酬结构进行分析，包括薪酬方面的固定薪酬、短期激励、长期激励和福利的发放，分析薪酬的竞争力，然后设计合理的薪酬组合方式。

高级管理人员的薪酬结构主要由短期激励和中长期激励两个方面组成。其中短期激励主要包括固定薪酬、浮动薪酬和个性化福利。固定薪酬主要由基本薪酬和相应的补贴构成，浮动薪酬由绩效薪酬与超过预定绩效目标的奖励组成。

为了使员工的薪酬更具有竞争力，往往需要将具体薪酬实施方案与市场上的平均水平以及竞争对手的实际薪酬操作方案进行对比，还要了解市场针对高级管理人员的长期激励方法，确保企业使用的薪酬激励方案具有竞争性与激励性。

高管人员的薪酬结构主要应该包含如下部分，见表6-1。

表6-1　高管人员薪酬结构表

		基本工资	
短期激励	基本薪酬	补贴	
	浮动薪酬	绩效	月绩效
			年绩效
		超目标奖	
	福利		
中长期激励			

（2）设计长期激励与短期激励体系

对高级管理人员的激励办法不能够局限于单纯的长期激励或者是短期激励，而是应该将两者相结合。企业通过合理、有效的长期与短期相结合的激励计划，可以使高管人员既关注现阶段价值的实现，又关注自身利益与企业利益的长久结合，使自身的发展目标与企业的发展目标保持一致，以此保证公司长远利益的实现。

短期激励体系主要是指给予高级管理人员多少年薪。年薪包括固定薪酬和浮动薪酬。固定薪酬就是所说的无责任底薪，而浮动薪酬通常是在年底，根据企业的年度经营状况以及员工的实际绩效结果进行计算并发放的薪酬。

长期激励常采用股票期权以及虚拟股评的方式。有时企业为了将高管与公司利益长期捆绑在一起，以便留住高管长期为公司服务，会将长期激励放在一个相对重要的位置上。常见的激励方式有很多种，企业在设计长期激励方式时往往会将企业的实际经营状况与员工的实际需要相结合。

常见的长期激励模式如图6-1所示。

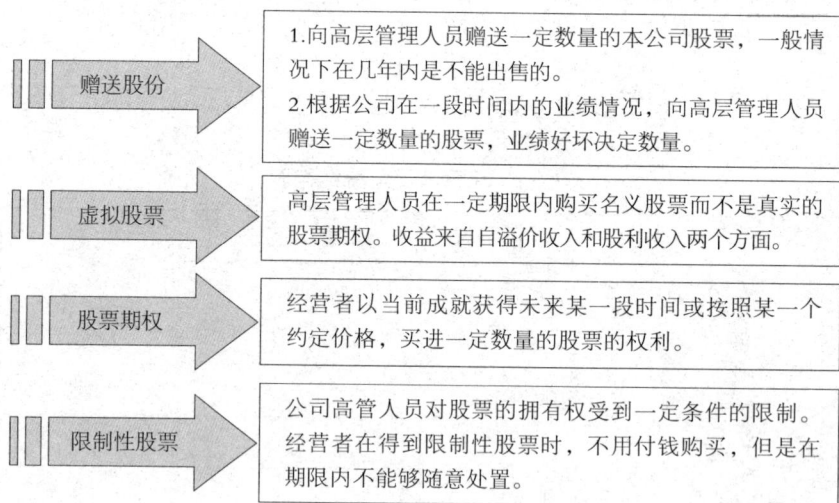

赠送股份	1.向高层管理人员赠送一定数量的本公司股票，一般情况下在几年内是不能出售的。 2.根据公司在一段时间内的业绩情况，向高层管理人员赠送一定数量的股票，业绩好坏决定数量。
虚拟股票	高层管理人员在一定期限内购买名义股票而不是真实的股票期权。收益来自溢价收入和股利收入两个方面。
股票期权	经营者以当前成就获得未来某一段时间或按照某一个约定价格，买进一定数量的股票的权利。
限制性股票	公司高管人员对股票的拥有权受到一定条件的限制。经营者在得到限制性股票时，不用付钱购买，但是在期限内不能够随意处置。

图6-1　长期激励模式示意图

（3）建立与企业战略相关的绩效指标体系

以战略导向的绩效指标体系作为指导，可以保证达成的战略目标符合企业经营战略的要求，同时使高级管理人员在达成目标的过程中逐渐获得相应的激励。

通常情况下，在年度绩效合同中会明确规定所要达成的绩效指标，也会明确绩效指标的完成是与激励薪酬相挂钩的以及在期限内完成绩效目标后，公司会给予什么样的奖励等。这样的绩效指标体系可以对员工起到很好的激励作用。

（4）建立符合最佳企业治理的高管薪酬管理机制

完善董事会薪酬管理委员会、绩效管理委员会的运作模式，使高级管理人员薪酬管理规范化。有些企业在针对高管的薪酬支付方面，往往采取的是不透明的方式，比如老板在给员工发放工资的时候，是以红包形式发放的，而红包的数额是随意的，没有规范。这样的体制就是不完善的。只有建立公开、透明、规范的高管薪酬机制，高管才会觉得薪酬合理，否则容易造成高级管理人员心理不平衡，严重的时候会导致其离职。

6.2 销售人员薪酬体系设计

作为市场的积极参与者，销售人员的价值越来越受到企业管理者的重视。任何一个企业的直接营业额的提高都是由销售人员直接创造出来的，因此销售人员是企业较为重要的群体。没有销售人员就没有企业业绩的达成。因此如何最大限度地激励销售人员发挥主观能动性，创造优秀的销售业绩，是企业管理者日渐关注的一个问题。

6.2.1　销售人员的特点

销售人员的上班时间是比较灵活、自由的。工作的主要内容与方向都是以业绩为指导的，销售人员的业绩是销售人员薪酬的主要依据。业绩稳定，销售人员的薪酬也会比较稳定；销售的产品很容易受到各种各样因素的影响，所以销售业绩具有较强的波动性。

销售人员的工作特点如图6-2所示。

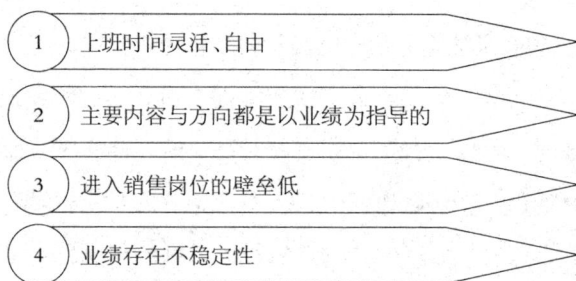

图6-2　销售人员的工作特点

6.2.2　销售人员基本薪酬模式

销售人员的薪酬制度，由很多因素构成。总的来说，销售人员的薪酬制度设计需要系统把握、专业构建，需要明确应该对销售人员实行什么样的薪酬模式。在市场范围内，企业对销售人员实行的基本薪酬模式主要可以概括为以下五种。

（1）基本薪酬模式

基本薪酬模式指的是销售人员的工资，即由企业核定给予员工的基本工资，不存在与其销售业绩挂钩的工资收入部分。该薪酬模式设计的依据是平衡企业内部岗位之间存在的相对价值关系。

基本薪酬模式的优点就是能够比较好的体现企业内部的相对公平性，

在保障销售人员的收入水平和企业控制自身销售成本与费用方面具有良好的效果。但是这样的薪酬制度与销售人员的销售业绩是不存在直接联系的，不能够有效调动销售人员的主观能动性，且其较为平均式的分配方式会造成企业销售团队内部出现消极行为，不利于企业销售目标的顺利达成。

这种模式主要适用于在管理上已经非常成熟了的企业，产品的销售并非绝对依靠个人的销售能力与技巧实现。这种模式主要应用于外资企业，大多数外资企业的品牌影响力足够强大，产品的销售不再依靠个人的努力，主要依靠企业的品牌形象。

（2）纯佣金模式

纯佣金模式是与上面提到的纯工资模式相对的一种薪酬模式，就是指销售人员的薪酬只有佣金，是与其业绩完全挂钩的。有的企业在进行薪酬设计时会制定这样的模式，如表6-2所示。

表6-2　纯佣金模式薪酬设计表

销售额完成率	佣金占销售额的百分比	基本薪酬
50%以下	3%	0
50%~80%	5%	0
80%~100%	7%	0
100%以上	10%	0

在上图中不难发现，纯佣金的薪酬模式是没有基本薪酬的，销售人员是没有底薪可以拿的。这是与《劳动合同法》相违背的，员工的薪酬不应该低于当地的最低工资标准，这是市场上的所有企业应该遵守的。在这种制度下，如果该销售人员的佣金低于当地的最低薪酬标准，那么企业就会按照最低工资标准发放工资。

这种薪酬支付模式的优点在于把销售人员的薪酬与其工作业绩直接挂

钩，激励作用是最为明显的。佣金的计算方式也比较简单、明了，因此薪酬管理的成本也相对较低。

但是在这种薪酬模式下，销售人员的收入缺乏稳定性，容易受到经济环境和其他外部因素的影响，普遍会有很大的波动性。销售人员也比较容易受到经济利益的驱使，过分强调销售额和利润等与佣金直接挂钩，而忽略了一些可能会对企业有利而非直接销售的工作，有的可能还会收集竞争对手的信息。

该薪酬模式的优点显著，激励性很强、操作简便、维护成本低。但是在该薪酬模式下，销售人员面临全部的销售风险，其收入会非常不稳定，并且此种情况下销售人员会受经济利益驱使，热衷于进行有利可图的交易，为了其个人的短期收益甚至会出现损害企业形象及长远利益的情况。同时，该薪酬模式还会导致销售人员之间的恶性竞争，削弱销售队伍的稳定性和凝聚力。

这类的模式主要适用于处于初创期的企业。这类企业没有太强的资金实力，薪酬成本是一项巨大的开支，通过纯佣金的模式可以减少企业固定薪酬的支出。

（3）基本薪酬+奖金模式

基本薪酬+奖金模式，指的是销售人员的薪酬收入由企业按期支付的基本薪酬和完成一定销售目标的奖金两部分构成。基本工资的获得是比较稳定的，奖金是指在销售人员完成期初制定的销售目标之后给予的激励奖赏，如表6-3所示。

表6-3　基本薪酬+奖金模式薪酬设计表

销售额完成率	奖金（元）	基本薪酬（元）
100%~110%	5 000	4 000
110%以上	8 000	4 000

这种薪酬模式的优点是在确保销售人员有保障收入基础上，通过奖金激励为销售人员设定一系列与企业发展相关的指标，引导其进行合理的销售行为，从而促进企业的和谐、持续发展。奖金部分的支付在一定程度上可以激励销售人员努力超过预定目标。但由于该薪酬模式下销售人员的当期销售额与薪酬并不直接关联，会使销售人员对销售额的获得缺乏必要的动力。薪酬的固定成本比较高，当企业的业绩不好时，薪酬成本会对企业造成较大的压力。

这种模式主要适用于处于成熟发展阶段的企业，这时候企业的资金实力是比较强的；也适用于依靠团队成员共同销售产品的企业。

（4）基本薪酬+佣金模式

基本薪酬+佣金模式，是指销售人员的工资收入由企业按期支付的基本薪酬和与其销售业绩直接挂钩的销售提成两部分构成。一般情况下，销售越是困难，销售业绩对销售人员的主观能动性依赖越大，相应的销售业务提成比例就会相对提高。具体情况如表6-4所示。

表6-4 基本薪酬+佣金模式薪酬设计表

销售额完成率	佣金占销售额的百分比	基本薪酬（元）
50%以下	3%	2 000
50%~80%	5%	3 000
80%~100%	7%	4 000
100%以上	10%	5 000

该薪酬模式在为销售人员的生活提供基本保障的同时，对销售业绩良好的销售人员具有很大的激励性，是目前许多企业广泛采用的一种销售人员的薪酬模式。但是，该薪酬模式会导致销售人员时刻关注自身利益，而忽视销售团队的凝聚力和企业的整体利益。

这种模式主要适用于处于发展中期或者发展成熟的企业，这类企业有一定的资金实力，能够支付给销售人员一定的固定的无责任底薪，需要鼓励销售人员完成更多的业绩，获得更高的薪酬。

（5）基本薪酬＋佣金＋奖金模式

基本薪酬＋佣金＋奖金模式是指销售人员的薪酬收入由企业按期支付的基本薪酬、同时按期根据销售业绩发放的业务提成及完成企业一定销售目标的奖金三部分构成。具体如表6-5所示。

表6-5　基本薪酬＋佣金＋奖金模式薪酬设计表

销售额完成率	佣金所占销售额的百分比	奖金（元）	基本薪酬（元）
50%以下	3%	——	2 000
50%~80%	5%	——	3 000
80%~100%	7%	——	4 000
100%~110%	10%	——	5 000
110%以上	12%	5 000	6 000

这种模式主要适用于业务相对完善的企业。

以上五种薪酬模式都各有优劣，在什么情况下采用何种薪酬模式，一般要考虑销售人员的素质和企业销售的产品。一般情况下，稳定收入较低而浮动收入较高的薪酬模式，比较适合具有丰富的销售经验、个人能力较强的销售人员；稳定收入较高而浮动收入较低的薪酬模式比较适合暂时经验不够、但有销售潜力的销售人员，并且对销售队伍的建设比较有利。

6.2.3　销售人员薪酬设计中常见问题

要设计好的薪酬制度，除确定薪酬模式外，还必须对销售人员薪酬设计中存在的问题有较为清晰的判断，避免出现问题的积累。从销售人员薪酬制度设计的实践来看，目前销售人员薪酬设计中主要存在以下三个方面的问题，如图6-3所示。

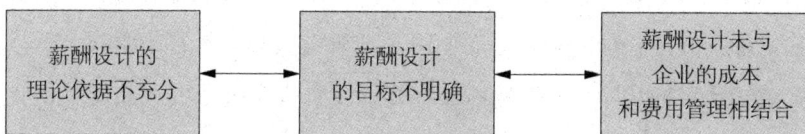

图6-3 销售人员薪酬设计中常见问题

第一，薪酬设计的理论依据不充分。企业由于未进行有效的市场薪酬调查，不了解类似销售人员的薪酬模式及水平，其设计的薪酬方案缺乏实践依据；同时，对销售人员的薪酬管理制度未能随着业务及销售人员的变化进行适时的修订，脱离了企业的发展和销售人员成长的现实情况，不能适应快速变化的市场环境。

第二，薪酬设计的目标不明确。许多企业在进行销售人员薪酬设计时仅凭经验或照搬同行业其他企业的薪酬模式，没有结合本企业的营销目标及策略，也没有将销售目标与销售人员的工作绩效直接挂钩，虽然其薪酬水平可能较高，但依然不能实现销售目标。

第三，薪酬设计未与企业的成本和费用管理相结合。许多企业在进行销售人员薪酬设计时仅关注销售人员的销售量，对销售支出、货款回收等销售指标关注不够，导致销售人员的费用支出过大，企业欠款又难以回收，侵蚀企业的销售资本；也有一些企业，照搬行业标杆企业的薪酬方案，未考虑薪酬方案的维护运行成本，直接影响企业的销售利润。

6.2.4 销售人员的薪酬设计

在明确了销售人员的基本薪酬模式和薪酬设计中存在的基本问题后，企业在设计科学、合理的薪酬制度时，还需遵循以下薪酬设计原则和考虑以下薪酬设计因素。

（1）销售人员薪酬设计的原则

目标一致原则。在销售人员的薪酬设计中，必须统筹考虑企业的整体销售目标，通过合理的薪酬导向，引导销售人员的销售行为始终沿着企业的既定销售目标和销售策略前行，在促进销售人员健康的成长同时，有效实现企业的整体销售目标。

有效激励原则。企业需保证销售人员得到有效的薪酬激励，同时，销售人员有效激励的薪酬水平必须参考市场销售人员的收入水平，薪酬水平的高低选择，以有效激励销售人员的主观能动性为参考。

成本与费用控制原则。企业销售人员的工资支出和薪酬制度维护成本必须控制在一定的限度内，要在企业年度的成本与费用预算之内。

（2）销售人员薪酬设计考虑的因素

企业或产品的生命周期阶段。一个企业和它的产品都有生命周期，从创立期、快速发展期步入成熟期，再到衰退期，企业应根据每个生命周期阶段制定不同的销售目标，并实行不同的薪酬模式。在新产品上市时，因为存在产品销售的不可预期性，销售人员面临的销售风险会很大，在这种情况下，宜采用基本薪酬模式或是基本薪酬+奖金的模式；当产品获得市场的认可后，销售人员面临的销售风险降低了，而企业更关注提高产品的市场份额，此时宜采用基本薪酬+佣金模式；在产品获得足够的市场份额后，品牌将会发挥巨大的销售效应，此时拟采用基本薪酬+佣金+奖金的薪酬模式。

企业或产品的目标市场。应根据产品目标市场的特点，对销售人员选择不同的薪酬模式。一般情况下，如企业将目标市场锁定在高端客户群，那么企业就需要获得具备优良素质与形象的销售人员，而此类销售人员的薪酬宜采用高底薪+低佣金的薪酬模式；如企业将目标市场锁定在一般大众，则这种情况下将会更加注重销售人员的销售技巧，因而宜采用低底薪+高佣金的薪酬模式。

销售人员的现实需求。针对不同类型的销售人员的现实需求，采用不同的薪酬模式。新进的销售人员，不熟悉市场业务，企业为提高其安全感和归属感，可采用纯基本薪酬模式；当销售人员逐步熟悉销售工作后，为提高其工作主观能动性，可采用基本薪酬+佣金模式；对销售业绩优秀、开发和维护市场能力较强的销售人员，给予工作的稳定性和激励性的策略能够有效发挥其主观能动性，可采用高底薪+低佣金的薪酬模式；而对保障性要求较低、对激励性需求很高的销售人员，拟采用低底薪+高佣金的薪酬模式。

此外，进行销售人员薪酬设计时还需考虑企业所处行业及竞争状况、企业的发展战略、企业的实力、企业文化等因素，在综合考虑各方面因素后，选择适合的薪酬模式。

6.2.5 销售人员薪酬设计与绩效考核结合

在销售人员的薪酬方案设计中，绩效考核与薪酬的关系是重点，绩效考核指标及相应权重的确定非常重要。若企业未选择合适的业绩指标，而仅以销售额作为考核销售人员业绩的唯一指标，则会导致销售人员的短期化行为，给企业造成重大损失。若企业想使销售人员关注销售额和到款率，则可以选择销售额、到款率作为考核销售人员业绩的指标，但也会导致销售人员仅重视现有客户，忽视培养潜在客户群的缺陷。为了避免上述情况的发生，企业应采用较为全面的考核指标，如销售额、销售利润、销售回款率、客户满意度等，并采用科学、有效的方法确定指标的相应权重。

同时，企业进行绩效考核制度设计时，应从企业的实际出发，协调企业与部门及员工之间的利益关系。在绩效与薪酬的执行过程中，企业还要做好对销售人员工作过程的记录和保证过程的透明、公正。

在市场经济中，没有任何一种薪酬模式是绝对可行的。如果企业在适合的时候采用了合适的薪酬制度，并通过这样的一种薪酬机制实现销售人员和企业的和谐、可持续发展，那么这种薪酬制度就是好制度，就是值得企业采取的。销售人员薪酬制度的设计也是这个道理，如果销售人员认可并接受该种薪酬制度，则表明此制度就是可行的、适宜采用的。

6.2.6 销售人员浮动薪酬的六种模式

在销售人员的薪酬结构方面，大多数企业都会有浮动薪酬部分，这主要是为了激励员工更好地完成销售业绩，实现企业的经营目标。因此销售人员的浮动薪酬设计部分就显得十分重要。通常情况下，销售人员的浮动薪酬部分主要有六种模式。

（1）恒等式

可变薪酬随着销售量或者销售额的增长，按照一个恒定的比例提取奖金部分，不要求事先确立精确的目标，业绩与薪酬挂钩。这种模式对销售人员的目标设定是比较困难的，没有一定的计划性，但是适用于初创期的企业。在市场环境不稳定的情况下，企业常采取这种提成模式。

在这种模式下，业绩的好坏变化与提成的比例没有关系，提成的比例是固定不变的。这样的提成方式简单，比较容易计算，但是对业绩比较突出的销售人员是没有太大的激励性的。

（2）递增式

这种模式主要是向销售人员表明随着业绩的不断增加，提成的比例也会随之增加。这种模式需要事先设定一个目标，以免出现薪酬支付成本过高的状况或者支付没有得到相应回报的情况。在销售管理过程中，企业也要增强控制力度。这种模式对目标设定的要求是比较高的，在市场可以预见和发展较为成熟的行业是比较适合的。

在这种模式下，企业能够激励销售人员完成更高的业绩。尤其是对绩效优异的员工，这种模式所具有的激励性更为明显。但是同时企业薪酬成本的压力也是比较大的。

（3）封顶式

封顶式是指当销售人员完成预期的目标之后，就不再进行奖励。这种模式适用于企业品牌较强的公司，更多的销售业绩主要来源于企业的品牌，对销售人员的依赖性没有那么高，同时需要对销售人员的业绩提供一定的奖金以鼓励其完成目标，保证企业经营目标的达成。

这种模式的具体操作方法如表6-6所示。

表6-6　封顶式操作方法表

销售额目标完成率	提取比例
60%以下	3%
60%~70%	4%
70%~80%	5%
80%~90%	6%
90%~100%	7%
100%以上	8%

这种模式能够帮助企业节省薪酬成本，但是对员工的激励程度是不够的，尤其是对业绩比较突出的员工。

（4）递减式

递减式的模式主要是为了控制企业的薪酬支付成本，当完成预定的目标以后，降低提成比例。这种模式的难点在于付出比较少但是绩效的回报是比较大的，这就要求对目标的设定是非常精确的，否则就会降低激励作用。这种模式适用于销售人员对订单规模或者利润较难控制的市场环境，而且大多数销售人员的业绩处于一般水平之下。

这样做虽然能够在一定程度上节省薪酬成本，但是也缩小了业绩优秀的和业绩一般的销售人员之间提成的差距，容易打击优秀员工的积极性。

（5）阶梯式

阶梯式是根据某一个范围内的销售业绩给予固定奖金的一种模式，业绩越高不一定奖金就越高，需要员工突破某一个目标之后，才能获得更高的奖金。这种模式强调的是员工之间的差异性，只有达到预期的目标，才能够获得相应的报酬。如果运用得当，则能够激发销售人员的潜能；如果运用不好，就会打击销售人员的积极性。实际操作方法如表6-7所示。

表6-7　阶梯式操作方法表

销售额目标完成率	提取比例
60%以下	3%
60%~70%	4%
70%~80%	5%
80%~90%	6%
90%~100%	7%
100%~110%	8%
110%~120%	9%

这种模式在一定程度上可以对销售人员起到一定的激励作用，但是容易出现提成比例的空档。

（6）混合式

混合式是根据交易市场上多变的情况，不断地调整提成比例。这种模式既能够提供有效的激励又可以合理地控制支付成本。这种模式是前面五种模式中某几种的混合与组合，是比较复杂的，而且在比例递减阶段可能会使激励减弱，因此在进行比例和目标的设定时，企业要对市场的变化情况有具体的了解，对销售订单有足够的控制力。实际操作方法如表6-8所示。

表6-8　混合式操作方法表

销售额目标完成率	提取比例
60%以下	3%
60%~70%	4%
70%~80%	5%
80%~90%	6%
90%~100%	7%
100%以上	8%

这种混合式的模式可以避免某一种模式的缺点，综合多种模式的优点，但是操作起来比较复杂。

6.2.7　销售人员薪酬设计的关键因素

销售人员的薪酬设计会受到很多因素的影响，其中比较常见的有市场特征、产品类型、员工的个体特征等。

（1）产品市场特征

产品的市场特征主要依据产品的生命周期，如引入期、成长期、成熟期与衰退期。产品的市场特征大致被分为四个类型：全新市场、新兴市场、成熟市场与衰退市场，具体如表6-9所示。

表6-9　产品的市场特征各依据因素对比表

产品市场特征	激励重点	适用薪酬水平	适用薪酬模式	适用薪酬结构
全新市场	市场开拓 销售渠道建立	中等或中等偏下	基本薪酬＋佣金＋奖金	固定60% 浮动40%
新兴市场	市场占领速度 销售业绩达成	高或较高	基本薪酬＋佣金＋奖金	固定30% 浮动70%
成熟市场	销售业绩达成 销售成本控制	中等或中等偏上	基本薪酬＋佣金＋奖金＋福利	固定50% 浮动50%

产品市场特征	激励重点	适用薪酬水平	适用薪酬模式	适用薪酬结构
衰退市场	销售回款完成 销售成本控制	中等或中等 偏下	基本薪酬＋佣 金；纯佣金	固定30%
				浮动70%

（2）产品类型

产品类型决定了销售人员的工作方式和方法。对于简单的实体商品，员工个体就可以完全胜任销售工作，因此，企业激励员工个体充分发挥自身的销售能力以完成销售目标是薪酬设计的主要导向，也可以根据适当的需要兼顾团队协作。复杂的、成套的设备或者是专业服务的销售任务，则需要整个销售团队的充分协作和信息共享，且销售周期比较长，因此，如何充分体现销售团队之间的个体差异以及设计合理的销售团队激励方案就是薪酬设计的重点。具体如表6-10所示。

表6-10　产品类型与激励方法对比表

产品类型	销售特点	激励导向	激励模式
简单实体商品	个人完成 注重个人销售能力 销售周期短	个人激励	自由，基本薪酬 ＋佣金＋奖金
复杂、成套的设备	团队协作 注重团队销售能力 销售周期长	团队激励	在个人激励的基 础上，关注团队 奖金设置

（3）员工个体特征

员工的共同特征主要是指员工的业务方式与销售要求，员工的个体特征是指业务目标和资历、资格等。员工的这两个方面的特征共同决定了销售人员的薪酬模式。

6.3 研发人员薪酬体系设计

研发人员通常是高科技企业的核心人才，高科技公司的竞争力主要依靠企业的创新型人才，因此对研发人员的激励与保留就显得尤为重要。

研发人员与其他人员相比主要具有以下几个特点。

工作内容复杂，工作周期长。研发人员的工作内容具有负责性和长期性两个特点，这一方面是普通员工与管理者没有办法具体衡量的。因此研发工作复杂，周期也不稳定，项目成果容易受到各种因素与各种条件的影响。

研发人员更关注职业发展与自身能力的提升。在大多数情况下，研发人员是不可能走管理通道的，担任管理者的概率比较低。大多数研发人员会长期在研发技术岗位上任职，这个时候，研发人员比较在乎的是如何不断提升自己的能力，如何走好职业发展通道以及如何获得薪酬激励。

与此同时，更多研发人员希望可以有双向发展通道，如图6-4所示。

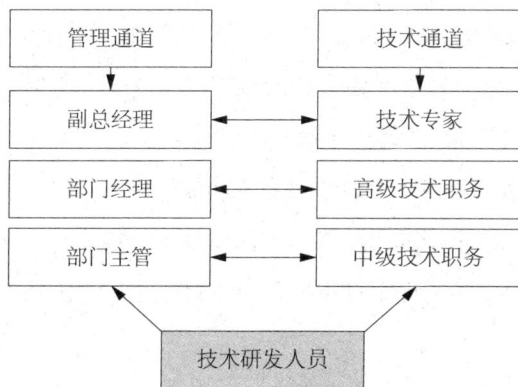

图6-4　研发人员双向发展通道

6.3.1 研发人员薪酬激励模式

研发人员通常不为企业创造直接效益，但是会对企业的长期发展起关键性的作用。为了保证企业未来持续成长的驱动力，企业在制定薪酬策略时通常会对研发人员有所倾斜，使其薪酬水平在市场中有一定竞争性。

因此在研发人员的薪酬设计中企业需要注意以下几个方面，如图6-5所示。

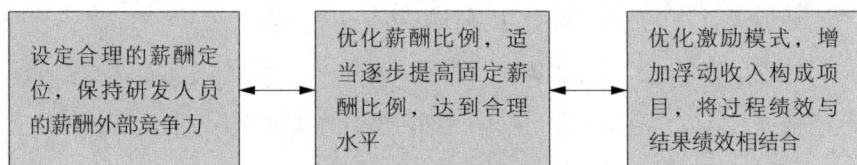

图6-5　研发人员薪酬设计应注意的问题

（1）设定合理的薪酬定位，保持研发人员的薪酬外部竞争力

目前，企业研发人员的薪酬水平已经具备一定竞争力，企业只需要定期监测市场薪酬调整动态，保持研发人员薪酬外部竞争力。

（2）优化薪酬比例，适当地逐步提高固定薪酬比例

在调整研发人员的固定、浮动薪酬比例方面，对不同层级的研发人员设定有差异的比例。在固浮比设计的过程中需要提高研发人员的生活保障性，使研发人员的薪酬稳定性得到一定的保障。

（3）优化激励模式，增加浮动收入构成项目

改变过去完全根据项目结果判定浮动收入的模式，企业既要为最终结果支付奖金，又要为过程中付出的努力支付奖金，力图将过程激励与结果激励相融合。

综上，研发人员的工作类型属于创造性工作，是为企业未来发展负责的。企业势必需要花费一定费用进行先期投入。企业可以为研发人员创造

一个相对宽松的工作环境，调整薪酬待遇，但是要通过合理的薪酬激励模式对研发人员进行激励和约束，以确保企业付出的薪酬成本能够发挥最大的效用，让研发人员创造最大化的价值。

6.3.2 解决研发人员不稳定问题

研发人员的研发项目周期通常较长，从一个产品的研发到生产销售短则两三个月，长则需要几年，激励机制如果对研发人员起不到作用，就很有可能造成研发人员的离职。而新的研发技术人员，需要跟企业有一个磨合的阶段，也需要花一定的时间了解项目，这样就造成了项目的延期。

还需要关注的是薪酬的持续性问题。例如企业招聘了一位技术研发人员，但是这名员工工作了几年之后薪酬却没有提升，职位也没有晋升，那么他自然会选择其他条件更好的企业就职。所以企业对研发人员的激励需要关注其薪酬的持续性增长，也就是需要对个人的能力有一个持续的提升空间。因此可以看出，研发人员更为关注的是自身在企业中的成长。

还需要关注研发人员对企业实际贡献的大小。通常情况下企业会采用项目制的形式体现员工在贡献方面的薪酬，它是对能力薪酬的一种补充。为能力强却没有为公司做出贡献的以及能力普通但却为公司创造了巨大贡献的两种员工，制定的薪酬要有差别。

在薪酬设计之外，公司应该多提供一些技能培训的机会，使得员工能够不断地提升个人能力，这也是薪酬方面的一种补充。

6.3.3 研发人员项目制的薪酬设计

对绝大部分的企业来说，研发是一家企业与外部进行竞争的关键。企业需要不断研发创新与改良产品，否则就无法在科技信息时代保持良好的竞争力。目前，中国正处于从"中国制造"向"中国创造"的过渡阶段，在这个阶段，研发能力已经演变成了一家企业不可或缺的核心竞争力。然而，在提升研发能力的同时，始终绕不开一个话题，那就是如何对研发人员进行项目制的考核与激励。

（1）研发人员项目制考核的难点

研发人员的考核激励方面主要有以下几个方面的问题。

项目团队人员的临时性特点。企业中某一个项目的成员往往来自不同的领域，是为了进行项目而临时组建团队，在项目结束后，会回到各自的团队里。这样员工就会产生临时性的心态，对待研发项目不够重视。在工作过程中，很重要的一个方面就是通过项目制考核使员工提高对手头项目的重视程度。

项目成果具有滞后性特点。一般在团队进行研发结束之后，项目都不会立刻产生效益，也不会在很短的时间范围内看到成果。因此企业需要确保项目成员在项目期间具有较强的责任心，在短期看不到成果的情况下也能做好本职工作。

项目目标分解具有分散性。由于项目团队成员来自不同的领域，目标分解起来会非常零散，而且项目的量化也变得不容易。个人目标与团队目标如何协同有很大的难度。

多项目并行。有时并非是一个项目结束再开始第二个项目，可能几个项目同时并行，项目团队成员可能隶属于不同的项目，时间如何分配、各个项目之间如何协调也是企业在进行项目时必须考虑的问题。

（2）研发人员项目制考核的几种常用模式

项目制考核的表现形式可能有很多种，但是从其考核结果与奖金挂钩的模式来看，无非有以下两种。

模式1：项目制考核与销售额挂钩。这种模式依据项目完成的销售收入，给予研发人员一定比例的奖金。适用于研发产品周期短，上市后很快就能产生销售业绩的项目。

模式2：项目制考核与奖金挂钩。这种模式是根据项目的难度、人员规模、时间等因素确定一定的奖金额度。适用于战略型项目、开拓型项目、短期内不容易见业绩的项目。

（3）项目制考核的关键点

无论项目制考核采用哪种模式，都离不开以下四个关键点。这四个关键点是决定项目制考核成功的关键。

关键1：项目进度。项目的进度决定了项目上市的时间。产品上市时间的早晚对企业起着不可估量的作用。新品推出的时间比竞争对手早，就能抢先占领市场。项目进度的管理，考核项目经理的能力，对项目的进度管理不力，很可能导致项目延期，新品未能如期推出，导致企业的产品失去抢占市场的大好时机。

关键2：成本。任何企业都是追求利益的，如果一个项目的成本大大超出了预期收益的比例，就会降低企业的盈利水平。

关键3：质量。新产品的研发需要注重其质量，如果推出新产品的质量不过关，那么这样的产品不仅卖不出去，而且会影响企业的整体品牌效应。因此在项目制考核方面对质量的关注和要求是必不可少的。

关键4：功能。新产品的功能直接决定了产品在市场上的受欢迎程度。因此产品预期的功能在研发中需要全部或者大部分实现，这样推出的产品在市场范围内才具有一定的竞争力。

6.4 生产人员薪酬体系设计

生产人员是企业产品生产的主要实践者，也是产品从无到有的实现者。产品的质量保障以及生产的周期取决于企业的生产人员。生产人员对企业的发展起着重要的作用，但是生产人员往往学历不高，能力、素质也是比较低的，因此人员的流失率也很高。生产人员在人力资源市场处于一种被争抢的状态，对一线生产的员工来说，薪酬主要有计件工资制与计时工资制两种。

6.4.1　计件工资制

计件工资制是指按照生产的合格品数量和预先规定的计件单价，计算报酬，而不是直接用劳动时间计量报酬的一种工资制度。

计件工资制是指把一线员工生产的产品量与其收入直接挂钩的一种工资形式，广泛应用于生产任务明确，产品的数量和质量都易于检测、测量以及统计计算的工作。计件工资制主要有六种模式，如图6-6所示。

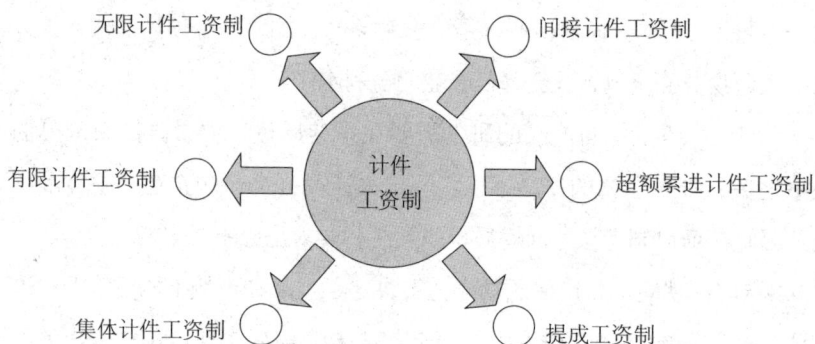

图6-6　计件工资制模式示意图

（1）无限计件工资制

无限计件工资制指员工在单位时间内无论完成定额多少，都直接按同一计件单价计算工资，超额不受限制。实行无限计件工资制的工人，在计件期间不再领取本人标准工资。

其主要适用于对生产的连续性、协作性要求不是很严格，员工个人产量定额以及工作时间定额比较容易的，实际的劳动成果量比较容易进行单

258

独统计的生产类型。

（2）有限计件工资制

有限计件工资制是指，对工人个人在单位时间内所得的计件工资收入的总额进行一定限制的一种制度。它主要是对个人的工资收入规定最高的限制额度。有限计件工资制采取超额累退的加减单价，也就是说在计件薪酬超过事先规定的数额之后，计件薪酬是需要按照一定的比例进行递减的。在这种制度下计件单价是可变的，整个劳动集体的计件薪酬总额是固定的，个人的计件单价随着劳动集体计件产品数量的增减而降低或者提高，对个人计件薪酬总收入是不加限制的。

有限计件工资制主要适用于定额不是十分准确、合理，管理制度不是很健全以及薪酬成本方面有压力的企业。

（3）超额累进计件工资制

这种办法是将员工完成的工作量分为定额以内和定额以外两个部分。员工完成产量的定额的部分，按照计时工资标准和任务完成的程度发放计时薪酬。未完成的部分，需要按照本人的薪酬标准和完成的比例计发工资。超过定额的部分按照预先规定的计件单价计算的薪酬发放方式。

（4）间接计件工资制

间接计件工资制指工人的工资不是按照本人生产合格产品的数量和预先规定的计件单价计量和支付劳动报酬的，而是指二线工人和从事辅助性工作的工人，按一线工人完成的产量进行折算计件发放工资。

（5）集体计件工资制

集体计件工资制指以一个集体为计件单位，工人的工资根据集体完成的合格产品数及工作量进行计算，然后按照每位生产员工在其中实际贡献的大小进行合理分配的一种方式。

集体计件工资制主要适用于机器设备和工艺过程要求员工集体完成而又不能直接计算个人产品数量和质量的某种产品或者某个项目工程。

（6）提成工资制

提成工资制指按照集体销售收入或者纯利润的一定的比例提取薪酬总额，根据员工的技术水平和实际工作量计发员工的薪酬。

提成工资制主要适用于劳动成果很难用事先制定的劳动定额的计量以及不容易确定计算单位的工作种类。一般餐饮行业采用这种薪酬发放形式。

6.4.2　计时工资制

计时工资制是指按照工作时间给予员工相应的薪酬。

采用计时工资制需要考虑企业的经营状况和财务状况，量力而为。有些企业需要培养员工的忠诚度，将员工在企业的服务年限作为确定单位时间工资的决定因素。有的企业为吸引高素质的员工，将员工的学历作为确定员工单位时间内薪酬的一种方式。在进行计时工资制时，企业还需要将本企业薪酬水平与同行业的薪酬水平进行对比，因为生产人员会比较关注薪酬水平，也会在市场范围内进行一个横向的对比。如果员工的薪酬水平设计低于同行业同岗位水平，则非常容易造成人员的流失。

经过上述分析，下面对两者优、缺点进行比较，如表6-11所示。

表6-11　计件薪酬与计时薪酬对比表

薪酬制度	优点	缺点
计件薪酬制	反映员工实际工作量，多做多得，激励作用明显； 可以反映劳动差别； 提高生产效率； 易于计算	片面追求产量，忽视质量以及对机械的消耗； 不利于员工健康； 企业延长劳动时间； 受市场波动影响较大
计时薪酬制	保证员工基本收入； 提高出勤率； 简单、易行	不能反映成果差异； 不能反映能力差异； 不便于计算成本； 平均主义，激励效果不强

6.5 外派人员薪酬体系设计

6.5.1 意愿分析

对外派人员，企业首先需要了解外派人员自身的意愿。有些员工喜欢被外派，因为这样可以获得更多的发展机会，能够在某种程度上提高个人的能力，会获得相应的职位晋升，工资也会随之增长。在一般情况下，企业还会给予员工相应的津贴和福利。有的员工愿意转换自己的工作环境，也喜欢尝试新工作带来的挑战。一些企业还给外派员工更加自由的空间和更多的培训机会，甚至在外派期满之后，还会给予员工更为妥善的工作安排和调整。

员工愿意外派的主要原因如图6-7所示。

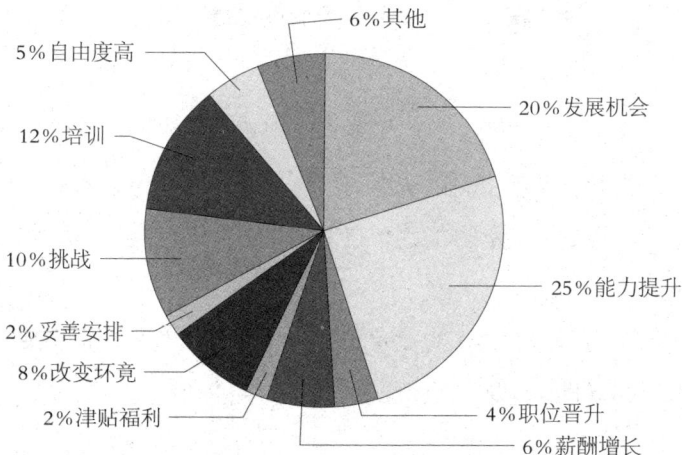

图6-7　员工愿意外派的主要原因

员工不愿意被外派的原因大多是担心外派之后会影响家庭生活；薪酬方面不具有吸引力；自己在原岗位上具有良好的发展，外派对自身的发展没有什么帮助；作为外派人员，不仅不适应外派地的生活习惯，而且会很难融入新的团队，等等。

员工不愿意外派的主要原因如图6-8所示。

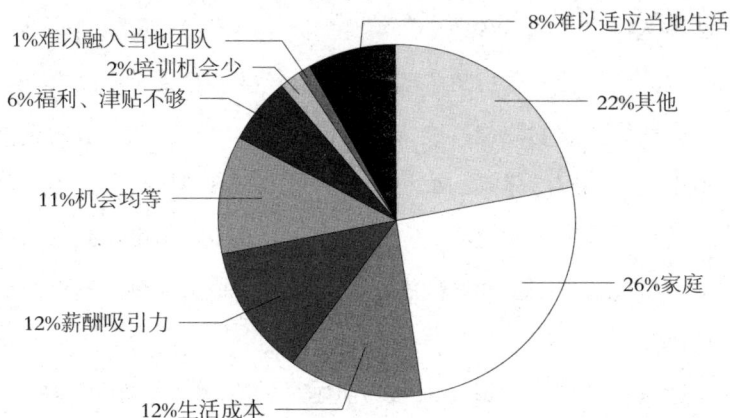

图6-8　员工不愿意外派的主要原因

从以上的分析可以得知，员工希望获得更好的发展，希望自己的能力得到逐步的提升，又希望自己从事更具有挑战性的工作。但是一部分员工由于担心家庭问题，还有可能由于自己性格方面的问题，不愿意外派，这些都是可以理解的。

在外派的过程中，员工也更希望得到生活与工作两方面的保障，因此企业在相应的福利上也要有所体现。

6.5.2　外派人员薪酬的构成

一般情况下，外派人员的薪酬构成包括以下几个部分。

（1）基本薪酬

基本薪酬包括基本工资和激励工资两部分。基本工资是指外派人员薪酬中固定的部分，这部分和其他员工的都是一样的性质，同样与绩效的好坏没有联系。对外派人员基本薪酬的确定是确定外派人员薪酬最首要的工作，因为基本薪酬是影响及确定激励报酬、津贴的重要参考数据。

基本薪酬还包括激励工资。激励工资可以分为短期激励工资和长期激励工资。其中，短期激励方面主要有绩效奖金和海外任职奖金两种。绩效奖金一般是以分支机构的经营业绩及个人的绩效考评结果为依据计算并支付的，是薪酬中浮动较大的部分；海外任职奖金是跨国公司为鼓励外派人员接受海外任职而发放的额外报酬，一般是由基本薪酬的一个固定百分比计算，并且仅在海外工作期间支付。

长期激励报酬是指通过股权方式，使外派人员的薪酬与企业的股票价格和长期的经营业绩紧密结合，方式一般包括赠送股份、虚拟股票、股票期权、仿真股票认购权等。

（2）税收

外派人员在国外的收入需要承担的缴税义务主要通过企业方面的税收平衡解决，即雇主承担向东道国和本国政府缴纳所得税的责任，这部分税金是需要从员工的收入中扣除的。

（3）津贴

由于外派工作的特殊性，公司需要向外派人员支付一定的津贴，用来弥补员工在外派的过程中的经济损失，或者是为激励员工接受外派任务所给予的额外补贴。在不同的外派工作环境下，津贴可分为许多种类。

（4）福利

福利是外派人员薪酬中的重要组成部分。福利是为了培养员工对组织的归属感和信任感的额外薪酬，主要分为标准福利和额外福利两个部分。

6.5.3 制定外派人员薪酬的原则

为达到组织外派员工的目的以及对外派人员形成一定程度上的激励，企业需要确定外派人员薪酬的原则。

一般来说，应当使从事外派工作的员工拥有与在本地相同的消费能力。但外派员工的薪酬水平也不能过高，否则可能会使本地员工感到不公，或者使外派员工在回到原企业时形成心理落差。米尔科维奇认为，在当前的环境下外派员工的薪酬体系缺乏对确保外派员工薪酬与组织目标一致性的关注，这是非常不利的。

合理的外派薪酬制度应当具备一致性、公平性、合理流动性、灵活性，从而使得外派人员能够在短时间内适应地区差异。

6.5.4 外派人员薪酬制定方法

（1）传统方法——平衡表模式

平衡表模式即借贷平衡法。这种模式是为了使外派人员的收入与在原企业中的收入相联系，并且尽力平衡外派人员在本国和东道国之间的购买力。

（2）现行比率法

现行比率法即外派人员的工资报酬是基于当地劳动力市场比率进行计算的。该方法的特点是以当地劳动力市场的薪酬水平为基准，通过对分支机构所在地劳动力市场的调查确定外派人员的薪酬水平。但是这种方法会使得同一外派人员在不同分支机构工作时，薪酬待遇出现较大波动，不利于外派人员的自由调配。

（3）一笔总付模式

由于平衡表模式过多的介入外派人员的个人经济状况，因此跨国公司开始逐渐采用一笔总付模式。一笔总付模式通常是将按照原平衡表典型模式——支付的各项津贴和福利汇总后与基本薪酬、激励性薪酬一起按月发放。在这种模式下，只要公司确保确定的总数不变，公司和外派人员之间就容易形成高度信任。

（4）自助模式

自助模式是比较灵活的一种模式，公司提供菜单式的薪酬项目，以供外派人员根据自己的情况和偏好自由选择，并且各种可选项能够根据各国的征税情况而做出相应的调整。这种方法容易被外派人员接受，灵活性比较强，也能够在薪酬支付方面充分尊重员工的意愿。

6.5.5 外派人员薪酬的新兴模式

随着市场商业环境的逐渐改变，跨国公司在审视外派人员薪酬的传统模式是否仍然有效并且能够随着时间和具体情境的变化进行调整的同时，也开始研究并实施外派人员薪酬的新兴模式。常见的新兴模式主要有以下几种。

（1）当地化模式

当地化模式主要是将外派薪酬与当地工资结构相联系。在这种模式下，外派人员能够得到与东道国国民平等的待遇，可以节约外派成本。

（2）当地化附加模式

除了向外派人员支付与东道国员工同样的薪资水平外，一般企业还会将一些比较实际的补贴和奖励作为对外派人员额外生活开支的补偿以及对其知识和经验给公司创造价值的认可。

（3）谈判模式

公司和外派人员通过沟通和协商达成一致协议的薪酬支付方式。这种模式使用简单、灵活且易于操作，但是在实际操作中是比较耗费时间的。

6.5.6　外派人员薪酬设计中的典型问题

（1）在华外企的中外员工之间的收入差距

目前，在华外企的中外员工之间的收入差距问题引人注目。外企的中外员工的收入存在差距本是正常的情况，因为不同国家的劳动力成本有所不同。但是，一个企业内部中外基层员工之间存在收入差距过大的问题，这本身不利于企业的内部管理，不利于激励员工进行积极的创造性活动。

（2）外派员工的绩效与薪资挂钩

对于员工外派，尤其是达到跨国的程度后，企业很难了解某个地方的环境，或者对远在他乡的外派人员很难做出准确的绩效评估。许多企业都以子企业的绩效表现作为外派人员的绩效评估标准。但是，由于企业的性质、所属行业、外派的目的的不同，对外派员工绩效考核的侧重点也不相同，因此，想要将外派员工的绩效与薪资完全匹配是很难做到的。

外派人员的绩效与考核系数可参照表6-12。

表6-12　外派人员绩效、系数计算表

绩效得分等级	优秀	良好	合格	基本合格	不合格
绩效考核得分	≥95	95~85	85~75	75~65	<65
系数	2.0	1.5	1.2	0.8	0

（3）应急式外派

有些企业在进行外派时，是为了应急的，也就是当其他部门产生难以解决的问题时，匆忙将员工进行外派以解决问题。在正常情况下，外派需要按计划进行，需要在之前做好人才储备，建立外派人才库，变被动为主动。

（4）万事开头难

很多外派人员在被外派到新的环境之后，不知道怎样开展和适应新的工作。企业在对员工进行外派时，需要做好相应的准备工作，也就是要给员工进行相应的培训，有针对性地帮助员工解决一些常见困难。在外派进行的过程中企业也需要不断对员工进行强化培训，提升员工能力。外派员工发展机会如图6-9所示。

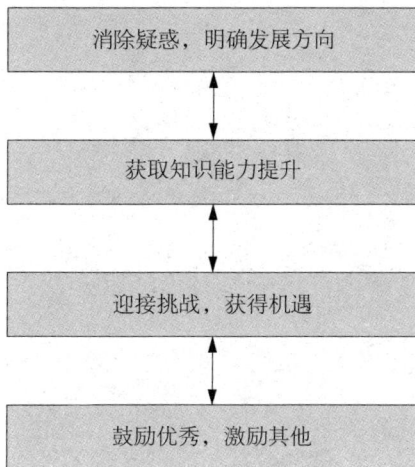

图6-9　外派员工发展机会示意图

人力资源部门要本着公平性与特殊性兼顾的原则，保障企业的人才稳定和企业的正常运营。人力资源部门需要考虑员工个人的能力、薪酬的激励作用和公平性，进行适当的度量，实证探寻一般性规律，为企业管理提供借鉴。

第7章
福利体系设计

福利具有报酬性、普享性、均等性和持续性等特点，是企业给予员工的、用来改善员工生活质量的各种补充性报酬和服务。合理的企业福利制度能够对员工起到良好的激励作用。

福利是员工的间接性报酬，主要包括"五险一金"、带薪假期、退休金等多种形式。福利是由企业向员工提供的用来改善员工生活质量、形成保障的以非货币或延期支付形式为主的各种补充性报酬和服务。

7.1　福利的特点

福利主要的特点有报酬性、普享性、均等性以及持续性。

其中，报酬性是指福利是企业给员工提供的一种间接性的经济补偿，实际上是员工薪酬的组成部分，多采用延期支付的形式。

普享性是指福利是一种不具有竞争性质的间接性薪酬，是所有员工都可以享受的。

均等性是指福利是按照企业和员工的需求提供的，员工都能够相对平等地享受企业的各种福利，福利的支配一般是不存在较大的倾斜性差异的。

7.2　企业福利的主要类型

企业的福利一般分为法定福利和企业自身的特色福利。法定福利就是大家熟知的"五险一金"。社会保险是法定福利，具有强制性、储备性和补偿性的特点。企业自身的特色福利主要有交通补助、通信补助、午餐补助、带薪假期、年度体检以及其他津贴和补偿等。企业常见的福利项目如表7-1所示。

表7-1 企业常见的福利项目表

法定福利		企业特色福利			
社会保险基金	法定假期	商业保险	现金类福利	服务类	带薪假期
医疗保险	公共假期	养老保险补充	教育基金	劳动保护	特别休假
失业保险	节日假期	意外保险	培训基金	医疗保健	额外假期
养老保险	婚假		住房贷款	通勤车	生日假
工伤保险	产假		股票优惠	住宿	节日假
生育保险	丧假		节日慰问	餐饮	额外年假
住房公积金	哺乳假			娱乐	弹性工作
	病假			文体	
	意外工伤假			生日	
				旅游	
				体检	

7.3 企业福利实施原则

在企业管理实践中，福利的设计常常需要遵守合法化原则、针对性原则、多样化原则和激励性原则。福利体系的设计必须遵守国家法律、法规以及相关政策的规定，还必须有效、合理，能够满足员工的需要并符合企业的发展特点。

7.4 传统福利与新型福利对比

随着薪酬观念的不断变化，传统的、较为单一的、可选择性少的福利制度体系逐渐过渡到了新型的、较为灵活自主的福利制度体系，主要变化如表7-2所示。

表7-2　传统福利与新型福利对比表

传统型福利			
类型	法定福利		必选
	企业特色福利		
传统型福利比较固定、统一，弥补薪酬差异，长期、稳定，保留人才			
薪酬项目	吸引效果	保留效果	激励效果
基本奖金	○○○	○○	○
补贴	○	○○	
变动收入	○	○	○○○
福利	○	○○○	○

新型福利			
类型	法定福利		必选
	企业特色福利		可选
新型福利比较灵活、个性化明显，吸引、激励人才			
薪酬项目	吸引效果	保留效果	激励效果
基本奖金	○○○	○○	○

新型福利		
补贴	○	○○	——
变动收入	○	○	○○○
福利	○○	○○○	○○○

7.5　福利体系的发展趋势

随着社会的发展和变化，福利体系渐渐成为激励因素。这主要表现在企业更加注重通过福利作用吸引、保留、激励员工和优秀人才。

福利也逐渐成为薪酬竞争力的替代和补充。福利在提高员工对企业的满意程度和保留人才方面的作用越来越大，在薪酬满足日常生活支付的基础上，人们更加注重企业提供的区别于其他企业的福利项目。福利正趋向于多样化、灵活化、特色化和个性化。

建立具有企业特色的福利体系，可以创造独特的企业文化氛围，形成企业的人文关怀体系，使员工感受到企业的人文关怀。